洞見李贄

以終為始

# 企业战略规划与管理实务

CORPORATE STRATEGIC PLANNING and MANAGEMENT PRACTICES

孙旭群 著

经理人培养思维、
掌握洞察力、
启发战略的必备攻略

同济大学 出版社
TONGJI UNIVERSITY PRESS
·上海·

Copyright © 2023 by 孙旭群

本书由五南图书出版股份有限公司独家授权同济大学出版社,在中国大陆(不含香港、澳门)出版发行简体中文版。非经书面同意,不得以任何形式任意复制、重制、转载。

著作权合同登记号 图字:09-2024-0589 号

**图书在版编目(CIP)数据**

企业战略规划与管理实务/孙旭群著. --上海:同济大学出版社,2025.7. -- ISBN 978-7-5765-1693-7

Ⅰ. F272.1

中国国家版本馆 CIP 数据核字第 2025XN8809 号

## 企业战略规划与管理实务

孙旭群 著

| 责任编辑 | 宋 立 | 责任校对 | 徐逢乔 | 封面设计 | 唐思雯 |

| | |
|---|---|
| 出版发行 | 同济大学出版社　www.tongjipress.com.cn<br>(地址:上海市四平路 1239 号　邮编:200092　电话:021-65985622) |
| 经　销 | 全国各地新华书店 |
| 排　版 | 南京文脉图文设计制作有限公司 |
| 印　刷 | 上海颛辉印刷厂有限公司 |
| 开　本 | 710mm×1000mm　1/16 |
| 印　张 | 19.25 |
| 字　数 | 315 000 |
| 版　次 | 2025 年 7 月第 1 版 |
| 印　次 | 2025 年 7 月第 1 次印刷 |
| 书　号 | ISBN 978-7-5765-1693-7 |
| 定　价 | 88.00 元 |

本书若有印装质量问题,请向本社发行部调换　　版权所有　侵权必究

# 序一
# 实践出真知

无庸讳言,当前我国一些管理实践者和理论工作者之间存在着认识上的隔阂,影响了双方知识与智慧的融合。有相当一部分管理实践者,其中不乏颇有成就的知名人士,对大学传授的管理理论表示质疑,认为这些理论脱离实际,缺乏操作性。"理论说得好听,实践中行不通",这是人们经常能够听到的批评。而在理论工作者中,一些人认为我国管理实践者理论素养偏低,缺乏对理论的正确认识。他们强调理论是通过抽象过程生成的,在应用时需要根据实际情境还原,要学会正确地使用理论。其实优秀管理者积累的实践经验,其中有些可以升华为他们对组织发展、产业发展、技术发展的独特见解和深邃洞察。他们拥有的实践智慧,是提炼管理理论的宝贵矿藏。而理论工作者有着各不相同的学术背景,敏于各自所在领域的学术突破,他们对理论知识的把握高人一筹。在时代进步这个知识推进器的作用下,实践智慧和理论知识都在快速增殖,非常需要实践智慧与理论知识的对流与交融,共同促进管理进步。

本书正是一本融合了理论知识与实践智慧的企业战略规划新著。旭群博士很好地整合了自己的理论涵养、实践智慧与洞察思考,并写成这本书,为业界人士和管理学子研习企业战略规划知识,提高战略分析与执行能力,掌握有效的战略规划理论工具提供了指南,也为贯通理论与实践,贯彻知行合一提供了范本。

企业战略规划领域已形成了丰富的理论工具,需要管理者在实践应用中持续检验发展、精进探索。美国哲学家费雷德里克·费雷曾详细地比较了理论智慧和实践智慧的异同。他认为,理论智慧是为了知晓或理解,实践智慧的一般目的是生存或兴旺发达。它们的相似之处是都能表现为思维敏捷性、识别力、推理的深入程度以及整合的能力,但也有一些明显的不同:①理论智慧总是要摆脱具体环境因素的束缚,追求普遍的适用性,实践智慧则要紧密联系环境,追求解决问题的特殊结果;②实践智慧追求解决问题的方法,好方法具有可靠性,能够达到令人满意的目标,理论智慧会追问为什么这样的解法会成功,继续探究解的存在性;③理论智慧追求对问题认识的深度和精确度,实践智慧在能够达到目的的前提下,其思想则是越简洁越好;④二者成功的标准不同,实践智慧以解决问题的效果来评判,理论智慧则要用在一定规则下的论证方式、方法和论证的结果来评判。概括地说,两种智慧的动机、效用、使用方法和评价标准存在着很大的差异。

　　旭群博士有着几十年深厚的管理实践和战略规划顾问经验,攻读南开大学管理学博士志在提炼特定实践智慧创造新知。他洞悉战略规划理论知识之妙,又能将具体条件下战略规划问题的解决方法改造得更精准、更可靠,或者在获得同等结果时成本更低、时间更短,着力于实践智慧与理论知识的共振与融合,其思考与努力的成果凝聚在这本《企业战略规划与管理实务》的31篇文章中,他的精进探索启发我辈管理学人拥抱实践、双向奔赴、融合共创。

白长虹

教授,博士生导师

南开大学商学院院长

幸福与创造实验室首席科学家

《南开管理评论》主编

# 序二

# 一本值得读上几遍的战略好书

读者朋友,如果您需要一本提升经理人战略洞察力的参考书,或者您需要一本超越传统战略规划而又真正讲求实用的指南,又或者您作为战略规划与战略管理的老师需要推荐给学生一本最佳实务教材,我认为您不要犹豫,就选眼前这本书了——《企业战略规划与管理实务》。

本书所收录的每篇文章都是经理人在进行战略规划时必须要思考与研究的课题。全书由31篇内容相关又主题相异、相互联系又各自独立的文章构成,可以单独挑出阅读某一章节,也可以按文章顺序依次读完。全书内容都高度相关,主要是围绕着"战略规划与战略管理"这个大主题,从实务面来切入,环环相扣,步步深入,包括战略思维、战略分析、目标产出、战略展开、战略执行、日常管理等几个战略规划的主要模块,来设计文章题目与构思内容的;每一篇文章均会介绍与主题有关的理论背景,举出相关的案例说明,再辅以作者的教学或实际辅导的心得,最后再加上几个具提示性的问题,以帮助读者阅后分析和思考,引导读者去练习策略研究。虽然全书各篇文章并非着意包括该章的所有知识点,却提供读者在相关主题的学习或实务工作时的重点参考与最可应用之处。

许多人都听过并做过战略管理,但真正会做战略规划并做成功的战略者却并不多。从战略规划的理论基础发展至真正成功地带领组织实施战略规划,其间实际上存在着巨大鸿沟,为什么会这样?因为从战略规划理论到组织战略规划实务之间,还需要大量应对环境变化的具体执行方法和实施力度等。一个庞大的组织机构,不是最高领导层制定好政策就可以保证得到好结果,组织机构需要的是如何将目标与战略层层展开,同时要避免因循旧习惯来面对新环境,这需要的是具体组织战略规划与目标展开的素养。再完美的战略规划,若没有够格的执行力,到最后将落得一场空,因此,组织的战略执行能力将扮演着一个目标实现的关键角色,不亚于战略思维与战略规划的工作。反过来,拥有再好的战略执行力,当遇到环境不如预期或是遇到人性的挑战时,不知变通或无法掌握变革,也常常见到不理想的结局。而本书则通过若干实例,将战略规划理论、组织策划的方法,以及应对执行过程中具体问题的方法都介绍给了读者。

每一组好战略,都必须以扎实的理论为基础,再搭配丰富的管理实务,缺一不可。理论是学者综理出来的规律,管理实务则是因应不同企业组织特性而做出的灵活调整。本书的好处,就是把战略规划理论和管理实务的心法,根据不同的情境,按不同主题整理出来,让读者在做战略规划时,可以有理论作依据又可以于实务上有所依循,从而减少犯错的机会。

有人说,一个战略规划,甚或是一组战略,是否成功只能由最后结果判断。此说法有一定的道理但并不实用或并不全面。因为很多战略规划的组织者,需要的是在战略实施前就要有个基本的判断,并依其做出是否实施或是否需要修改的决定。因此若由实施结果来判定好坏其实是一种幻想,呈现的是逻辑上的谬误。因为实施结果固然可据以判断其战略的好坏,但其对于组织者已经大局已定,无论成功与否,都无法做任何变动,只能留与他人作嫁衣了。在现实中,无论是企业、组织或是政府,在进行战略规划或是政策制定时,没人敢百分百打包票必成。在面对众多具差异性的可选战略时,领导人面对的是如何取舍具体方案以应对挑战,这将必然涉及其所选择战略是如何产生出来的?是否具备独特性与创新性?是否考虑到现实中可能出现的各种最突出的复杂情况?这考验的就是经营或执行团队的战略思维能力。

本书作者以企业界资深战略顾问为背景写作,使这本书一开始就具备了有价值、有意思的特色,同一般的理论学术研究者及其学术著作不同,作者努力为读者阐明了一些在战略规划领域似是而非且易于混淆的观念,巧妙地指出了一些常见的误区,并进而介绍了一些实务上比较好用的理论、概念与工具,毫无保留地与大家分享了作者从业多年实务操作的经验与心得,特别从实战性及实践性的角度,提出了一些重要的主题并分享其颇具洞察性的观点。本书的各种案例可以给出您相关的参考意见和答案。所以,我郑重推荐这本书给所有想学习或想要着手实施战略规划的朋友。那些试图挥别只停留在理论名词与花哨的"心灵鸡汤"者,想系统学习战略规划领域之真谛的读者,就从阅读这本书开始吧!

我与本书作者孙旭群博士相识于南开大学校园,在他不辞辛苦于几年间多次往返津台两地,学习管理学课程并撰写博士论文的过程中,而相交于他顺利取得博士学位后，我几次应邀访问台湾学术机构或参加学术会议。其间他与同为南开大学博士的贤内助总是殷勤周到地安排我的参观访问行程及相关事宜，使我对他的真诚为人、勤奋于学有了更深入的了解。也是在这个过程中，知悉他本人其时正在从事着战略规划的实践与教学工作，知道他在南开大学所学已经用于了实践，并且结合他的实务应用，有了许多新鲜的经验和体会。再后来，他便尝试一篇文章接一篇文章地把自己的体会写了出来，并且起初还不厌其烦地在完成一篇后便及时发我微信，我虽然来不及阅读他写出的全部文章，但对其中有些文章还是有深刻印象，觉得很有价值和意义，于是多次鼓励他考虑系统地写成一本书，可能更有意义。现在看来他实际上就是这样安排的，即一开始就是有一定总体设计，打算最终出一本书。经过几年的辛勤努力，现在这本书终于完成。

我衷心祝贺孙博士的学术成果，祝贺本书的出版发行，并断定凡阅读过本书的人一定会喜欢本书生动活泼的语言，形象贴切的案例，及所阐述的战略规划道理和方法，并且激发起雄心而应用实践之。

是为序。

**陈宗胜**
著名经济学家
南开大学讲席教授
耶鲁大学（Yale University）博士后
南开大学中国财富经济研究院创始院长
"中国经济理论创新奖"与"孙冶方经济科学奖"得主

# 序三
# 战略思维的培养要趁年轻

我主要的职业生涯在航空产业与教育领域,近十年来主要从事顾问工作,获得博士学位后即任职于航发中心,投入飞机的研发及生产工作,随着航发中心的业务转型,历经 TQC、合作生产案、ERP 流程再造、麦肯锡的业务策略诊断、事业部组织转型、公营化等各阶段,我有幸参与其中担任与外部单位主要界面角色,对于系统管理与组织的战略发展有许多深刻的体会。旭群在大学毕业后即在我所任职的航发中心服务,看着他从基层工程师,一点点学习,一步步成长,担负起更多的责任,也对组织有着更多的贡献,以不到四十岁的年纪就扛起航电事业处的主管工作。在旭群离开公司后,我有机会经常了解他的近况,很高兴与敬佩地看到他持续的学习与成长之路,很荣幸受邀为他的新书题笔为文,借此分享一些我在企业、顾问与学术研究的心得,请大家指导。

企业的经营,核心要务在于人才,人才的养成,关键在于时间与资源的投入,要培养战略规划的人才也是如此。我非常重视年轻人的培养,虽然企业战略规划的工作主要为管理阶层的参与,然而,企业往往忽略了年轻一代战略思维能力的养成,这对企业的影响将是长远且难以衡量的。我建议企业对年轻一代在其专业或管理的职业发展路径上,都能将战略思维能力的养成纳入职业生涯规划。此外,建议企业也要善用年轻人的创意,企业要考虑成立一个团队或部门,从事与组织战略相关的分析工作,特别是要吸纳年轻成员,这也是培养他们大局观的机会,有助于他们的成长,也能够帮助组织发掘未来的人才。

对台湾地区经济的观察,我看到一个有趣的现象,早期的产业发展,台湾地区的政府部门扮演着领头羊的角色,企业则是追随政府部门的政策,亦步亦趋地跟进。如今,双方的角色似乎倒过来了,企业在产业政策的发展上领先政府部门的脚步与思维。这两种角色的转变,反映在人才的流动上,由于人才快速流向民间部门,影响了政策的质量与速度。从整体产业系统思维的角度,政府部门与民间部门是产业发展的一体两面,讲求前瞻性与均衡性,要避免沦入短板效应的陷阱。相较于民间部门,政府部门握有资源并具备强大的影响力,因此,如何鼓励两个领域的人才交流,将是社会意见领袖及双方主事者必须重视的课题。同样,从整体产业系统思维的角度来审视企业组织的战略与资源配置,必须要避免出现偏重少数功能部门的发展,而忽视次要部门的孤岛效应。突破性战略固然要倚靠领头羊,然而成功与否却是由接力赛抵达终点的最后一棒来定义。

知名企业鸿海公司(即富士康)在早期被人们视为红海竞争的代表,即任何产业(特别是电子相关)只要鸿海踏入,不要多久即会"血流成河",最终甚至只有鸿海公司赚到钱。然而近期可观察到,鸿海公司进军电动车(新能源车)市场,是一个作为设计与造车的平台,让众多战略合作伙伴(如裕隆)能够利用这个平台推出自己的产品,大家都能够赚钱,这是一种Win-win的合作战略,也是一种跳脱过去大家习以为常的"竞争战略"思维(有你没有我)。谈到"竞争战略",许多人立刻会想到其代表性人物迈克尔·波特(Michael E. Porter)。我有幸于20世纪90年代在哈佛商学院参加迈克尔·波特及变革管理大师约翰·科特(John P. Kotter)的课程,两位如今皆为大师级人物。当时得知波特也曾受邀替台湾地区的产业发展把过脉、献过策,更加深了对他们见解的印象,也深知波特的竞争战略并非是一种"有你没有我"的红海式竞争,反而是以独特"产业定位"为核心的战略思维,一知半解的经营者总是认为战略就是要与对手作战,竞争就是要战胜对方。然而,如果我们能够结合产业整体观的系统思维,以及洞见机会与定位的战略思维,非但"你赢我输"的竞争思维不足恃,反而有机会启发出具远见且"你好、我好,大家好"的合作共赢战略。

张忠谋先生的成就非凡,我观察其成功在于他具有优秀的整体产业系统思维与战略洞察力所带来的远见与战略,具备这些能力绝非一朝一夕之功,靠的是自己的努力及早期任职于德仪的培养。因此,我认为所有的企业自上而下,自主管至年轻人,都应将战略思维与战略分析能力列为职业发展的重要一环,特别要从年轻时开始培养。

综观旭群这本书的内容,31篇文章的主题涵盖面比较广,内容亦综合了与战略规划相关的理论与实务性,并且把一些似是而非的观念讲述得相当清楚,我认为本书是企业在进行战略规划工作的前期准备与后期团队协作时不可或缺的一本参考书。同时本书的实用性价值也是培养企业年轻人战略思维的好读物,鼓励年轻人分享心得并用于实务,相信假以时日必能成为企业未来人才的候选人。战略思维的学习要趁早,在此郑重推荐旭群这本来自其长期研究与实务经验所积累的著作,善用本书、时时回顾、用于实践,相信它将成为企业或个人增进战略思维与战略规划能力的一大助力。

彭元熙

侨光科技大学前副校长,教授

亚利桑那大学(University of Arizona)航空工程博士

国际系统工程学会台湾分会前会长

# 序四
# 永续经营的基石

终于找到了!我想找一本实务而且可以应用在工作上,谈战略的书,已经找了很多年了。旭群这本书终于回答了多年的寻觅。

在美商公司,中美两地工作了37年,我时常用2V来勉励我们的同事。第一个V是Value(价值),时刻为客户及公司创造价值,这也是工作与事业的核心目的。第二个V是Visibility(能见度),如何让你创造的价值与己身工作的利害相关人看得见,进而影响到他们。对于公司的管理团队,我则提出第三个V,Vision(愿景)来勉励他们,要时时思考,什么是你给团队带来的愿景,同时要规划及与他们沟通你的策略是什么?

企业始于"人止",公司是员工的组合,经理人有这个责任要引领员工的期盼并付诸实现。前述的3V,不仅适用于员工与干部,也适用于公司层次的思考,也就是"公司存在的目的""如何使顾客有感"以及"用什么战略去实现"。

我在 Black & Decker 及后续的 Stanley Black & Decker 服务的37年岁月里,有20年被派驻在台湾地区,负责管理亚太地区的供应链体系,需要时常到亚洲各地出差,拜访供应商并与各地的同事交流工作的进度与未来的方向。由于亚洲是新兴的地区,与公司产品相关的供应商多是属于"传统产业",规模有大有小,时常感受到这些亚洲企业有许多是"一流的设备,二流的人才,三流的管理"。经营者与管理阶层忙于设厂扩厂运转,公司常购入一流的硬件设备,但不知如何拓展与提升管理阶层的软实力和与时俱进的管理思维,干部忙进忙出忙生产,没有意识也没有意愿培养出"洞见"的能力;既没有洞察力,更谈不上公司该有什么战略;顾客除了产品,看不到公司产生的价值。所以时常出现订单出走,没法长期保留住顾客的窘境。

掌握 Vision-Strategy-Objective 的观念与行动,则可以很好联结我所提倡的"3V思维"。然而,当我一开始向干部提到战略时,大部分管理团队的第一个反应就是:什么是战略?有没有模板、参考书或模板可以套用?除了我所带领的组织，相信这也是我观察到的许多企业，特别是当时亚洲地区数百家供应商所面临的现象。旭群这本书提供了我们一直在寻找的一本工具书。从战略思维、战略分析、战略展开到战略执行的一步一步指导与启发，不限于策略工具或单纯理论的学习。真的是相见恨晚！我真是迫不及待地想把这本书马上交给公司的管理团队，也交给我们的供应商伙伴们，把二三流的管理提升到一流的境界，作为生意永续经营的基石。

　　旭群曾任我们 Black & Decker 公司亚洲采购供应商品保部门负责人多年，足迹遍布大中华地区、韩国、越南、泰国与印度，对于电动工具制造有深入的了解与实际经验。这本书不仅讲理论，也讲如何将理论应用在实际工作上，堪称经典。这是提供给大中华地区的读者一本很实用的策略工具书。诚心希望有朝一日可以看到英文版，我可以交给我们美国的伙伴们，好好拓展战略思维，制定、分析与执行，使我们的组织达到另一个高峰。

**林继文**(Kent Lin)

美商史丹利百得公司(Stanley Black & Decker)全球采购亚洲区前副总裁

兼总经理/工程部前副总裁

马里兰大学(University of Maryland)机械工程硕士

马里兰罗耀拉大学(Loyola University Maryland)企业管理硕士

# 序五
# 让企业的战略选择不再冒险

都说"选择大于努力",可是当不同的选项摆在眼前的时候,该如何正确地作出决策?第二次世界大战期间,英美华盛顿会议决定于1944年在欧洲大陆实施登陆,开辟第二战场,同盟国欧洲远征军最高参谋部随即开始制订登陆计划,根据之前登陆作战的经验教训,三个登陆地点被放到决策者的面前,分别是:康坦丁半岛、加莱和诺曼底。康坦丁半岛方案最先被否决,加莱和诺曼底其实各有利弊,几经权衡比较,最终选择了诺曼底。随后的故事大家都知道了,1944年6月6日早6时30分,盟军发动了代号为"霸王龙行动"的诺曼底登陆战役,攻破了德国在欧洲大陆的防线,从根本上扭转了第二次世界大战的局势。

面对日益复杂的竞争环境,企业战略的本质同样是"选择",大到技术路线的选择、市场的选择,小到某个具体营销方案的选择,不同的决策都可能会带来不一样剧情发展。以本人所在的汽车行业为例,近几年新能源和智能化在中国市场的发展可谓高歌猛进,2024年6月新能源车国内零售渗透率达48.5%,虽然现在判定全年新能源汽车渗透率超过50%还为时尚早,但整体来说燃油车向新能源的转化速度只会更快。然而同在一个市场里,不同车企的体感却大相径庭。由于工作原因,本人有机会接触到不同阵营的车企领导,这其中有"压力山大"的传统燃油车合资车企,也有销量摧枯拉朽的自主新能源车企,还有从科技和移动互联网跨界进入汽车行业的新势力车企。每一次与他们的对话,我都不禁感叹唏嘘,他们基于昨天形势不同的判断分别采取了一系列不同的选择,从而带来今天不同的运营结果。面对更加复杂的明天,他们依然需要或主动或被动地作出选择。

过去几十年,中外学者撰写了大量关于企业战略的书籍,分析和解释战略管理。在众多书籍中,是否还需要一本策略管理的新书呢?我建议,手边放一本孙旭群博士的《企业战略规划与管理实务》。

首先是实用。从全书的内容编排上,围绕着战略思维、目标设定、战略展开、战略执行和日常管理这五大核心环节逐步展开,前后既有逻辑顺序,每个环节又可以成为单独的模块，读者可以根据自己所处的情境，感觉困扰的关键点，有针对性地进行阅读和学习。在每一篇文章的阐述中，均以案例或现象开篇，概括解释理论，结合作者的实务经验给出应用建议，最后以三个问题引发读者思考，通篇没有洋洋洒洒的理论知识灌输，案例和现象也多以近期身边的商业场景为主，无论是商学院的学生，还是企业界的管理者都可以找到贴合自己实际需求的内容。

其次是融会贯通。我很同意孙博士在第四篇文章所写的两句话："如果你只有一把锤子，那么，一切事物看起来都像钉子。""当我们仅具备有限的心智模型数量时，同样，也限制了我们寻找解决方案的潜力。为了释放全部的潜力，我们必须收集及学习更多有用的心智模型或是思维框架，才能不断丰富我们的思维与决策工具箱。"作为企业的领导者、管理者，一路走来一定会有一些赖以成功的思维与决策方法，然而市场瞬息万变，唯一不变的是改变，就像前面提到的，传统燃油车时代精细化的分工协作、垂直化供应链体系正在受到新能源创新合作模式的猛烈冲击，如果依然沿着惯性思维路径，未来的路将越走越窄，求变就需要拓展思维，丰富自己的心智模型。本书不局限于某一个或某一类战略思维框架，而是结合作者的多年实务经验，将几十个管理方法和工具，根据其适用的场景，分布在五大核心环节中，犹如十八般兵器信手拈来，读完甚是通透。

我与孙旭群博士曾在美国 BMGI 管理咨询公司共事 6 年多，其间一起搭档合作服务过很多企业，孙博士的专业经验和沟通技巧给我留下了深刻的印象。同事情谊也就顺理成章地延续为挚友，虽然大家都忙于事业的奔波，但时不时依然会电话分享自己的观点和感悟，每次孙博士和他的贤内助到来，我们也会以"改善伙食"为借口聚餐，各自汇报近期工作，畅谈行业发展，互相鼓励促进。去年本书的繁体版出版，孙博士当即赠予我一本，读完拍手叫好的同时，也惋惜没有简体版无法让更多的读者受益。此次接到孙博士的电话，得知简体版即将出版，由衷地感到欣喜，也将本书郑重地推荐给大家，希望每位读者都能在其中得到启发，延伸思考，在面对选择的时候，从容不迫，自信前行！

杨　涛

复旦大学 EMBA 硕士
J. D. Power 中国区汽车产品事业部总经理
前 M-Brain 亚太区董事总经理

# 前言
# 如何阅读与使用本书

## ▌缘起　洞察力：思想的开端与结果▐

本书终于要以简体版出版了。其实，本书的所有文章一开始是以简体中文写就，后来在五南书局的支持下，以繁体中文改写后，先于台湾地区成书出版发行。如今，有幸获得同济大学出版社的青睐，在繁体版的基础上，这些文章的内容又再度改版为简体中文，得以在此时分享给广大的简体中文读者。

回顾本书内容的发想过程，要从我完成南开大学的博士学位聊起。当时，为了完成博士论文，其间还不惜辞去国际咨询公司大中华区董事总经理的工作，最终在2016年中旬，通过严格的外部论文审查及论文答辩后，实现了人生的一个梦想。接着，我投入创业的旅程，开启人生的另一个篇章。创业之初，回顾过去累积的学术研究、大学授课、企业教学、项目辅导，以及数十年的经营管理实务经验，想到在接下来的有限岁月里，是不是可以留下些什么，帮助到众多有志于学术研究及提升企业经营绩效的同好？

在与一些具丰富经验的好友暨合作伙伴沟通后，大伙决定创办一个微信公众号，构想以原创文章的形式来分享我们多年的研究与实务经验。经过一年的筹备期，推出了"经营洞察力论坛"，别名为"洞察力魔法学校"的公众号，期盼通过我们的文章，帮助读者学习特定主题的专业知识，分享作者

洞察力魔法学校
经营洞察力论坛

的实务经验,再通过精心设计的思考性问题,希望读者在完成公众号文章的阅读后,能够进一步地深挖这些知识以丰富个人的见解,或是,趁机回顾个人的经验并检视有无可以强化之处。我们鼓励个人与组织里的团队一起讨论,希望能够借着我们的文章及深入的讨论以促进良好的团队协作。在我们的心中,前述的任一种行动,其目的都是希望读者能够基于我们的文章与见解,学习如何洞察一些过去未曾思索过的想法与创见,这些"洞见"(Insight)将是个人思考及团队协作的结晶,伴随而养成的"洞察力",亦将成为个人或团队的核心能力。

为了实现这些想法,我们对"洞察力魔法学校"进行一些具有巧思的设计,除了设有"魔法部"负责统合公众号的管理工作,亦设有"编辑部"负责文章内容的编审与排版工作(分别由团队内的周渊及干戴纬两位伙伴负责);还设有五个学院,分别由五位专家担任院长,无偿地定期负责文章的构思与撰写的任务,这五个学院分别由王潇博士负责"领导力学院"、熊震世老师负责"卓越运营学院"、林勇智博士负责"变革管理学院",以及由刘恬萍博士负责"创新管理学院",我则是身兼校长与"战略管理学院"院长的工作。2017年六月,"洞察力魔法学校"正式上线,采取五个学院轮流,每周出刊一篇文章的模式,偶尔会邀请一些外部专家提供专文,自始坚持原创文章,至2022年六月,包括节庆特刊,五年间已刊出超过260篇文章。由于每周一篇原创文章对所有参与成员的工作量太大,自2022年七月起,"经营洞察力论坛"公众号文章暂停更新,等待进一步的转型。

| 领导力学院 | 卓越运营学院 | 变革管理学院 | 创新管理学院 | 战略管理学院 |
|---|---|---|---|---|
| 院徽:狮子 | 院徽:虎鲸 | 院徽:火凤凰 | 院徽:独角兽 | 院徽:鹰 |
| 五行:属土 | 五行:属水 | 五行:属火 | 五行:属金 | 五行:属木 |
| 代表色:棕 | 代表色:蓝 | 代表色:红 | 代表色:金 | 代表色:青 |

这五年间,我在《经营洞察力论坛》公众号一共发表过48篇、近23万字的文章,主要刊登于"战略管理学院",另有两篇则发表在"变革管理学院"。由于公众号所设定的目标读者群为有志于提升个人与团队洞察力的经理人员、专业人士、学校相关专业师生,以及有兴趣于此课题的相关人员,因此,

我在构思所负责的公众号文章时，就打定主意，想把多年来在学校授课，以及面向企业从事战略管理教学与辅导所积累的实务经验及创见，有系统地分享给读者，并帮助大家成长。古人云"三不朽"，即所谓的"立德、立功、立言"。自觉能力有限，前两项在我有生之年恐难实现，立一家之言也是难如登天，如果能将自己有价值的经验透过文章进行传承，也算够得着"立言"的一片小衣角吧！

在这五年期间写就的每一篇文章，从主题的设定、理论知识的吸收、资料的整理，到一篇文章的完稿与刊登，都花费了编辑部及我个人不少的心力，文章刊出后，有幸获得许多正面反馈，也给予我持续执笔的动力。过程中，来自学生及昔日师长的反馈，均鼓励我将这些文章汇集出书，虽然知道这是一件值得进行的事，却碍于平时工作繁忙，加上定期撰文的时间压力，一直未能付诸实现，直到"经营洞察力论坛"暂停更新的日子，方有机会着手，也才有此书的出版。

是的，本书的内容是取材自我在 2017 年至 2022 年这段期间所发表过的文章，由于聚焦于战略管理这个大课题，自然是围绕着战略思维、目标设定、战略展开、战略执行、日常管理这几个主轴，进行文章主题的选定。然而，由于战略规划一直是学界与业界重要的经营管理课题，市面上关于这类课题的书籍多偏重于战略管理，因此，当初在对文章的设定上，则较多地聚焦在结合战略规划与管理的理论与实务，同时能够启发读者洞察力的这两个面向为基本定位。因此，在文章内容与观点的呈现上，有别于传统的教科书、商管丛书，以及图文并茂却内容简略的标题式书籍。本书则着重在以理论为背景，辅以我过去的教学与辅导经验，每篇文章主题独立却也环环相扣，所以，您正在阅读的这本著作可以视为在学习并研究战略规划与战略管理相关课题时的资源，也可以是用于个人与团队在执行战略规划工作时必不可少的实务攻略。

## 本书章节介绍

本书虽然先有文章再集结成书，然而，五年期间所发表过的 48 篇文章均围绕着战略规划与管理的这个大主题，在成书的过程中，考虑文章内容的相关性，最后优先挑选了 34 篇文章，经过相似主题文章的合并，最终整理成本书的 31 篇文章。在繁体版的成书前，对于内容也进行了幅度不小的改写，包括：内容的勘误与校正、中外专业名词的整理、图表的重新绘制,以及参考文献的整理。最后,依据文章的主题进行分门别类,决定以七个章节来呈现这些文章内容。简体版则是基于繁体版的内容并因应读者的阅读习惯进行了一些必要的调整而成书。以下则列出各章节所收录文章的阅读重点。

第一章"提升思维能力的关键课题":收录了四篇文章,第一篇介绍"思维能力",包括:思维能力在战略规划工作中的重要性、五种重要的思维及其内涵,以及可以运用于帮助自我学习战略思维的四个阶段,以开启读者对思维能力于战略规划重要性的基本认知。第二篇文章,主要是想和读者一起探讨提升战略思维的关键,也就是策略性提问的重要性与学习技巧;特别是如何在战略思维的前三个阶段中,学习运用合适的问题形式以提升自我的思维能力。第三篇文章则通过一些实际的案例帮助读者理解,"确认问题"在学习战略思考的重要性,以及如何避免落入被现象绑架的思维盲点?通过该篇文章,可以帮助读者连结第一篇及第二篇的内容,并加强关于战略思维的认知。第四篇文章提到心智模型于思考的应用,以及改进自我心智模型的三个观点,希望有助于读者在面对众多管理工具时,具有正确的认知,不会落入为学工具而学习的田地。

第二章"战略思考者的习惯与迷思":收录了三篇文章,顾名思义,在这一章我想要和读者探讨战略思维的自我修炼之道。关于战略思考,首先要掌握批判性思维能力,第五篇文章的内容即是着重在个人关于批判性思维的认知,以及如何掌握批判性思考以提升个人的思考能力。既然思维能力的养成与提高属于个人成长的重要课题,因此,我在第六篇文章中,列出八个习惯,作为读者自我学习战略思维的重要参考,换句话说,要做到自我养成优秀的战略思考家,必须掌握这八个重要习惯。第七篇文章则是举出人们关于战略思考的迷思,或是常犯的九大错误,并提出可以改善的实务性作法。个人及团队的战略思维能力,将是成功进行战略管理的核心,读者可以借由这三篇文章来进行自我盘点,找出个人最好的学习之道。

第三章"战略分析前的重要课题":收录了四篇文章,第八篇在讨论战略定位的核心意义,以及为何战略定位是我们在进行战略分析前的重要课题?当然,读者也可以从这篇文章掌握到与战略定位相关的 STP 理论(Segmentation-Targeting-Positioning)及战略定位(Positioning)的实务。第九篇文章将为读者介绍一个非常实用,许多人却不清楚其本质的好工具——"价值主张"(Value Proposition)。本书将帮助读者从理论与操作实务去正确的掌握价值主张这个重要的战略分析课题,同时也介绍以价值主张为基础的商业模式画布(Business Model Canvas)与应用于新创企业的精益画布(Lean Canvas)两个工具,以及如何合适地将其应用于企业的战略分析工作中。第十篇文章的主题则聚焦在如何界定顾客想要完成的任务,被称之为 JTBD(Jobs-To-Be-Done),它是企业在构思创新战略时的重要课题,本文深入浅出地说明 JTBD 的观念及实务应用,同时,读者也可学习到应用 JTBD 的五种创新战略。JTBD 的概念将支持着第九篇与第十一篇两篇主题的学习。第十一篇文章在讨论"战略画布",它来自《蓝海战略》这本商业管理大作,也是构成创新战略分析工作的基础,该文将为读者剖析战略画布的理论基础以及操作实务,可以通过战略画布为战略分析工作打好基础。本章的四篇文章,主题各自独立,又有着环环相扣的关系,也可以视为一个整体进行学习。

第四章"战略与战略分析工具":收录四篇文章,第十二篇是在为读者厘清一个"好战略"所应具备的本质,那就是所谓的"独特性",通过此文,希望让读者避免落入跟随他人战略或聚焦于运营优化的战略陷阱,也能理解为何丰田公司(Toyota)不怕外人参观学习其管理体系背后的思维。第十三篇文章则是在探讨,真正的战略是否来自理性战略分析的命题;有时,事先设想好的理想战略并不一定有办法被落实并带来预期的好处,因为环境与竞争是动态的;该文通过本田小狼机车(Honda Cub)的案例,再引入战略大师亨利·明茨伯格(Henry Mintzberg)关于战略的五种面向,希望能帮助读者不会落入为分析而分析的思维陷阱,并再度理解战略思维的重要性。由于可用来帮助企业进行战略分析的工具有很多选择,也可以从许多书籍取得相关的使用方法,因此,战略分析工具的介绍并非为本书规划的重点。列于本章的另两篇文章,主要是介绍两个非常经典、非常实用,同时也是现代许多战略分析工具的发想源头,分别是战略管理之父伊戈尔·安索夫的安索夫矩阵(Ansoff Matrix)(第十四篇)及战略大师阿瑟·D. 利特尔的 ADL 矩阵(ADL Matrix)(第十五篇)。借由这两篇文章,可以认识两位战略大师的生平及思想,并深入了解这两种工具的定义与应用,这两种工具对近数十年战略分析工具的发展有着极深的影响,有助于读者日后对其他相关战略分析工具的学习。

第五章"战略展开实务":这一章以如何正确的完成战略展开与目标分解的工作为范围。其中,第十六篇是关于 SWOT 矩阵的深入剖析,可以视为第四章主题的延续。许多学术界及实务界的人士曾批评SWOT是一个非常低阶的战略工具,然而,SWOT真的这么低阶且帮助不大吗?又有多少人懂得正确的使用SWOT?除了SWOT,是否有人还知道TOWS这个工具呢?该文可以帮助各位重新检视SWOT及TOWS的观念与正确的操作实务。第十七、第十八及第十九这三篇文章的主题虽然独立却也有着高度相关,建议一口气把它们读完,可以帮助读者深入理解战略、战略展开、战略性目标这三项工作的本质,以及帮助企业完成这三项关键工作的好工具——"方针管理"(Hoshin Planning)。第二十篇则以反向的观点,提出战略规划工作常见的三个重要误区,分别是"不擅长战略思考""错误使用SWOT",以及"分不清战略目标与日常性目标"。该文除了说明这三项错误的本质,同时也提出改进建议。本章收录的最后一篇文章(第二十一篇),在探讨企业于战略规划及后续战略执行工作中,最常面临到的两难课题,也就是在理想战略的"战略承诺"与所处环境的"不确定性"之间的取舍,以及如何调整的冲突性课题;此篇文章提供了一个情境选择矩阵(如何选择合适的战略规划作为),希望帮助读者从文章中理出自己的体会与洞见,该篇文章也将用来串接战略规划(第五章)与战略执行(第六章)这两大主题的学习。

第六章"战略执行的成功关键":收录于本章的六篇文章均围绕着战略执行的相关课题。第二十二篇所提到的"战略叙事"(Strategic Narrative)并非平时进行战略规划工作者所熟知的观念,透过"故事"与"叙事"的区别来切入,介绍了亚马逊(Amazon)的"叙事备忘录"制度,并详细说明企业在完成战略规划工作后如何正确完成战略叙事,并利用它来与企业内部沟通经营战略。一个好战略,实现的关键在于执行,许多企业空有好战略,却无法让其落地;或是遇到环境的变化,却无法善用"突现战略"(Emerging Strategy)的机会,在第二十三篇文章中,我列出了企业于战略执行阶段常见的五大挑战,希望帮助读者及早洞察出这些潜在风险,并将我所提出的建议纳入到战略执行的体系中。第二十四篇则介绍最常被经理人忽略的日常管理系统,以及如何建构完整的日常管理系统以提高战略执行力,帮助战略的实现。该文为各位详细的介绍"精益日常管理系统"(Lean Daily Management)的四个单元——领导者标准作业、可视化管理、日常当责作业以及日常纪律。基于此文,读者可以学习相关的知识与实务性作法来架构适合于企业特性的日常管理系统,以提高战略执行的成功率。第二十五篇及第二十六篇内容具相关性,前一篇揭开经理人对绩效管理制度的迷思,要如何正确认知绩效管理的价值,以及不会误用它;后一篇则和读者讨论人才战略在战略执行阶段的重要角色,文中以网飞(Netflix)的人才制度为例,说明企业应该如何辨识及善用人才,并引出"人才九宫格"工具,帮助经理人跳脱基于过去表现与现有能力进行选才的绩效管理思维,如果能将"未来潜能"这个因素考虑进来,方能有效识别人才、诊断人才现况,以及执行相应的人才管理作为。本章最后一篇(第二十七篇)则是要和读者一起探讨,究竟是"组织结构支持战略"还是"战略追随组织结构"这个战略难题。文章仅做探讨并未提供标准答案,希望通过该篇文章的论述,帮助读者透析企业目前的处境。如果您能好好思索这个课题,相信可以及早洞见企业在发展战略及战略执行时所遇到的限制与挑战。

第七章"变革管理与战略执行":经研究,经理人的变革管理能力将足以影响战略执行的成败,这是一个重要的主题。本章收录了四篇文章,在第二十八篇文章中,我为读者阐述"转型"(Transformation)与"变革"(Change)的异同,以及如何建构正确的认知,帮助企业构思战略发展所需的转型工程以及掌握战略执行的变革挑战。第二十九篇将介绍变革大师库尔特·勒温(Kurt Lewin)的核心理论,包括"勒温三阶段变革模型",以及基于这个模型与团体动力学所发展出来的"力场分析"(Force Field Analysis)理论,该文对力场分析的应用情境及操作方法有着详细的说明,方便读者上手;由于勒温的理论是许多变革管理模型的研究基础,此篇文章可以帮助读者日后关于其他变革理论与变革模型的学习。在第三十篇中,我们将探讨变革管理的挑战——人性;人有七情六欲,不论是发生于个人或团体,时时处处地影响着变革的实现。该文介绍了一种颇为经典的变革情绪周期理论,它结合了勒温变革理论与来自实务的观察,可以有效解释及预测当人们面对变革的情绪变化与抗拒力量的来源,学习到这套实用的理论与实务应用技巧,可以提升经理人的变革管理能力。最后一篇文章(第三十一篇)是"如何成功领导变革",介绍一个广为应用且实务导向的变革管理模型,来自变革管理大师约翰·科特(John P. Kotter)的八步变革管理模型;文章关于该模型的发展背景、内容结构、模型应用实务以及模型的限制与批判,都有着完整且深入的说明;由于领导力也是变革项目的成功关键,该文也介绍了"转型领导力"(Transformational leadership)的特质与学习重点。希望读者善用本章所介绍的几个重要的变革理论与模型,有效地管理及推动变革项目,提高战略落地与成功的概率。

## 如何使用本书

本书内容综合了理论与实务，相信对读者提升战略管理与战略规划的能力有所帮助。然而，读书与学习需要方法，此处提供六个重点，帮助读者事半功倍地善用本书。

(1) 本书既可以用作教科书，也可以是一本知识工作者关于学习战略管理的商管书。本书定位在有一定基础的学习者，包括 MBA/EMBA 学生、从事战略管理相关业务的工作者、企业经理人，以及有兴趣于这个知识领域的个人或团体。因此，读者在阅读本书时可能会需要一些基本知识，虽然每篇文章均有相关理论的解说，仍有不足之处，读者有需要时必须自行通过网络或专业书籍进行延伸学习。

(2) 本书的每篇文章，其主题各自独立但也存在着相关性，读者可以依据自己的需求，直接切入个别文章进行阅读与学习。由于每一个章节均来自所收录文章的相关性汇总，因此，七个章节分别是七个大主题。学校教师或是个人读者如果对七大主题的个别主题有兴趣，亦可不依照各章节的顺序，直接跳至该章所收录的各篇文章完整阅读即可。

(3) 这是一本战略管理与战略规划的实务性图书，定位在"工作实务"与"学习攻略"，因此，本书不会强调战略管理理论的全面性。不过，全书围绕着战略思维、战略分析、战略展开、战略执行的大架构来构思文章与章节架构，并提供深入浅出的内容说明，相信能符合系统性学习的原则。

(4) 本书的 31 篇文章均来自"洞察力魔法学校"，自始至终聚焦于如何帮助读者提升思考能力与洞察力。在网络发达的这个年代，知识的学习与答案的获得已愈来愈容易。相对而言，好的问题与深入思考的能力，其价值愈来愈重要，这也是本书的宗旨。因此，在完成每篇文章的阅读后，我都会为读者列出至少 3 个问题，不提供答案，目的是希望各位基于该篇文章内容，经由文章后面所列问题的思维引导，给自己或团队成员进一步思考的空间。当然，也欢迎自提问题，由个人或结合志同道合的伙伴，去搜集信息、消化与整理信息、分享观点，接着基于问题去讨论出创意或意见。

(5) 除了个人的学习外，本书适合相关课程的引导式教学，也非常适合企业内部或社会学习团体的读书会使用。由于本书的文章各自独立，文章后面也列有值得讨论的提问，因此，每次的读书会可以挑选某一篇文章来分享及讨论。由于每篇文章仅有数千字，不需要花太多时间进行导读，反而可以鼓励读书会成员利用有限的会议时间分享各自的观点，包括对于文章所列问题的看法。

（6）最后，本书更适合提供我在学校及企业界开设战略规划课程的学生参考。由于本书累积了我多年的学习、学术研究、管理实务及教学辅导的心得，因此，本书的文章可以作为课前预习，以及课后复习的用途，让学员的学习不会因课程结束而中断。当然，我在企业开设的战略规划工作坊通常设计有课后作业与辅导，本书可以在已经非常完整的课程书面教材之外，提供更多关于理论与实务的延伸性内容，让学习历程更丰富。

综论本书的目的及预期给读者带来的效果，可以用两句话来表达，那就是"洞见本质、以终为始"，期望读者能够在善用本书以培养个人与团队的洞察力，洞察出与众不同的事物与环境演变的本质，并且在符合企业组织成长的大方向上，设定出合适的挑战性目标，经由团队协作有效且深入的战略分析，发想出具创新且务实的战略，最终得以实现各位想要的目标。

## 致谢

完成本书的内容并不容易，它前后历经了五个年头以上的岁月，当初，每篇文章从主题的构思、相关资料的搜集到撰写成文，都至少花掉一周的时间。本书最后成书比我的博士论文字数还多，说它是第二本博士论文也不为过。

本书的繁体版与简体版能够完成，来自许多亲友的支持与协助，首要感谢的当然是我亲爱的另一半刘恬萍博士，没有她的鞭策、校稿、建设性的意见，不容易有这本书的出版。女儿孙裴在她繁忙的工作之余，为本书的图表美编工作，付出了许多心力，儿子孙铨也付出他的时间协助繁体版文章交稿前的校稿工作，表弟李培振教授及表弟媳汤晓丽更是尽心尽力地帮我引荐同济大学出版社并促成简体书的出版，来自家人的参与及投入，让我觉得欣慰与感动。

这是我在大陆出版的第一本书，在此要特别感谢我在台湾东海大学的硕士学位导师王本正教授，以及我在南开大学的博士学位导师白长虹院长，感谢他们二位对我过去在学术研究工作的指导，也是本书得以完成的基础。本书也有幸邀请白长虹院长在他商学院繁忙的院务工作之余，能够拨冗为我撰写推荐序。同时，我也要感谢南开大学陈宗胜教授多年来的持续鼓励，让我对出版本书一直有信心,也终于实现我对陈宗胜老师的承诺,特别感谢陈宗胜老师为文推荐本书。

感谢周渊及干戴纬两位好友,当初为我在公众号文章的编审与刊登,付出许多时间,更居于关键的角色。在 2017 年至 2022 年的五年文章刊登期间,来自众多好友及公众号文章的读者对我文章的肯定,也是支撑我持续写作的动力来源。不过,如果没有魔法学校其他四位院长兼好友(王潇、震世、勇智、恬萍)的支持与付出,"洞察力魔法学校"绝无法撑到五年,也不会有本书的出版。如果本书能够成功,日后也希望能将他们的公众号文章集结成书,分享有缘人。

本书的繁体版及简体版能在不到两年的时间里,顺利地在台湾地区及大陆出版,首先要感谢五南书局侯家岚及同济大学出版社宋立对本书内容的慧眼赏识与大力支持。更要感谢彭元熙教授、林继文先生,以及杨涛总经理提笔推荐本书,还有来自孙国青董事长、陈晔副院长、王潇院长、刘春华博士、沈亦晨博士、陈之侃总监、顾战军总经理等众多好友的具名推荐。

最后,我得以在六十岁及六十二岁完成繁体版及简体版的出书,一定要感谢亲爱的父亲孙佑敏及母亲董培芳的养育之恩,让我有幸在今年将这本书献给我的父母及在两岸生活的所有家人。

孙旭群

2024 年 11 月

# 目录 Contents

- I　序一　实践出真知
- III　序二　一本值得读上几遍的战略好书
- VI　序三　战略思维的培养要趁年轻
- IX　序四　永续经营的基石
- XI　序五　让企业的战略选择不再冒险
- XIII　前言　如何阅读与使用本书

**001　第一章　提升思维能力的关键课题**
- 002　一、战略规划的关键——思维能力
- 008　二、战略思维的核心——策略提问技巧
- 014　三、找对问题，成功一半
- 021　四、强化心智模型锻炼我们的思考机器

**029　第二章　战略思考者的习惯与迷思**
- 030　五、善用批判性思维提升思考力
- 036　六、成就优秀战略思考者的八个习惯
- 045　七、破解战略思考的九大迷思

**055　第三章　战略分析前的重要课题**
- 056　八、浅谈战略定位
- 064　九、"价值主张"的本质与实务
- 075　十、剖析JTBD思维与创新战略
- 085　十一、创新战略的好工具——战略画布

**095　第四章　战略与战略分析工具**
- 096　十二、好的战略要有独特性

| | |
|---|---|
| 102 | 十三、超级小狼的启示——战略分析是有极限的 |
| 109 | 十四、经营战略之父安索夫和他的武功大法 |
| 117 | 十五、好用的事业战略工具——ADL矩阵 |

| | |
|---|---|
| 127 | **第五章　战略展开实务** |
| 128 | 十六、SWOT矩阵——小工具大学问 |
| 136 | 十七、解读"战略"与"战略展开" |
| 143 | 十八、"战略性目标"的管理意义 |
| 149 | 十九、如何运用方针管理完成方针目标展开 |
| 159 | 二十、战略规划常见三大误区 |
| 166 | 二十一、战略承诺与不确定性的并存之道 |

| | |
|---|---|
| 175 | **第六章　战略执行的成功关键** |
| 176 | 二十二、战略叙事——沟通组织愿景与战略的好工具 |
| 184 | 二十三、战略执行的挑战与应有思维 |
| 194 | 二十四、落实日常管理以提升战略执行力 |
| 206 | 二十五、绩效管理会成为战略执行的绊脚石吗 |
| 213 | 二十六、人才战略——组织战略发展与落地的关键 |
| 220 | 二十七、"战略"与"结构"孰先孰后 |

| | |
|---|---|
| 229 | **第七章　变革管理与战略执行** |
| 230 | 二十八、"变革"与"转型"是同样一回事吗 |
| 239 | 二十九、解构力场分析 |
| 249 | 三十、掌握情绪周期以促进变革成功 |
| 255 | 三十一、如何成功领导变革 |

| | |
|---|---|
| 269 | 参考书目与延伸阅读 |

| | |
|---|---|
| 274 | 《企业战略规划与管理实务》读书会操作建议 |

# 图目录

|  |  |
|---|---|
| 006 | 图1.1:沃拉斯创造性过程模型 |
| 057 | 图3.1:星巴克在中国市场的定位分析 |
| 059 | 图3.2:BCG矩阵图 |
| 059 | 图3.3:GE-McKinsey矩阵图 |
| 061 | 图3.4:战略定位三构面 |
| 066 | 图3.5:价格—价值模型 |
| 067 | 图3.6:商业模式画布(Business Model Canvas) |
| 068 | 图3.7:价值主张画布样稿 |
| 070 | 图3.8:狩野模型 |
| 071 | 图3.9:商业模式画布与价值主张画布的综合分析 |
| 073 | 图3.10:精益创业画布 |
| 076 | 图3.11:半圆弧形后轮盖的拖拉机设计(示意图) |
| 076 | 图3.12:平整的后轮盖设计(示意图) |
| 080 | 图3.13:创新机会方格示例 |
| 081 | 图3.14:JTBD创新成长战略矩阵 |
| 086 | 图3.15:战略画布(Strategy Canvas)示例 |
| 086 | 图3.16:战略画布操作步骤 |
| 088 | 图3.17:汽车保养厂战略画布现况分析 |
| 089 | 图3.18:ERRC战略行动框架 |
| 093 | 图3.19:太阳马戏团战略画布 |
| 099 | 图4.1:西南航空策略活动系统图 |
| 103 | 图4.2:本田小狼(Honda Super Cub C100,1962) |
| 105 | 图4.3:明茨伯格的战略五面向 |
| 111 | 图4.4:麦肯锡7S模型 |
| 112 | 图4.5:安索夫成长矩阵 |
| 118 | 图4.6:ADL矩阵 |

| | |
|---|---|
| 119 | 图 4.7：行业生命周期阶段 |
| 120 | 图 4.8：ADL 矩阵表与通用型战略方向 |
| 122 | 图 4.9：ADL 矩阵分析示例 |
| 123 | 图 4.10：ADL 通用型战略范例 |
| 129 | 图 5.1：SWOT 矩阵 |
| 132 | 图 5.2：SWOT 分析的范畴 |
| 133 | 图 5.3：SWOT/TOWS 分析矩阵 |
| 139 | 图 5.4：目标与战略是一体的 |
| 140 | 图 5.5：战略管理通用性架构 |
| 150 | 图 5.6：方针管理七步法 |
| 152 | 图 5.7：方针管理矩阵结构图（以高阶为例） |
| 154 | 图 5.8：目标展开树形图 |
| 155 | 图 5.9：放大缩小焦点法 |
| 156 | 图 5.10：努力/影响矩阵（Impact-Effort Matrix） |
| 169 | 图 5.11：战略选择矩阵图 |
| 170 | 图 5.12："必要的不确定性"时间视界示意图 |
| 177 | 图 6.1："战略叙事"是组织用来陈述如何实现目标的剧本 |
| 182 | 图 6.2：三幕剧剧本结构 |
| 185 | 图 6.3：战略执行的三个主要流程 |
| 190 | 图 6.4：当责与信任管理循环 |
| 195 | 图 6.5：组织层级与工作重点 |
| 196 | 图 6.6：过程管理的眨眼睫毛模式 |
| 197 | 图 6.7：LSW 的时间分配建议 |
| 199 | 图 6.8：日常管理指标层级展开示意图 |
| 199 | 图 6.9：现场可视化看板 |
| 200 | 图 6.10：层级会议示意图 |
| 201 | 图 6.11：A3 报告（问题解决型）与 PDCA 示意图 |
| 203 | 图 6.12：执行力四原则 |
| 217 | 图 6.13：人才九宫格范例 |
| 226 | 图 6.14：苹果公司组织结构与变化 |
| 232 | 图 7.1：变革与转型的区别 |
| 234 | 图 7.2：毛毛虫的羽化转型 |
| 236 | 图 7.3：转型与变革项目关系示意图 |

| | |
|---|---|
| 240 | 图7.4：勒温三阶段变革模型(Kurt Lewin, 1947) |
| 242 | 图7.5：勒温变革三阶段的动态均衡示意图 |
| 243 | 图7.6：力场分析示意图 |
| 244 | 图7.7：力场分析操作模板 |
| 251 | 图7.8：库伯勒-罗斯模型(Kubler-Ross Model) |
| 258 | 图7.9：科特八步变革管理模型 |
| 261 | 图7.10：科特八步变革管理模型(三部分的观点) |

# 第一章
# 提升思维能力的关键课题

要成为杰出的领导者,我们必须让自己成为一位战略思考者,而不仅是手段的设计者。我们还得避免将自己局限于既定的档案流程中,我们的座右铭将是专注,但是具有弹性空间。我们着重于探索的过程,在每一天的分分秒秒中,我们都能开创出有助于达成长远目标的可能方向。

——约翰·D. 洛克菲勒(John D. Rockefeller, 1839—1937)

一、战略规划的关键——思维能力

二、战略思维的核心——策略提问技巧

三、找对问题,成功一半

四、强化心智模型锻炼我们的思考机器

# 一、战略规划的关键——思维能力

已故创新大师克莱顿·克里斯坦森（Clayton M. Christensen）曾分析，为何许多成功的企业，如施乐（Xerox）、西尔斯百货（Sears）、希捷科技（Seagate）等，它们积极地投资可留住现有顾客的技术，却不愿投资吸引未来顾客的其他技术。

他认为真正的原因是这些成功的领导企业一直受缚，遵循着内部理性分析的投资流程，因而驱使他们想尽办法接近既有顾客并设法满足他们。这也是为何一家管理良好的企业，不太可能在为了满足现有顾客的要求以及抵挡竞争对手而投注公司绝大部分资源的当下，敢于将资源抽离既有市场，转移到看似不重要或目前还不存在的市场。这种思维的限制，导致企业未能在既有优良产品（或服务）的生命周期结束前，及早进行转型。

## 我们知道有哪些未知的经营风险吗

曾任美国国防部长的唐纳德·亨利·拉姆斯菲尔德（Donald Henry Rumsfeld）曾经于2002年的一场记者会答问时，提到一段名言："……据我们所知，这个世上原本就有那些我们早就清楚的'已知的已知'（Known Knowns）；也有些事是我们现在就知道我们不知道的'已知的未知'（Known Unknowns）；但是，同样存在着'未知的未知'（Unknown Unknowns）——这些我们并不知道我们所不知道的事。"（注2）

其实，一位领导人及其所带领的团队，真正面临的挑战并非那些"我们已知的未知风险"（We know what we don't know），而应该是那些"我们不知道的未知风险"（We don't know what we don't know）。所谓的"未知"（Unknown），是一种风险般的存在。现实中，"未知"又分成两种，一种是我们已经晓得的不足之处，可能源于知识或经验的不足；另一种是那些存在于我们认知范围之外，心中不曾存疑过，或是从未想要动身去探究的"未知领域"。前者就如同古人看待生老病死,后者就如同西方大航海时代开启之前的美洲大陆。

随着时间推移,企业的知识与经验会不断积累,原先的未知事物也将随之减少而转变为已知(Known)的组织能力,理所当然,企业的经营风险将随之减少。然而事实却是,会随着时间推移而降低的是那些已知的未知风险,至于那些因为我们的无知(或是从未认知到)却原本就存在或正在发生的风险或机会,则不会随着时间的推移而减少,或自动转化为已知。对于前者,我们把它称为"已知的未知风险"(Known Unknown Risks);后者,我们则称之为"未知的未知风险"(Unknown Unknown Risks)。

上述两种未知事物构成了企业经营的风险,管理者如果只认识到"已知的未知"风险,将引导企业聚焦既有的顾客关系、产业生态、技术发展、管理技能,寄望于不断的学习及经验的积累,从目前的市场竞争脱颖而出。然而,如果对手的经营假设也和我们一样,面对着相同的未知,采取相同的因应策略,其结果终将出现战略趋同的现象,反而造成越趋激烈的市场竞争。

优秀的企业将会在减少"已知的未知"风险外,想方设法地辨识出那些会影响到企业未来发展的"未知的未知"风险,并投入资源与时间去研究与探索,将成为企业的创新与蓝海战略的来源。曾经的手机世界霸主诺基亚(Nokia),沉溺于传统手机的质量提升与功能改善,却未能及早探索到智能手机的潜在机会与顾客需求。当面对完全不同诉求与经营模式的苹果手机(iPhone)的挑战时,手足无措而快速自神坛败下阵来。因此,经营团队如何对待那些未知风险,将决定企业经营成败,也是A级企业与A+级企业的差别所在。

企业要如何有效地激发经营团队对那些"未知的未知"风险进行探索?经营团队的"思考能力",又称为"战略思维能力"(The Ability of Strategic Thinking)将是核心关键。

## 战略思维帮助我们洞察未来

管理者发展企业战略就是要帮助其生存、成长、获利。无论是资源基础论者所强调的"如何有效地运用企业内外部有限资源以发展合适的竞争战略"(注3),或是如迈克尔·波特(Michael E. Porter)这些战略定位学派的学者所强调的"必须要优先发展出企业的市场定位以利事业战略的开展"（注4），战略思维能力皆是最重要的核心能力。

战略思维属于现代经理人必备五种思维能力的其中之一，以下重点说明这五种思维能力。

**1. 抽象思维能力（Abstract Thinking）**

有能力从一些具体的事物中归纳出相同的特质或成分并予以分类，被称为抽象化的过程。将这些抽象化成分进行应用，或是更进一步基于这些抽象成分学习新知，则称为抽象思维能力。例如：数学的 $1+1=2$ 就是经由许多观察而提取出来的抽象成分。

**2. 本质思维能力（Essential Thinking）**

所谓本质，指某件事物成立时，一定要具备的要素。而所谓本质思维，顾名思义为跳脱问题的表象找出本质，然后依据所理解的本质去思考解决方案。以骑马代步为例，要解决速度过慢的问题，如果从问题的表象来思考，许多人只看到马匹，因此，想到的方案是换乘一匹好马；如果深入观察，可能发现其本质在于载具，此时，发展出动力汽车可能是更好的方案。这二者所欲解决的其实都是相同问题的本质，只是层次不同，产生的方案自然是天差地别。要学习本质思维，首先要学习如何打破心理惯性，培养本质思维能力必须要先培养抽象思维能力。

**3. 系统思维能力（Systems Thinking）**

所谓系统思维，是指面对一项事物或问题时，能先掌握整体，再进入分析组成部件及其关联性，再由个别部件往下拆解、分析更小的部件，借由掌握事物的结构与层次，才能透彻了解整体事物的内涵。如果把问题或事物视为一个系统，则系统思维就是指发现该系统的模式（Pattern）或结构图（Schema），以了解系统的运作方式。如同要完成一份工作月报，可以先由上而下地开展出报告的结构，采取先整体再细部的方式层层展开，便于准备及提报。如要培养系统思维能力，必须具备抽象思维能力及本质思维能力，找出系统运作的关键特征，以辨识出系统的模式或结构图。一个不具备抽象思维能力的人，将难以做到系统思考。

**4. 设计思维能力（Design Thinking）**

设计思维是近年很盛行的一种思维能力课题，由知名设计公司IDEO所倡导。其执行长蒂姆·布朗（Tim Brown）定义设计思维为"一种以人为本的设计精神与方法，考虑人的需求、行为，也考虑科技或商业的可行性"。相较于分析式的理性思考,设计思维更偏重感性分析,着重于以人为本、快速失败、跨领域的团队合作、做中学、同理心的平行思考,以及强调快速制作原型以加快修正的速度。设计思维的训练已被发展出一套系统性的五步流程,能够有效地进行产品、服务、系统、运营模式的设计与开发工作(注5)。

**5. 战略思维能力(Strategic Thinking)**

战略思维能力与设计思维能力在本质上最大的差别是,战略思维是从商业的角度出发,而设计思维则是从人的角度出发。战略思维当然也有一部分以人作为思考的重点,但它的核心不像设计思维一样专注在"人"。战略思维的能力着重在战略性,因其涉及企业经营的层面相当广泛,如果经理人要做出极为重要的决策与战略,需要能定义问题、搜集信息、分析信息、找出事物的本质与运作的模式,并且衡量得失以做出取舍。如果要学习战略思维,前述的抽象思维、本质思维及系统思维必然是其所具备的关键能力。战略思维的贡献在于企业的战略分析与战略的落地上,反映出的作为则在于提出经营假设、启发战略洞见、产生战略性议题,以及发想出具创造性与独特性的策略。我们可以发现,前述的每一种思维能力均有其适用的范围,战略思维能力则是一种综合能力,绝非一朝一夕可竟其功。

战略大师大前研一(Kenichi Ohmae)在《策略家的智慧》(*The Mind of Strategist*)中提及,战略家应将战略视为长期的哲学观,而非短期应急的权宜之计。因此,企业经理人必须学习制定战略所需的"战略思维"(Strategic Thinking)能力,并进而培养出"战略洞察力"(Strategic Insights)。

## 战略思维能力的养成

企业的经营需要经营团队洞察出环境的变化,适时地提出具前瞻性的战略。如何借由团队的战略思维能力以察觉出事业经营的未知风险,此时,战略思维能力绝对居于关键地位。

关于个人与团队战略思维能力的养成,有许多的方法与步骤。无论是何种,其关键都在于时间这个因素,然后搭配自我的纪律要求及有效的工具方法,方能逐步提升自我与团队的战略思维能力。基于我的教学经验与研究所得,分享英国心理学大师格雷厄姆·沃拉斯(Graham Wallas)于1926年所提出的"沃拉斯创造性过程模型"(Wallas' Creative Process

Model），又称为"创造力思维四阶段"，作为关于战略思维的学习基础（图1.1）。

**阶段一：准备期（Preparation）**

包括发现问题、定义待解决或需要探索的问题、收集信息，以及从前人的经验中获取知识以得到启示。

**阶段二：酝酿期（Incubation）**

主要是冥思苦索，让我们的心思来回于问题与所搜集到的信息之间，包括运用传统的知识和方法，对问题提出各种试探性的想法。其间绝不是以分钟计，有时需要历经数日、数周，甚或数年之久。

**阶段三：启发期（Illumination）**

经过对信息长时间的消化与发酵后，可以得到半个想法或完整的想法，而思绪将会在酝酿成熟的基础上脱颖而出，让人豁然开朗，产生顿悟。到了这个阶段才能摆脱旧观念、旧经验的束缚，产生超乎寻常的新观念、新思维。

**阶段四：验证期（Verification）**

配合准备期所定义的问题，利用逻辑的力量或工具方法，检验前期的想法在理论上是否具备合理性与周延性。可以利用观察、实验等方式证明现实上的可能性，不完备处则可在此一阶段进行修正。

图1.1　沃拉斯创造性过程模型

沃拉斯的创造力模型对于我们在培养战略思维能力的学习上，能起到一个可操作性的效果。如何基于沃拉斯创造性过程模型进行策略思维的学习，后续将会更深入地探讨。

## 注释

- 注1：本文原文《思维能力——企业战略规划的核心》刊登于"经营洞察力论坛"2017-08-20。
- 注2：这句话是唐纳德·亨利·拉姆斯菲尔德于2002年2月12日，因为缺乏明确证据而打算进军伊拉克时，在美国五角大楼所召开的记者会上做的回答。虽然当时大众都表示是第一次听到这种说法，但是，拉姆斯菲尔德在他日后的回忆录中，说明他是在20世纪90年代从当时的美国NASA局长威廉·格雷厄姆（William Robert Graham）那里听到此种说法。"已知的未知"及"未知的未知"这两个术语如今已常见于战略管理和项目管理的领域中。
- 注3：一种企业战略规划的观点，又称为"资源基础观点"（Resource-Based View，缩写RBV），主张企业之所以有长期的竞争优势，最重要的是其内部所拥有具战略价值性、独特性、稀有性、差异性、无法模仿的、不易移转的资源。因此，基于此观点的人，偏好以企业"内部资源"为战略分析的核心。
- 注4：战略定位学派（Positioning School）主张企业战略的核心是获得竞争优势，而竞争优势取决于企业所处产业的盈利能力，意即产业吸引力和企业于产业中的相对竞争地位。因此，战略制定的核心任务就是选择最具获利潜力的产业，以及思考要如何在已选定的产业中自我定位。
- 注5：设计思维五阶段，也是构成设计思维的五个要素，它们分别是Empathy（如何运用同理心，去了解产品或服务使用者真正的问题）、Define（全面评估用户所面对的困难，重新解构和定义核心问题究竟是什么）、Ideate（团队协作思考出解决用户问题的"答案"）、Prototype（先设计好一个原型，再立即付诸实行，测试一下原型是否可行）、Testing（原型测试—发现问题—修改设计—造出新的原型，或是重新修正设计问题）。

## 思考问题

1. 对于本文所介绍的五种思维能力，各位可以花点时间到网络上去搜寻出一些相关的定义与范例，帮助自己更深一层地认识这些思维能力，并分享心得。
2. 如果各位对思维能力的养成有兴趣，建议去听听已逝的创新大师史蒂夫·乔布斯（Steve Jobs）于2005年在斯坦福大学毕业典礼时所作的演说，再回来对照本文所提出的四阶段模型，是否有所启发？
3. 本文所提到的"我们不知道的未知风险"标示着企业经理人的思维盲点，各位能否与团队成员检视目前的组织中，是否也不经意地处于这种风险之中？

# 二、战略思维的核心——策略提问技巧

2012年，一名15岁的美国青少年——杰克·安德拉卡（Jack Andraka），他因为发明出一种早期胰腺癌测癌试纸而荣获当年的"英特尔科学奖"。测癌试纸仅仅通过对受测者的尿液或血液进行检测。

他的发明比当时美国医学界流行的测试方法速度快168倍，灵敏度及有效性好400倍；更是当时市场最便宜的检测方式价格的1/28倍，灵敏度高出了100多倍。最关键的是，其准确度达到90%以上。知名论坛TED.com也于2013年邀请安德拉卡到TED大会上，讲述他当初的发明过程与心得（注2）。

大家一定很好奇：为何一名15岁的青少年可以做出如此重大的发明？其中的关键，其实就在于"如何问问题"这个课题上。

## 问问题，一个我们懂事后逐渐生疏的重要能力

据哈佛大学儿童心理学家保罗·哈里斯（Paul Harris）针对2~5岁这个年龄段的儿童的统计，每个小孩于此阶段平均会提出约4万个问题。这个课题也有英国专家研究过，调查发现年龄4岁左右的英国小女孩，平均每天会向她的妈妈提出约390个问题。天哪！390个问题，难怪养育幼儿的父母亲大都疲惫不堪。这个研究也发现，4岁以后，那些小女孩的问题就开始变少，很多上了学的小孩，基本上就已经把全副精力放在如何学习知识及背诵答案，课堂上乱提问的小孩反而会被视为捣蛋鬼，让他们更加不敢随便发问。

畅销书作家沃伦·贝格尔（Warren Berger）在他的著作《绝佳提问》（*A More Beautiful Question*）中提出："一个好问题的价值正在上升，而答案的价值正在下滑。"贝格尔认为，在网络发达、信息遍地的现在，谷歌（Google）或是百度（Baidu）中的知识已是几辈子学不完，更不用说，如今已日益商业化的人工智能（Artificial Intelligence，AI），可以更容易且快速地回答我们的问题。然而，无论它们再怎么神，都没办法代替我们思考，真正能让信息为我们所

用,依靠的正是我们问问题的能力。

回到安德拉卡的例子上,当他 13 岁时,亲爱的叔叔因为胰腺癌而去世,悲伤之余,他想:"为什么叔叔不能及早发现得到了胰腺癌?"随后,他得知胰腺癌的测试非常昂贵,不是一般人可以负担的,而一旦出现症状去检测时,通常也都到了末期。因此,他进一步思索:"为什么没有一种不用花大钱就能快速筛检胰腺癌的方法?"循着这个问题,他去搜集了更多的信息与知识,终于发明出只需 3 美分以及 5 分钟便可得到检测结果的胰腺癌早期检测试纸。

在 TED 大会的演讲中,安德拉卡告诉大家,关于他研究所用到的知识,绝大部分来自网络。这再次说明,提出了对的问题,才能决定我们如何搜集信息及使用这些知识。

## 问问题,提升战略思考与洞察力的起手式

网际网络上的信息非常完整。平时毫无目的的浏览只能算是一种休闲活动,一旦我们有了需求或疑问(目的),并通过适当的关键字(问问题)查找信息时,无论是查询餐厅或是旅游景点,都可以帮助我们快速且有效地得到合适的答案。若将关键字比喻成问问题,这也表示,一个好问题可以帮助我们高效地达成目的。

事实上,企业面临的风险并不是那些目前无法容易掌握的事情或环境变化的"已知的未知"风险,也就是所谓的"We know what we don't know"。因为对于这些已知的未知,我们可以分配资源去搜集信息,并逐渐积累经验知识而掌握住它,随着时间的流逝,那些已知的未知风险将会逐渐减少。

然而,许多企业经理人却不知,真正的经营风险应该是那些目前已存在,但我们根本不知道要投入资源去研究的未知风险,也就是"We don't know what we don't know"的"未知的未知"风险。要识别出这些"未知的未知",将考验我们组织的战略思维能力,其中,最关键的就是如何问出一个好问题。

网飞公司(Netflix)创办人里德·哈斯廷斯(Reed Hastings)过去常常因为忘了归还电影碟片而支付滞纳金。他曾自问:"为什么我要付这笔费用?"但是,当他得知还有许多人有相同的问题时,他的疑问就进化成:"是否有一种经营方式可以无须让消费者支付滞纳金?"由此而引发了哈斯廷斯更多的想法,进而对当时的影片出租行业做出更多观察,并聚焦这个问题去搜集更

多的信息,最终开展出一种颠覆的商业模式,即"让消费者只要加入会员并支付月费,就不收取滞纳金"。

当然,哈斯廷斯不满足于现况,几年后他又开始自问:"为何我们只提供影片的租借服务?如果我们也制作自己的影片,这种想法是否可行?"今天,Netflix的自制影片(例如:《怪奇物语》)已成为该公司的主要获利来源,并引发了串流影片行业自制电视影集的风潮,就连Apple也投资数十亿美元开始制作自己的影集,以接替App Store日渐疲弱的内容事业(Content Business)。

## 在对的时候,问对的问题

关于战略思考,各位可以参考我的前一篇文章,来自格雷厄姆·沃拉斯(Graham Wallas)的创造力思维四阶段,分别是准备期(Preparation)、酝酿期(Incubation)、启发期(Illumination)以及验证期(Verification)。前三个阶段的关键就在于如何提问,接着,我就来和各位一起探讨这三个阶段的提问形式。

第一个阶段(准备期):核心工作为尽可能搜集更多的信息,并且消化这些信息以得到一些启示。

漫无目的地搜集信息,基本上是在浪费时间,我们应该要聚焦。这个时候比较合适的问题结构,应该是"为什么""为何"或"是否"等形式的问题,可以帮助我们思考如何进行信息的搜集。

例如:住在旧金山市的乔·吉比亚(Joe Gebbia)与室友布莱恩·切斯基(Brian Chesky)想节省房租支出,他们观察到在某些时候,旧金山市因为商务会议太多导致旅馆一房难求,他们就想:"为什么我们不能让这些人到我们这里挤一两晚呢?"这个问题来自他们注意到了一些别人没注意到的问题,也挑战了许多大家既有的价值观与假设。由这个问题引发他们更多的观察并收集更多信息,进而产生许多创意与行动。最后,他们自设网站,成功地将房间内的三张床垫租给三个彼此不相识的人,并由此催生了爱彼迎(Airbnb),开创共享经济的新世纪。

事实上,在问"为什么""为何""是否"这类问题之前,我们必须对现况进行观察。例如,我们若观察到生产线的良率不足、设备常常出现故障、产能掌握不住时,可以自问:"为什么我们的生产力比不上同业的对手?"或是,当观察到物联网(Internet of Things, IOT)的趋势时,也可以问:"我们是否可以借由实施设备智能化来提升我们的生产力?"借着这类问题,来帮助我们开始收集信息并正式进入战略思维过程。

第二个阶段(酝酿期):这个阶段的目的在于联结信息、观点,以产生创意与想法。

相较于第一个阶段,这个阶段更多是尽可能地吸收信息、消化信息,并经由大脑的作用,产生一些可以进一步实验的假想与创意。在这个阶段,我们最常运用的是诸如"如果……,会如何……"的问题形式,在英文里就是我们最常见的"What If ... "的问题形式。通过这类问题,可以帮助我们设想以及采取后续的实验。

例如,安德拉卡在自学的过程中发现纳米碳管的特性,他做了一个假设:"如果我在单面的纳米碳管上植入蛋白质间皮素抗体,是否就会筛选出胰腺癌?"因为这个假设,让他产生实验的需求,不过,年仅15岁的安德拉卡在寄出200封电子邮件后,有一位教授才对他的研究产生了兴趣,愿意让安德拉卡在他的实验室进行实验。

其实,人们一直不容易掌握"What If ... "的问题形式。这类问题是一种假设,却是基于经验或知识而来的设想,它具有不确定性,因此,才不会因为太过于肯定的语气而让人们不敢挑战问题或中止于答案。当我带领企业的主管团队进行战略思维的训练时,经常遇到的挑战便是主管们在练习策略性提问时,总是习惯性地以"How(如何)"的问题形式来思考。

例如,当中国在共建"一带一路"时,当地企业是否需要配合拟定相关的策略?由于团队成员并不甚清楚"共建'一带一路'对企业战略影响的利弊得失",有必要对这个背景进行研究。然而,常常看到主管人员所拟出的问题形式为:"如何融入共建'一带一路'?"这已不是探索型的问题,会导致团队一开始就掉入执行面的思考陷阱,失去创意发想的机会。

其实,在阶段一,我们可以试着去问:"共建'一带一路'是否会为企业策略带来影响?"在进行信息收集与分享后,便可以在第二阶段问:"如果在企业内部设立一个共建'一带一路'策略适应小组,会帮我们带来共建'一带一路'的机会吗?"

这种"What If ... "的问题形式并不是一种肯定的结论或策略,反而可以帮助我们思考它的可行性,或是可以着手去进行实验或尝试。因此,要掌握阶段二的工作,必须要结合更多的创意发想工具或是学习一些有用的心智模型。

第三个阶段(启发期)：顾名思义，我们在启发期可以对战略方向或是问题的解决方案产生较明确的认知。

此阶段所需要的是如何发挥团队协作(Team Collaboration)的精神，对来自第二阶段的创意进行分析或实验，得以明确可能的解决方案。此时，我们可以试着提出"How(如何)"的问题形式。

例如，安德拉卡在获得同意使用实验室以验证他的假设后，便开始思索："我要如何让想法成真？"

这个阶段不容易推进，因为，如果贸然投入过多的资源去实现阶段二的假设，所花费的成本就太高了。因此，在这个阶段运用最多的是实验法(DOE)、初始模型法(Prototyping)，甚至3D打印等方式，或是使用SWOT、TOWS、商业模型分析等工具，用以协助我们快速筛选想法及假设，并得到一些具体的经验或议题。快速失败(Failure Fast)也是这个阶段的特色。阶段三会不时地回到阶段二甚至是阶段一。团队协作(Team Collaboration)一直是本阶段的关键作为。

## 具创新思维的战略思考者

如同沃伦·贝格尔所主张的："问题会驱动思考，答案常中止想象。"一个好的创见是出于"无知"而并非来自"已知"。如何探索那些"无知"或是"策略机会""创新机会"？掌握策略提问的技巧绝对是核心。

一个好问题能引发我们更深层次的探寻作为，再由此产生新的质疑及探索，能够帮助我们做出改变并延伸我们思考的深度与广度。然而，答案通常会终止这段探索的过程。如果我们一味地追求标准答案，或是遇到环境变化便窄化我们的思维直接去找出因应的做法，那么，我们与食古不化的象牙塔老学究有何差异？

想要成为一名好的战略思考者，或是未来的领导人，如何"培养策略提问的技巧"并使其成为自己的核心能力以帮助组织探索未来的发展方向，或是通过策略提问而帮助组织成员成长，这都应该成为我们的必修课题。因循旧答案已经行不通，要寻找新答案，就一定要思考符合个人与组织未来发展有价值的问题，这是成长为战略思考者的第一步。

## 注释

- 注1：原文《我们懂得问问题吗？——帮助你透析战略性提问技巧》刊登于"经营洞察力论坛"2017-10-04。
- 注2：关于杰克·安德拉卡的TED演讲影片，各位可至以下链接欣赏：https://www.ted.com/talks/jack_andraka_a_promising_test_for_pancreatic_cancer_from_a_teenager。

### 思考问题

1. 对于安德拉卡的故事，是否给我们带来一些启发？建议各位花些时间观赏安德拉卡在TED的演讲内容，并思考为何现在社会的人们缺少这种挑战现状假说的行为。
2. 经由本文的介绍，关于"What If ..."的问题形式，你是否真的理解？是否可以针对自己的工作或生活所面临的挑战，提出三个有待验证的"What If ..."形式的问题？
3. 你是否可以运用本文介绍的提问方式，去思考如何澄清企业组织的目的或使命？请各位尝试先提出并与组织成员交换彼此的问题，再探索可能的答案。

# 三、找对问题,成功一半

我曾于1992年去纽约。当时纽约市治安奇差,所有游客身上得随时备有5美元,一旦遇见持刀抢劫,可以避险。当时,入夜后的纽约地铁空荡无人,灯光幽暗,现在想起来仍心有余悸。

1999年因公务再次赴纽约市,却是完全不同的景象,特别在治安的改善上,着实令人印象深刻。这得要感谢后来的纽约市警察局局长威廉·布拉顿(William Bratton,1994—1996年在任)。布拉顿被任命为纽约市警察局局长时,他被市议会赋予改善纽约治安的重责大任。

"改善治安?"是一个好问题,当时,大部分人认为应该优先处理重大犯罪,然而,布拉顿不这么做。在出任市警察局局长前,布拉顿是交通局局长,当时他就发现,许多重大刑案的罪犯都由微小犯罪开始试法,而正因为那时的警方看大不看小,才让这些小罪犯经过一步一步地"历练",终成危害社会治安的重大罪犯。因此,布拉顿当时就积极抓地铁小偷或墙壁涂鸦以及长期逃票人员,甚至是月台上非法推销,也有了明显的成效。例如:每七名逃票嫌疑犯中,就有一名通缉犯;每二十名就有一名携带武器者。当其就任市警察局局长后,根据过去的经验如法炮制。他认为这些"小奸小恶",正是暴力犯罪的引爆点,虽然一开始不获市议会支持,但在他任期内的确改善了纽约市的治安。

这是一个非常经典的"破窗理论"(Broken Windows Theory)案例,能够由处理重大犯罪(人们所看到的"现象",也是大部分人所认定的问题)洞悉"小奸小恶"才是真正要克服的问题,依靠的其实是他自己的洞察力,以及探究根本问题的思考能力。

## ▎笨蛋,关键在问题的正确性 ▎

现在的网络,让人们不费吹灰之力就能够找到想要的答案。据统计,截至2023年2月,全球约有11.3亿个网站,其中仅有约18%是活跃的,且每天约出现25万个新网站。关于全球搜寻引擎龙头谷歌(Google),光是在2023年1月份,平均每秒接到33 000个搜寻指令,其中有15%的搜寻内容在谷歌以往的记录中未曾出现过,平均每次搜寻访问了8页内容。这么庞大的信息量,以及这么方便的信息搜寻作业,让我们的生活更加简便,也造就了谷歌母公司Alphabet Inc.(字母表公司)1.2兆美元的市值(注2)。

想要什么资料、解决什么样的问题,上网络找就是了。难怪华人圈会有"谷歌大神"这个称号。在大数据时代,成败关键已不在于资料的取得,而在于你所使用的关键字,也就是你的提问(问题)是否正确。

现代管理学之父彼得·德鲁克(Peter F. Drucker)非常重视正确的提问,他曾说过:"最危险的事情,并非提出错误答案的下场,而是提出错误的问题。"由于现代人的教育水平愈来愈高,知识的普及使得知识工作者(Knowledge Worker)已成为职场的中坚,德鲁克认为,现代工作者必须要从过去习于接受上级指令转为擅长操作性思考的工作模式,积极提高个人的价值,其中的关键,就在于如何识别出真正的问题。

诺贝尔物理学奖得主阿尔伯特·爱因斯坦(Albert Einstein)非常重视问题的正确性,借由他的名言:"如果我有1小时拯救世界,我会花55分钟去确认问题为何,只用5分钟寻找解决方案。"我们可以体会到,如何确认正确的问题这项能力,早已成为众多知识工作者的必修学分。

鸿海集团郭台铭董事长在他的语录中,也把"预见问题、提出问题、解决问题"列为干部必备能力之一,其中,最关键的能力就是"提出正确的问题"。要如何避免见树不见林,或是盲目地投入时间与精力去解决错误的问题,我们需要学习如何通过合适的提问与思考,找出真正需要解决的问题,这就是本文要和各位一起探讨的课题。

## 保持定力,不被现象绑住

不同的情境、身份、目的,都需要我们先厘清问题的本质。例如:

上级主管因为某生产机台常常出现故障,要你去评估如何强化现场维修人员的能力。

公司业绩不好,新产品常常卖不好,身为总经理的你,急着要业务主管提出提振业绩的办法,否则……

客户想要强化质量、提高能力，请你帮忙规划一个六西格玛的导入计划，身为管理顾问，如何进行客户需求访谈，了解客户的真正需求？

公司在做目标展开，部门主管承接了上级给出的年度目标，集合了团队展开讨论，其中，有关库存周转率的年度目标，该如何开展出适当的管理指标与策略行动计划？

COVID-19造成全球股灾，面对未知的未来，周遭充斥着各种分析，我要如何判断未来的方向，并做合适的准备呢？

…………

这些问题充斥于我们的社会、工作、个人理财、生活管理，可怕的是，每天的手机新闻推播、LINE/微信、假消息、专家评论，让我们无法沉淀、思考、辨明真假消息，更不用说要如何找出问题的本质。在学习各种问题分析技巧前，我们首先要避免将现象视为真正的问题，采用膝射式反应，贸然投入时间。例如：

生产机台常常出现故障，真的是维修人员能力不足吗？

如果你接到上级指示，先不急着采取行动，而是拿出资料进行分析，或是到现场去实地考察，或许可以看到是因为定期保养的周期有问题，或是现场人员的操作不一致等"真正的"问题。

客户想要实施六西格玛，难道这真是他所需要的解决方案吗？

许多顾问或销售，面对客户提出一个明确的需求，常常急着花时间进行方案书的规划及报价。如果可以安排一次和客户高阶主管的访谈，了解到客户真正想解决的问题其实是来自大客户的要求，未必真的是要实施一套管理体系（这时，方案书的方向就不一样了）；抑或客户目前的数据收集系统不够完善，贸然推行六西格玛将不会成功。鉴于上述问题分析的结果，帮助客户建构一套数据搜集系统，以及基本的数据分析能力，可能才是现在客户真正需要的方案。

因此，眼中所见、耳朵听到的现象有时并非真正要解决的问题，要避免被现象所蒙蔽，有以下几点建议供各位参考：

1. 对于观察到的问题，在采取行动前要先判断这个问题是否为真正的问题。这个时候，5个为什么（5 Why）或是为何如此（Why So）的问句，可以帮助我们找到真正的原因（有时又称为"根因"）。在正常情况下，根因才是我们要思考解决方案的对象，例如：美国首府的华盛顿纪念碑堆积了许多鸟粪非常难清理，经过5个为什么的原因探求，发现竟是因为傍晚的灯光吸引了许多夜归的鸽子,最后通过延后例行开灯的时间而解决问题,取代了原本想要实施的猎鸽行动。

2. 如果今天接收到一个来自上级的目标,或是客户的需求,我们可以尝试通过"完成这个目标,是要实现什么样的目的?"来探求一件工作背后要解决的真正的问题。当目的浮现后,有可能会产生更优先的问题或目标需要我们去解决。例如:当上级因为库存过高而给出改善库存周转率的目标时,如果我们去探求该目标背后的目的,可能发现这件事真正待解决的是产品成本的问题,进而识别出"制造费用居高不下",可能才是最优先要解决的问题。

3. 面对值得怀疑的现象,可以通过设定"假设"(Hypothesis)的方式,针对这个假设进行研究,用以澄清所看到的是现象或是真正的问题。例如:当业绩不好,新产品卖不出去,此时我们不需急着去讨论如何改善新产品的销售,可以试着去假设其他竞争对手也一样在面对新产品销售不佳的状况,针对这个假设进行研究,若此假设为真,那么就不是我们公司独有的现象。真正需要我们去探讨的议题,应该是市场发生了什么样的变化或是消费者的使用习惯是否发生转变。当然,这两个议题也可以被设定为新的假设,再接着去探讨。

4. 有时候,当无法着手时,可以由不同的视角来看待眼前的问题(现象)。最常应用的有"鸟的视角(放大格局)"或"虫的视角(微观思考)";所谓"鸟的视角"指的是跳脱目前的位子或阶级思考,我常向人提及"提高两个层级思考"。如果你是课长,上一层是经理,再上一层是处长,经常练习处长的观点与对事情的思考模式,就是这个意思。所谓"虫的视角",顾名思义,即由底层或基层的作业模式或人员的视角来看待这个现象,或许能帮助你发现真的问题。

5. 要避免人云亦云,看报纸思考的坏习惯。许多人每天被实时新闻、推播新闻、外电报道给淹没,已习惯接收别人已成形的意见或观点,特别是那些"专家"所言,或是无法看到原文的外电分析。如果这些信息会影响到你的重大决策,或是管理方法,这个时候就要学习不要太早形成定见,与此同时也要练习自问"是因为什么所产生的?""为什么要如此?""这是真的吗?是否有不同的观点?"等。通过这些本质思考的自问自答,可以培养自己的见解或更深入的观点。

6. 培养脑袋中的经验与知识存量,这是最根本的自我提升之道。除了多看书、多与人交换意见、多思考外,还要让自己脑中存着随时可以拿出来的工具或模型,这种知识存量很重要,它可以方便自己快速吸收多种信息并和人沟通。例如:面对产品营销的相关主题,我的脑中会浮现定位理论及定位三要素(Who, Needs, How);遇到要做客户访谈,我脑中会浮现 5W2H 的问题帮助我思考;遇到油价战,我脑中会有关于石油美元的相关理论。

## 当务之急,提升假设思考力

所有的一切,都起始于假设,并以假设作终结。所谓"假设",又称"假说",指的是一种想法或理论,通常基于有限的资料而发想,这些发想需要进一步通过事实和经验资料的调查,以证明、推翻或改进该假设。用更容易理解的说法,"假设"就是一种"假定的说法",更可视之为一种"尚未经过证明却最接近答案的解答观点"。在面对想要解决或待澄清的问题时,先提出可能的假设(解决方案,或是可能的问题),再经由资料搜集或分析,就是一种假设思考力的表现。

假设思考法(Hypothesis-driven Thinking)不同于我们常见的逻辑思考法,它更像一种直觉,如果逻辑思考法最常运用的是由已知推知未知的演绎法,"白马非马"就是一个非常经典的例子。在工作中运用逻辑思考法,必须要依靠大量且完整的资料为基础,周详但费时。

而假设思考法更多的是应用归纳法,依靠的是我们平时的观察、经验、知识,综合出一种规律,以及服从这种规律的假设。例如:欧洲人发现澳大利亚前,认为全世界只有白色的天鹅,这就是一种根据当时的经验所归纳出的假设。假设不一定正确,等到欧洲人在澳大利亚看到了黑色天鹅,原先的假设也就被推翻。

假设思考法在经营管理上的应用,是在看到现象想要找出真正问题,或是确认了问题准备要规划解决方案时,都可以依据个人或团队的观察、经验与直觉,快速地提出一个可能的问题或解决方案(假设),然后再进行资料搜集与分析,对假设进行验证。如果假设不成立,可以快速调整提出另一个假设,再进行资料搜集与验证。

假设思考法在管理上的应用很广,特别是管理顾问在针对企业进行现况诊断、需求访谈、方案规划、项目辅导时。读者可以从以下几个做法开始练习。

1. 不要轻易接受媒体的观点：特别是有关个人及企业经营的议题时。对于有兴趣的议题，可以自己先建立一个假设（或猜想），然后广泛搜集信息，并且与人分享看法，不坚持己见，就可以快速推进自己关于这个议题认识的程度。

2. 不要怕犯错：在开始练习自己的洞察力时，一定会有不正确或犯错的时候。这都是必经的过程，没有跌倒与犯错的改进，哪会有超乎常人的洞察力呢？而洞察力也是成功提出假设的核心能力。

3. 多读书多分享：就知识的完整性而言，书籍强过杂志，杂志强过专栏文章，新闻可以帮助我们快速得到新的信息（非观点），但是，网络文章，特别是一些有很强的观点或结论的短文，要小心，不要轻易地接受或散播。一本好书，一定有完整的框架与深入的知识，这可以帮助我们建立思考模式（Mindset）或心智模型（Mental Model），有助于我们整理信息、知识，并与人分享我们的看法。分享也是一种自我思绪整理的好方法。

4. 练习提问技巧：提问技巧包括对既有观点或现况的挑战能力，以及问题结构的掌握能力。在提出假设时，最常采用的提问句是"What If …"，以中文来说，就是"如果×××，会怎么样？"或是对立式的问句，例如："究竟是A还是B比较好呢？"在遇到问题时，要避免立刻使用"How"，也就是"如何"的问句，这些会限制我们的思考，让我们跳入思维惯性的陷阱。

## 随时抱着问题意识做事

面对多变且信息超载的世界，我们不能单纯地依赖基于左脑的逻辑思考方法，需要搭配及借助基于右脑的创意发想思考模式，也就是说，在设定问题或议题时，累积经验非常重要。面对问题，我们必须要求自己具备不断思考"真正的问题究竟是什么"的心态，哪怕这个问题是来自上司、老师或是客户。

当我们勇于挑战问题的本质，就会发现自己的洞察力也随之提升，将会为未来的个人成长，无论是生活、学习或工作，打下一个长远的基础。

## 注释

▶ 注1：原文刊登于"经营洞察力论坛"2020-03-25。

▶ 注2：据查，Alphabet Inc.的市值曾于2022年11月达到1.2兆美元的高点。

**思考问题**

1. 完成本文的学习,请自我检视:在面对主管交办的事项时,是否具备"问题意识"的心态来看待这件任务?如果答案是正面的,请记录下自己的思考过程,并与本文的内容进行比较。
2. 关于本文所提到的"现象"或"表象"的问题,您是否有相同的体会?请自行列举一些日常的案例,并试着探讨它背后的本质。
3. 本文提到"假设思考",如果您对该主题有兴趣,请花点时间到网络上搜寻相关主题的文章,或是购买一两本相关主题的图书,并与伙伴分享您的心得。

# 四、强化心智模型锻炼我们的思考机器

曾被誉为继爱因斯坦之后最伟大的理论物理学家,1965年诺贝尔物理学奖得主理查德·费曼(Richard Feynman,1918—1988),大学就读于麻省理工学院,并获得普林斯顿大学的博士学位。刚入大学时主修数学,就以轻松学习,并且善于为众多才华横溢的博士生解决难解的数学问题而享有盛誉。

人们问他是怎么做到的,费曼声称他的秘密武器不是他的智慧,而是他在高中时期学到的一种方法。由于费曼在高中物理课上课时太爱讲话,当时,他的老师青年物理博士艾布拉姆·巴德(Abram Bader)在某天下课后将他留下来,给了他一个挑战。

"费曼!"老师说,"你话太多,也吵得太厉害了。我知道为什么,因为你觉得很无聊,所以我要给你一本书。你走到后面,在角落里研究这本书,当你知道这本书里的所有内容时,你就可以再说话了。"自此以后,年轻的费曼都会躲在教室后面研究那本《高等微积分》,班上的其他人则继续他们的常规课程。而费曼正是在研究这本经典的微积分教科书时,发展出自己的一套"心智模型"。

"那本书展示了如何区分积分符号下的参数。"费曼在他的自传中写道,"事实证明,大学里,教授教的内容并不多,他们不强调它,但我掌握了如何使用这种方法,我一次又一次地使用那个该死的工具。因为我是用那本书自学,所以我有自己特殊的积分方法。"

"结果是,麻省理工学院或普林斯顿大学的人在解某项积分题目时遇到困难,那是因为无法用他们在学校学到的标准方法来做。如果是一般的积分问题,他们会找到方法。我在做积分方面享有盛誉,只是因为我的工具箱与其他人的不同,他们在把问题交给我之前其实已经尝试了所有的工具。"普林斯顿和麻省理工学院的学生都非常出色,然而,将每个同龄博士生与费曼区分开来的不是原始智慧。这是他看待问题的方式,因为费曼有他自己一套更广泛的"心智模型"。

## 什么是心智模型

我在企业里教授战略思维课程时,常常会提到"心智模型"(Mental Model)并强调它的重要性,无论是在思考策略性提问,或是在进行信息搜集及酝酿洞见的工作时,既有的心智模型常常会左右我们的思考及观点,这是形成思维惯性的主要原因。因此,理解何谓心智模型,以及如何拓展我们的思维,是个人及组织在提升战略思维时的一个非常重要的课题。

心智模型指的是对事物如何运作而作的解释。它是一个概括性的术语,代表着我们脑海中的某种概念、框架或世界观,帮助我们解读世界并理解事物之间的关系。用科学的话来说,心智模型被描述为"思想和行动的深层形象"。心智模型对于如何理解世界是如此基本,以至人们几乎没有意识到它的存在。总之,心智模型指导我们的感知和行为,并且是我们用来理解生活、做出决定和解决问题的思维工具。

例如:供需法则(Supply and Demand)是一种心智模型,它可以帮助我们了解经济的运作方式;博弈理论(Game Theory)是一种心智模型,它可以帮助我们了解人际关系和信任是如何运作的;熵(Entropy)也是一种心智模型,它可以帮助我们了解无序和衰减是如何作用的。当我们学习一种新的心智模型,可以为我们提供一种看待世界的新方式。

心智模型并不完美,但很有用。例如:物理学或工程学中没有一个单一的模型可以完美地解释整个宇宙,但是,这些学科中最好的模型让我们得以建造桥梁和道路、开发新技术,甚至可以去到外太空。正如知名的历史学者、哲学家暨畅销书《人类简史》(*Sapiens: A Brief History of Humankind*)的作者尤瓦尔·诺亚·赫拉利(Yuval Noah Harari)教授所说:"科学家们普遍认为,没有任何理论是100%正确的。因此,对知识的真正检验,不是真理,而是实践的效果。"

## 伟大的思维来自一套心智模型

无论是专家或新手,在如何扩展心智模型这件事上,都需要付出努力才能实现。我们都有自己最喜爱的心智模型并将其作为心中的预设,且优先运用这些模型来解释某事如何发生或为何发生。随着年龄的增长并在某些领域积累了专业知识,我们偏爱运用最熟悉的心智模型。

问题来了,当思维被某种世界观支配时,我们会试图通过它来解释所面临的每一个问题。当我们刚好在特定领域很擅长时,则特别容易掉入这个陷阱。我们愈能够掌握某种单一的心智模型,这个心智模型就愈有可能会因主导我们的思维而导致失败的结果。常见的现象就是,人们会不加选择地将该心智模型套用到每一个他所面对的问题上。例如:全球COVID-19大流行期间,政府该不该规定民众在公共场所戴上口罩?在美国,基于"健康"的心智模型在思考的人会说:"当然!"然而,用"自由"的心智模型来思考的人则会高喊:"去你的!"

西方流行一句谚语:"如果你只有一把锤子,那么,一切事物看起来都像钉子。"(注2)当某种世界观支配着思维时,人们会试图通过这种世界观来解释所面临的每一个问题(注3)。那些看起来像专业知识的东西,往往会成为我们思维上的限制。依靠一套狭隘的思维工具就像身上穿了一件精神紧身衣,限制了我们的认知活动范围。当我们仅具备有限的心智模型数量时,同样,也限制了我们寻找解决方案的潜力。为了释放全部潜力,我们必须收集并学习更多有用的心智模型或是思维框架,才能不断丰富我们的思维与决策工具箱。

《思考的框架》(*The Great Mental Models*)作者沙恩·帕里什(Shane Parrish)认为,成功的人就是把大量基础的、有限的、已建立好的、本质上不会改变的知识建档,然后取用这些知识,来应对真实世界中无数的特定问题。许多伟大思考者的秘诀其实就是持续学习和运用各种心智模型。

## 如何丰富化我们的心智模型

每只眼睛都只能看到位于那一边的东西,如果我们遮住一只眼睛,你就会失去那部分的场景。当我们只用一只眼睛看前方时,不可能看到全貌。如同视力,心智模型给我们提供了世界如何运作的内部图像,我们应该不断提高这幅图像的画质与视野。这意味着需要广泛阅读最好的书籍;研究看似无关领域的基础知识;向生活经验与履历截然不同的人们学习,如此才能丰富我们的思维模型与框架。

心灵的眼睛需要各种心智模型来拼凑出世界运作的完整画面。我们能利用到的资源愈多,关于问题与事物的认知就会愈清晰,决策的质量就会愈好。知名哲学作家阿兰·德波顿(Alain de Botton)曾说:"正确决策的主要敌人是对问题缺乏足够的视角。"积累心智模型的质与量就如同改进我们自身视力的过程。以下三个观点可以借以强化个人的心智模型。

**第一个观点**:跳出传统上以学术派别或学科来划分的知识领域。

传统学校教育的思维,倾向将知识分成不同的孤岛,例如:生物学、经济学、历史学、物理学、哲学。在现实世界中,信息却是很少被划分为明确定义的类别。

纵观世界级的思想家,他们的知识往往不会局限于一隅。在他们的心中,都在避免通过一个主题的镜头角度来看待生活。反而,他们开展出被称为"流畅知识"(Liquid Knowledge)的能力,可以轻松自如地从一个心智模型流向下一个心智模型。要养成"流畅知识"的能力,不仅需时常学习新的心智模型,还要考虑它们之间如何相互联系。创意和创新往往出现在不同思想的交汇处。通过发现各种心智模型之间的联系,你将有能力找出被大多数人忽略的解决方案。

**第二个观点**:尽可能学习更多有用的思考工具,以建构自我丰富的心智模型库。

我们不需要掌握每一门学科的每一个细节才能成为世界级的思想家。在人类历史所产生过的上千上百种心智模型中,仅需掌握几十种即可让我们得以牢牢掌握世界的运作方式。

许多最重要的心智模型来自生物学、化学、物理学、经济学、数学、心理学、哲学等学科的重要思想。任何一个知识领域都具有构成该主题骨干的一个或数个心智模型。例如:经济学的一些核心心智模型包括供需模型、稀缺性和规模经济等。广泛阅读,经常思考策略性提问,积累来自不同学科的基本认知,以及积极的实务应用,都是我们该具备的重要习惯。

**第三个观点**:发挥多元思维的"Lollapalooza效应"。

所谓Lollapalooza效应,出自查理·芒格(Charles T. Munger)的《穷查理宝典》(*Poor Charlie's Almanack*)一书,指的是那些与某事物有关联的众多因素,经由相互同向的强化进而将彼此效果极大化的一种效应,又称作"好上加好效应"。例如:在物理学,特别是力学中,如果有多个力作用于一个物体上,就会形成合力。而合力的大小,要取决于这些作用力的相互关系。如果它们的方向一致,这个物体则会飞快运动;如果这些作用力互相冲突,这个物体甚至可能依然静止,不会产生运动。

芒格认为,一旦我们能掌握多个心智模型,在我们面对重大课题时,如果能将几个不同的模型联合起来,就如同将两三种力量共同作用于同一个方向,你得到的通常不光是几种力量之和,这时,你就能够实现Lollapalooza效应。例如:物理学的临界质量(Critical Mass)概念,一旦核分裂材料达到一定程度的质量,就能够引发核爆炸。Lollapalooza效应也与多元思维的观念一致。

要能够得到Lollapalooza效应,关键就是在平时解决问题时,要尽可能用上多个理论,而且要经常使用以达到熟能生巧的效果,如果我们只是独沽一味地使用特定几个偏好的工具或理论,将不可避免地掉入"铁锤思维"(Hammer Thinking)的陷阱。例如:如果经济学家试图采用单一种理论解决所有的经济问题时,发生金融风暴也不令人意外。

## 要建立心智模型而不仅是学习心智模型

无论何时,心智模型都会在我们的脑袋中默默运作。我们有时可以刻意停一下、问问自己:"我现在运用了什么样的框架?""这真的是最适合目前课题或情境的心智模型吗?"如果答案是否定的,就应该主动去选择其他更好的模型或框架,或是创造一个全新的心智模型。

理论与工具方法都是不变的,然而,过去的学习心得、自我的认知与应用,包括个人的偏见与知识的丰富度,都是建构自我心智模型的主要影响因素。如果不求甚解地学习及套用别人的心智模型,将无法有效地应对复杂的环境,变得无所适从,或是因循苟且。

要能够深刻学习理论与工具,可以学习掌握第一性原理思维(First Principle Thinking),它是一种强调回归基本面及找出事物核心的思考方式,包括:对复杂问题进行逆向工程、了解与问题有关的最基本原理、回归本质思考等作为。例如:面对汽车产业是造成气候变化的主因,要减少燃油车的碳排放,传统思维是改善发动机的燃油效能,回归到汽车的本质,它不过就是一种载人载物的运输工具,开发电动汽车就是第一性原理思维的产物。

善用第一性原理思维可以帮助我们跳出传统的包袱,释放创造性与可能性。如果我们从来都没有学会拆解问题、测试自己假设的正确性,那么,我们的知识就会来自"别人说了什么",然后,终将自己困在一个老旧的思维框架里面。

　　如今，市面上充满着许多的战略工具与方法，有时，保持着追根究底之心，探求这些工具方法的理论根源以及适用的场景，同时争取应用与分享的机会，相信各位必能建构属于自己的多元心智模型。

## 注释

▶ 注1：原文刊登于"经营洞察力论坛"2022-04-27。
▶ 注2：又称作"铁锤思维"（Hammer Thinking），指的是那种只会用自己的观点来解释这个世界及解决眼中问题的思维，是一种欠缺多元心智模型训练的现象。
▶ 注3："世界观"（Worldview）指的是一种人类知觉的基础架构，通过它，个体可以理解这个世界并且与它互动，包括基本假设、价值、情感和道德等层面。本书引用"世界观"的概念，想要表达的是个人在看待某件事物或问题时，通常会针对其整体面有着一种先入为主的基本认知。

### 思考问题

1. 经过本文的介绍，您对"心智模型"是否已有较为深刻的认识呢？建议各位选择一本探讨心智模型的书，对这个观念进行深入学习并分享您的心得。
2. 关于您所负责的工作，能否列出常用的心智模型呢？例如：质量管制、项目管理、战略规划……
3. 在现况工作中，常用到的 A3 表、8D 表、PDCA……是否也是一种思维框架呢？为什么是？为什么不是？建议找几位伙伴，大家交流看法。

*note*

note

# 第二章
# 战略思考者的习惯与迷思

> 所有企业战略失误的罪魁祸首,就是竞相抢当产业最佳,跟别人走上相同的发展道路,以为自己总有办法做得比别人好并获得更好的成果。假若如此,这会是一场很难获胜的竞赛。
>
> ——迈克尔·波特(Michael E. Porter, 2011)

五、善用批判性思维提升思考力

六、成就优秀战略思考者的八个习惯

七、破解战略思考的九大迷思

# 五、善用批判性思维提升思考力

无论是个人,抑或企业组织,思维能力的重要性已愈来愈受到重视,特别是面对当今的世界局势,例如:新冠疫情、俄乌冲突、两强争霸、科技冷战、供应链脱钩、全球通货膨胀及经济放缓……无论是在政治、经济、军事、科技层面,层出不穷的危机与变局,都深深地影响着我们,是风险抑或是机会?都在挑战我们的思考力、洞察力与应变力。其中,最重要的莫过于我们的思维能力。

世界经济论坛(World Economic Forum)在《2020未来职业报告书》(*The Future of Jobs Report*)中提出未来五年(至2025年)最重要的十五项工作技能,前十项分别是:

(1) 分析思维与创新能力(Analytical Thinking and Innovation)。

(2) 主动学习和学习策略(Active Learning and Learning Strategies)。

(3) 复杂问题的解决能力(Complex Problem-solving)。

(4) 批判性思维和分析能力(Critical Thinking and Analysis)。

(5) 创造力、独创性和主动性(Creativity, Originality and Initiative)。

(6) 领导力和社会影响力(Leadership and Social Influence)。

(7) 科技的运用(Technology Use, Monitor and Control)。

(8) 技术设计和程序设计(Technology Design and Programming)。

(9) 韧性、抗压性与弹性(Resilience, Stress Tolerance and Flexibility)。

(10) 推理、解决问题和构思概念(Reasoning, Problem-solving and Ideation)。

其中,至少有六项(♯1、♯2、♯3、♯4、♯5、♯10)属于思维框架与思维能力的范畴,可见对于个人而言,思维能力的提升已是未来竞争力的核心。本篇文章将要和各位一起探讨列于其中的"批判性思维",希望有助于各位提升个人的思维能力。

## 何谓"批判性思维"

如果我们查看《剑桥词典》(*Cambridge Dictionary*),关于"批判性思维"(Critical Thinking)的定义如下:

"The process of thinking carefully about a subject or idea, without allowing feelings or opinions to affect you."

如果我们查询中文维基百科(Wiki),则会看到以下定义:

"批判性思维,或称批判性思考、思辨能力、严谨的思考、明辨性思维、审辨式思维等,是对事实、证据、观察结果和论据的分析以形成判断。也是积极和熟练地概念化、应用、分析、综合和/或评估从观察、经验、反思、推理或交流中收集或产生的信息的智力训练过程,作为信念和行动的指南。"

西方关于 Critical Thinking 的应用起源,可以追溯至苏格拉底(拉丁文:Socrates,前 469 年—前 399 年,古希腊哲学家),其最为人知的就是"苏格拉底诘问法"(Socratic Method)。苏格拉底强调逻辑,并擅长用一系列的问题协助一个人或一群人来判断他们的信念,通过指出回答中的漏洞,借此让他们辨识自己的逻辑和认识上的错误,迫使一个人检视他自己的信念和这种信念的真实性。

苏格拉底常对人说,他的谈话艺术就像是身为助产士为人接生一样。他只是帮助人们更快、更顺利地"诞生"正确的概念及思想,所以,真正的知识源于人的内心,而不是得自别人的传授。苏格拉底诘问法的核心虽然是质疑,但侧重质疑结论成立背后的假定和推理。它的形式是采用对话的方式,一步一步往前推进。其中运用了抽象思维、归纳推理、演绎推理的方法,最重要的是总结了个人的知识与经验。

许多人误认为批判性思维就是一种质询、辩论、找错误,甚至是诡辩死不认错的一种说话的技巧。知名畅销书《学会提问》(*Asking the right questions: A guide to critical thinking*)的作者尼尔·布朗(M. Neil Browne)及斯图尔特·基利(Stuart M. Keeley)把这种只是为了要抵制和驳倒那些与你意见不同的人,让他们甘心服输、无所不用其极地捍卫自己当前看法的表现方式,称作"弱势批判性思维"(Weak-sense),结果反而会遮蔽能与他人一同讨论该议题的空间。

反之,则称为"强势批判性思维"(Strong-sense)。作者认为我们应提出关键性问题,一视同仁地质疑一切主张,特别包括"我们的主张"。强迫自己辩证我们的初始想法,才能避免陷入同温层效应(Echo Chamber Effect)而不自知,进而造成整个议题讨论的恶性循环,变成极端两派的对立。经由前述关于 Critical Thinking 的说明,可以归纳出以下几个重点:

(1)它是一个思考的过程,包括推理、符合逻辑性、消除偏见、反复分析与修正,其目的在于增加获得理想结果的可能性。

(2)它是一套思辨的方法与技巧,用来检视想法、信念或论述是否有盲点、漏洞等,以做出正确且周全的判断。

(3)它的核心精神在于透过反复的问答及反思以探讨事物的本质与寻求正确的结果,因此,有学者认为"明辨性思维"可能较"批判性思维"更符合 Critical Thinking 的中文意义。

## 如何培养批判性思维

各位读者应该可以很轻易地查找关于培养个人批判性思维能力的文章与著作,我帮各位补充以下六个好方法。

**1. 做一名持续的学习者**

一名优秀的批判性思维实践者,一定是一名持续的学习者。学习的目的在于求知,学习者对世界和他们的职业有着天生的好奇心,没有好奇心,不会主动学习;没有求知的欲望,不会有探求真知的动力。然而,没有一定的知识作为基础,是问不出深入的问题的。学习的形式包罗万象,一名好的学习者会主动应对环境的变化而调整自己的学习模式。

**2. 避免陷入海绵式思维**

所谓海绵式思维(The Sponge Style of Thinking),指的是那种习惯被动接受知识的人,就像海绵,对于知识照单全收,主要系运用记忆能力,狂抄猛背,并对脑海里的东西深信不疑。海绵式思维强调单纯的知识获取,是一种被动式思维。相对于海绵式思维,一名好的批判性思考者必须像淘金客,不仅动用记忆力,还要动用推理分析能力,不断质疑接收到的信息,筛选最有效的信息,这又称作淘金式思维(The Panning-for-Gold Style of Thinking)或是主动式思维。运用淘金式思维看待知识的学习,更能帮助我们调动深层的认知系统,有能力思考实质性的问题。

**3. 掌握逻辑思维的技巧**

要学习批判性思维,首先要具备良好的抽象思维能力,以此为基础,将帮助我们充分学习并掌握逻辑思维技巧。基本的逻辑思维包括归纳推理（Inductive Reasoning，又称归纳法）及演绎推理（Deductive Reasoning，又称演绎法），它是一种分析与综合能力的学习及应用。除了归纳法与演绎法，溯因推理（Abductive Reasoning）的学习也是一种很好的思维训练。掌握这些逻辑推理的方法可以帮助我们建构本质思维的能力，因为本质思维（Essential Thinking）正是批判性思维的重要支柱。

### 4. 学习如何正确地提问

批判性思维的核心正是提问（Questioning），有效的问题可以开启人们的思维，因此，如何提出合适的问题是成为一名批判性思考者所必备的技能。一名好的提问者，自己要先模拟过对方可能的回答，甚至可以先具备一定的答题方向，一个好的问题绝不能是一个纯粹的封闭式问题（Closed Question）。我们可以选择开放式提问、引导式提问或是假设性提问，是故，我们应该学习掌握诸如 Why、What If、How 的提问技巧。最重要的是，如果人们没有丰富的知识储备作支撑，一定问不出一个好的问题，甚至不敢开口提问。

### 5. 追求事物的本质特性

如同第 3 点所提及的，本质思维是批判性思维的基础。因此，一名好的批判性思考者必须要清楚，掌握逻辑推理与提问技巧的目的，并不是要成为一名辩论大师或是诡辩者，而是要帮助自己与对方如何不断地在分析、综合与评价的过程中，深入问题或事物的本质特性，摆脱传统与既有经验的束缚，提高获得理想结果的可能性。

### 6. 基于同理心与人沟通

为了避免让批判性思维的过程变质成一个令人避之唯恐不及的批评与质疑局面，一个良好的沟通技巧是必备的。沟通的技巧容易学习，然而，若不具备同理心将会让沟通或讨论的结果打折扣。所谓同理心（Empathy），就是一种站在他人的立场，将心比心、感同身受的思考与沟通模式。批判性思维能力愈强，则口才愈好、反应愈快、思辨能力愈强，面对这些能力较弱的对象，要避免在言语上伤害到对方。此时，如何认知对方的立场与心态、如何反省自己的提问，将是迈向优秀批判性思考者的过程中的必要修炼。

掌握了方法，则需要持久的练习方能成为个人的能力，以下四个步骤可以帮助我们进行日常的练习。

第一步：建立逻辑。依照逻辑思维的步骤建立个人的思维逻辑，决定核心问题、搜集资料，再思考从资料中掌握了什么。针对核心问题得出结论。

第二步：从批判性角度来思考第一步所建立的逻辑。如果一开始设定的核心问题错误，那么无论后续如何建构逻辑都没有意义。通过质疑核心问题，便能确认我们准备着手思考的事物是否正确。

第三步：质疑结论与根据是否以 Why So（因为）与 So What（所以）（注2）的逻辑互相联结（逻辑是否有跳跃的情形），以确认其正确性。

第四步：质疑位于结论与根据之间的前提或假设。前提的正确性有时会因状况而改变，因此，必须确认它是否可以摆在目前的状况或条件下。通过多元的观点检视自己的想法，便能弥补特定逻辑的漏洞，这就是批判性思维的特色。

## 批判性思维是战略思维的基础

战略思维是一种心理过程，一个人试图实现某个目标或一组目标时应用它，批判性思维则是关于分析、逻辑和推理的。而战略思维是关于计划的，它涉及能够理解因果关系并提前看到几个步骤以实现某些预期的结果。

战略思维并不是单独存在的。战略思考者通常必须运用扎实的批判性思维技能来分析和理解他们当前的情况，然后在战略思维的过程中，得以看清前方并开辟出前进的道路。在进行战略思维的同时，我们还应该应用批判性思维来辨别出一个行动计划与另一个行动计划的可能结果。

因此，要提升战略思维能力，必须先提升批判性思维能力。通过本文的探讨，将能帮助各位更深刻地体验批判性思维的本质与技巧，希望能为您带来最大的效益。

### 注释

▶ 注1：原文《浅谈批判性思维》刊登于"经营洞察力论坛"2022-06-30。

▶ 注2：又称为"So What?/Why So?"原则，这是一种在问题解决过程中，检视结论与证据之间是否存在因果关系的逻辑思维技巧，常见于日本的问题解决相关图书。"So What?"的意思是："这些结论或观点代表什么？"检视的是针对问题，经由整体资料或分类整理的内容中，所萃取出的结论或重点。"Why So?"的意思是"为什么会这样？"通常我们会针对前述结论去追问、检视及确认手边的资料，是否能支持这样的结论。

**思考问题**

1. 经由本文的介绍,关于 Critical Thinking 您是否有更深入的认知呢?如果对 Critical Thinking 有兴趣,建议各位花点时间去搜集更多关于 Critical Thinking 的文章,并且分享您的心得或是与朋友讨论您的疑惑。
2. 本文提到苏格拉底诘问法,其中提到"助产术"(又称作"产婆术"),建议各位花点时间深入了解这个概念,并且和朋友分享心得。
3. 文末提到批判性思维与战略思维的关系,是否可以基于这个主题,更深入地去探讨两者是否存在着依存关系或是因果关系?请把您的发现分享给朋友。

# 六、成就优秀战略思考者的八个习惯

每个人都能成为战略思考者(Strategic Thinker),然而,要成为一名杰出的战略思考者,就必须要找对方法并持续修炼,经过时间的淬炼与经验的积累,才能有所成。战略思维能力的修炼,是自身的作为,它只有起点,没有终点。在自我修炼的过程中,有八项良好的习惯,可以帮助各位有效地提升自身的战略思维能力。这八项必备的习惯分别是:

(1) 时间管理。
(2) 前瞻性思考。
(3) 放大格局思考。
(4) 挑战既有的准则。
(5) 发展与建构思维模式。
(6) 掌握"做决策"的时机。
(7) 终身学习。
(8) 整合式思考。

## 习惯一:学习与实践有效的时间管理

查尔斯·赫梅尔(Charles E. Hummel)在《急事的奴隶》(*Tyranny of the Urgent*)一书中说道:"重要的事情通常不需要在今天甚至这个星期内完成,但急事却非得立刻行动不可。"急事的迫切性总让人觉得它非常重要且不可耽误,从而一步步地损耗我们的精力。然而,如果从时间的架构上来看,这种由于个人认知却似是而非的重要性会随着时间逐渐消失,我们怅然回忆起有多少重要的事情被耽搁在一旁,会发觉自己已经成为"急事的奴隶"。

每个领导人都想要成为合格的战略思考者,然而,绝大部分的领导人都避不开成为"急事的奴隶"的诱惑,因为急事总是看起来比较重要。不幸的是,如果领导人总是这么做,终将置组织于险地而不自知。一旦领导人聚焦在眼前的扫雷事务上,将会错失协助组织长远发展的巨大机会,更不用提及那些会提醒其悬崖就在路径前方不远处的信号。

"我们需要战略思考者!"大概是每一家公司,不论规模是大还是小,都存在的抱怨。关于这项工作如此之难的一个理由,就是"从没有人真正理解战略思维的真义"。如果我们不知道一名战略思考者该做些什么事,那么,要成为一名好的战略思考者将困难无比。

正如成功学大师史蒂芬·柯维(Stephen Covey)在"要事第一"(First Thing First)的概念中所指出,传统的时间管理注重进度、危机优先,却让人从此陷入与时间赛跑的恶性循环,如同那种追求更快、更卖力、更有效,做更多事的"急迫性偏执"(注2),导致生活节奏完全取决于事情的紧迫程度,往往忽略了真正重要的事。

把重要的事情摆在第一位才是时间管理的要诀所在。所谓重要的事情,是指真正有助于达成我们目标的事情,领导人必须觉悟"培养战略思维能力"才是组织真正重要的事情。所以,当我们因时间运用而感到进退两难时,请重新检视个人或组织的时间管理原则,学习并实践将重要的事情放到最优先的位置,把时间留出来,并且持之以恒,终将跳出"急事的奴隶"的陷阱。

## 习惯二:养成前瞻性思考的习惯

前瞻性思维(Forward Thinking)就是预见问题的能力,指的是"对未来事态的发展和对自身的生活方式所具备的预判力、决断力,以及付诸行动的能力"。若用通俗一点的话来说,就是人无远虑,必有近忧。但前瞻性思维的获得与表现,是关于社会环境发展变化、经济结构调整、行业信息分析判断的灵敏感知,这些能力都需要积累良好的知识、阅历和经验。

许多公司习惯于聚焦当前的事务,领导人缺乏前瞻性思考的习惯与能力,可能会让企业遭受到来自那些愿意实行创新作为的竞争对手的伤害。若要培养前瞻性思维的能力,可以从练习挑战现况及追根究底的提问开始。在知识与信息搜集的过程中,要勤于总结所知与所得,另外,也要对事态的未来发展方向,练习做出个人的判断与预测。经由这种反复提问、信息搜集、总结、预测的过程,一旦养成习惯必然有助于提升个人的前瞻性思维能

力。要实际将前瞻性思考用于组织的策略发展工作上,我们可以采取以下行动:

(1) 从您所处产业的范围内,寻找足以在未来改变产业游戏规则的信息。

(2) 从您目前所经营事业的传统范围(边界)之外,主动搜寻有用的信息或机会。

(3) 经常探索外部环境,主动监看组织周遭所发生的事务。

## 习惯三:放大格局思考

俗话说:"再大的烙饼也大不过烙它的锅。"

思路决定出路,"格局"决定结局。什么是"格局"?所谓"格",指的是一个人的人格品行;所谓"局",指的是一个人的胸怀和视野。组合在一起,"格局"代表的是一个人的眼光、胸襟、胆识等心理要素的内在布局。人生的发展、企业的经营,每次踏出去的一小步,都来自一个重要想法的结果。

个人或企业的发展往往会有局限性,所谓的局限,归根究底就是"格局"太小,为其所限。谋大事者必要布大局。作为领导人,必须要成为一位大思想家。如果领导人没有大格局的思维,将无法带领事业往前推进。就算是大思想家,他也必须具备信心去实现他们的愿景。要培养放大格局思考的习惯,我们可以这么做:

(1) 永远望向生命中的光明面。

(2) 勿经常拘泥于小节,时时提醒自己注重大局思考。

(3) 遇到困难,提醒自己事情不会比它所看起来的状况还要糟,困境或挫折也许严重,但不会更坏。

(4) 在表述您的愿景时,让它简单易懂。

(5) 不要基于没根据的假设做出重要的决定。

(6) 不要只看事情是以何种方式或形式呈现在我们眼前,永远要去关心它们未来会如何演变。

一旦"格局"大了,未来的路才会宽!

## 习惯四:学习挑战既有的准则

"传统的智慧"使得许多人不习惯去问太多的问题,不去思索现况形成的原因,并且常常扮演事后诸葛亮对结果做出评论。您若是在面对价值的挑战及关键决定时,常常去附和"管理时尚"(Management Fashion)(注3)、陷入"群体思维迷思"(The "Groupthink" Myth)(注4)而不自知,或是倾向于寻求安全的见解,那么,您的团队或组织将会很快地丧失竞争优势。

一个很好的案例,是关于马屁股和航天飞机(Space Shuttle)的关系。当人们在电视上看到美国航天飞机矗立在发射台上的雄姿时,您可能不会对位于燃料箱旁的两具火箭推进器产生质疑。然而,这两具火箭推进器的容量设计却大大限制了航天飞机升天的速度,为什么工程师不能把这些推进器的尺寸设计得再宽一些呢?

当一些人不愿接受现况,或是不会自作聪明地去强加解释可能是因为受限犹他州制造工厂的生产制造能力时,借由一步一步地细究真正原因,答案竟然出乎绝大部分人的意料。研究发现,它的尺寸设计不是因为犹他工厂的制造能力,而是受制于用运送推进器的火车钢轨宽度及沿路所经过的山洞宽度。然而,这是真正的原因吗?

有心人会接着质疑:"为什么当初的钢轨宽度会设计成4.85英尺(1英尺≈0.3米)?"结果竟然发现,美国钢轨宽度系源自英国钢轨宽度,而英国的钢轨标准源自早期的电车轨道,电车轮子间的宽度设计则沿袭自当时马车的轮距,马车的轮距又受限于当初英国马路的辙迹(车轮辗过留下的痕迹),深究其因,英国马车的轮距其实源自古时候罗马战车的轮距。最后一个问题:两千年前罗马战车的轮距又是如何决定的呢?

答案是,由两匹战马的马屁股宽度而决定的。是的,曾是世界最先进的美国航天飞机的火箭推进器,其设计的尺寸竟然是由两千年前的两匹战马屁股间的宽度来决定的。历史惯性的力量是多么强大,要冲破由惯性形成的规则又是多么艰难啊!

具批判性思维的思想家会质疑每件事,才有机会挑战既有准则所形成的惯性思维。要打破人为的惯性思维或既有准则,我们可以这么做:

(1)重新界定问题以找出事情的真相,也就是识别出问题的根因(Root Causes)。

(2)质疑目前的信念及思维模式,包括您自己现在的思维模式。

(3)在组织或与团队进行决策时,提醒自己要拿掉操作性及制度性的偏见。

## 习惯五：发展思维模式

未知事物（Unknown）常常会吓到我们。面对它，我们经常会忍不住想要尝试是否能找到一个快速的（却往往是错误的）问题解决方案。一名好的战略思考者会在发展出自己的观点前，从许多来源中综合出有用的信息。也就是说，优秀的战略思考者必须要因应问题而挑选合适的思维模式，对症下药地去解决问题。

所谓的思维模式（Mental Model，又称作心智模型），指的是人们思考事物（或是解读问题）的方法及看待事物的心理框架。思维模式能协助我们解决问题，前往我们想要抵达的目的地。一个好的思维模式既好用又强大，价值非凡，然而成功的关键在于，我们得要选择正确的模式，以及要学会如何运用它。

许多人受限于经验与知识，甚至于偏见，面对未知事物，受到既有的思维模式制约，而采取了错误的方式来思考并解决问题，或是没有能力学习到新的模式，以至遇到问题而无计可施。可见得，思维模式的学习与运用能力，对于一名合格的战略思考者是多么重要。在建构及养成个人的思维模式上，我们可以这么做：

（1）遇到问题，从多种资料与信息来源中，尝试找出共同的模式。

（2）鼓励团队其他人做相同的事。

（3）面对主流的（团体、组织或社会）思维模式，针对这些模式存在的假定（或假设、假说）提出质疑，并且花时间同时测试多个不同的假定。

（4）采用不同的模式去进行反面查证式的验证作为，避免受到既有思维模式的制约。

## 习惯六：掌握"做决策"的时机

许多领导人或领导团队在面临重要决策时，常常会陷入"分析瘫痪"（Analysis Paralysis）的情境。所谓分析瘫痪，指的是个人或团体因为过度分析或是过度思考而导致行动或决策陷入反复与左右为难之境，因而无法及时采取行动或做出决定。可能是在面对一个被视为过于复杂且可能导致更大问题的情境；也有可能是认为离更加卓越的解决方案只有一步之遥而陷入无止境的追求，却忽略了报酬递减的道理。无论何者，结果是领导人迟迟无法做出决定,导致组织面临无法估计的损失。

战略思考者面对重要决策必须搜集许多资料与信息,但他们有可能无法在时间期限内掌握到百分之百。因此,他们必须要事先发展出一套决策流程并且遵循它,在期限前做出"足够好"的决策。以下几项作为可以帮助我们养成适时做决策的习惯:

(1) 谨慎地架构决策内容,确保能深入问题的核心。

(2) 在决策过程的速度、严谨度、质量及灵活性之间求取平衡,可以将决策的完美性保留给更具有权力的人手上。

(3) 愿意面对不完整的资料或信息,在团队意见产生分歧时表明自己的立场。

## 习惯七:立志成为终身学习者

世界持续地快速运转,有时更在加速中,无论是科技、生活形态或是社会发展,让个人或企业无时无刻不在面临着转型所带来的变革挑战。21世纪以来,"9·11"事件、2008年金融海啸、COVID-19、气候变迁……无不为我们带来巨大的改变。

一名合格的战略思考者应该要有目的地决定想要搜集何种信息,但是,也勿奢望能在很短的时间内把知识的不足填补完成,这需要时间、技巧与意愿去学习、实践与体会。所谓"不进则退",更何况是要立志成为一名优秀的战略思考者。我们必须知道如何学习、时时学习,养成终身学习的良好习惯。要培养终身学习的好习惯,我们可以这么做:

(1) 建立一个适合自己的学习计划,包括想要探讨的课题、检视现有的信息来源、建立新的资料与信息搜集管道,并且适时地调整个人的信息搜集计划。

(2) 不要担心目前例行的学习对象或目标有何不妥,应花心思把那些平时被您排拒在外的事物找出来。

(3) 庆祝我们的成功与失败(基于正面与积极的观点),因为它们会提供您可以洞察未来的机会。

## 习惯八:成为整合式思考者

真正的战略思考者,应该擅长"整合式思维"(Integrative Thinking),面对问题及随之而来具有对立观点的选择方案,不会不知觉地陷入二选一的困境。

整合式思维来自著名商业思想家、多伦多大学 Rotman 管理学院前院长罗杰·马丁(Roger Martin)的名著《整合思维》(*The Opposable Mind*)。马丁认为,在如今的时代,面对人类社会更为多元和复杂的变化,信息已然超级饱和,各个领域暂时达成的平衡局面会不断地被打破,无论是商业组织还是我们个人,很容易发现自己处于一团乱麻之中。面对复杂问题,一流的智商必须要学习如何在脑袋中同时容纳两个相互矛盾的观点,以建设性的方式处理彼此对立的观点,不以牺牲一方为选择另一方的代价,而是以创新的形式消除两种观点的对立之处,新的观点应同时包含对立观点的某些因素,且优于两种对立观点,并从中得出汇集两方优势的解决方案,这就是"整合式思维"。

整合式思考者勇于接受复杂性,并且远离"简单化"和"专业化",因为整合式思考最重要的一点是:"绝不退而求其次。"因此,在面对复杂问题时,相较于总是要从选项 A 或选项 B 中做出选择,好的战略思考者要习惯于从有限选择中找出第三个(例如:选项 C)或是更多的创新方法。为了培养整合式思考的习惯,我们可以这么做:

(1)寻求较不明显但具潜在相关联的思考方向或考量点。

(2)尝试看到问题的全部角度或核心目的,不要一下子跳入特定的或主观的面向而不自知。

(3)时常练习如何找到一种自我调适的方式,将过去习惯的传统反应先放到一旁,然后领导组织成员去思考或创造出是否存在着一个"第三选项(选项 C)"。

## 好的战略思考者要能日新月异

我的母校南开大学的校训是"允公允能、日新月异",所谓"日新月异",其核心精神是希望每个人不但要能接受新事物,而且要成为新事物的创始者;不但要能赶上新时代,而且要能走在时代的前列。我认为,这完全可以作为战略思考者的写照。

孔子曰:"学而不思则罔,思而不学则殆。"世局多变的今天,如何成为一位优秀的战略思考者,已成为现代经理人不可回避的挑战。本文所提出的八个习惯,虽然不必如上古时期君主"商汤"刻在"盘铭"上的"苟日新,日日新,又日新"般,天天反省自新,但也希望这八项习惯,可以提供给有志于提升战略思维能力的个人或团队,一个有迹可循的路径,时时作为自我修炼提升的参考。

## 注释

- 注1:原文分上下篇,分别于2021-12-15及2022-02-16刊登于"经营洞察力论坛"。
- 注2:急迫性偏执,是一种偏执(Paranoid)的行为表现。这类"病人"的特征是:喜欢忙碌、喜欢解决突发状况。他们愈忙愈有安全感,认为忙碌才代表了重要、有意义,认为闲着没事做是一种耻辱。
- 注3:管理时尚指的是在一段时间里企业界所狂热追求的管理模式、工具方法或思想潮流。例如:曾经流行过的 TQM、六西格玛、精益生产、变形虫组织……它们是被前卫经理人经常挂在嘴边,被各种论坛、研讨会及出版物所热捧的时髦主题。为了跟上时代发展的步伐,人们常不自觉地被管理时尚绑架,依样画葫芦般地学习或实施,却收效甚微。
- 注4:"群体思维迷思"又称作"团体迷思""群体思维"(Group Thinking),较著名的应用与模型的研究来自政治心理学家欧文·贾尼斯(Irving L. Janis)。这是一种心理学现象,指的是团体在决策过程中,由于所属成员倾向让自己的观点与团体一致,因而令整个团体缺乏不同的思考角度;或是当个别成员提出不同观点时,遭到其他团体成员的忽视及隔离。团体迷思的存在,将影响团体进行客观分析,并导致团体做出不合理甚至是很离谱的决定。

## 思考问题

1. 第一个习惯谈的是关于时间管理与轻重缓急之分,这项习惯列于八个习惯之首,因为它很重要,也决定着关于后续七项习惯是否能在各位有限的时间中得以付诸实行,请思考:依据习惯一的描述,辅以查找到的相关资料,是否有助于您重新检视个人的时间管理呢?请分享心得。
2. 本文关于马屁股与航天飞机推进器设计的故事,是否令您觉得有趣?关于既有准则成为惯性思维的制约因素,在学术界有许多的研究,其中之一是知名的"路径依赖理论",建议花点时间去收集相关的案例,并试着分享给朋友或团队成员。
3. 要提升个人"前瞻性思考"的能力,其中,最重要的技巧就是提问。具有深度的提问技巧，有助于设定问题、鼓励进一步思考。建议您针对个人或组织的未来发展，列出三项有助于您进一步搜集信息的问题，并与团队成员分享。

4. 完成本篇文章的阅读，您是否觉得学习成为一名好的战略思考者，并不是一件困难的事？对于您而言，在这八个习惯中，哪一项比较简单，可以立刻着手实施呢？请与团队成员分享。

5. 关于最后一个习惯"成为整合式思考者"，我们谈到了所谓整合式思考者的特性，这需要一种较高层级的思考训练，如果您对这种思维模式有兴趣，可以再花点时间去搜集相关的信息，并且分享您的看法与心得给您的团队。

# 七、破解战略思考的九大迷思

我们都知道,要能产出好战略,有赖于经理人及领导团队的战略思维能力及关于产业与环境变化的洞察力。然而,许多经理人及组织在运用战略思考于组织战略分析、目标展开,甚或战略执行时,不可避免地因为对战略思考的错误认知而误用,反而未蒙其利、先受其害。以下为常见的9个迷思及相应的作为。

## 迷思1:专注绝对绩效

许多组织以为,只要专注于做自己最擅长的事,就不必担心竞争对手正在做什么。

### 事实是

- 在商场上,你的绩效表现并不是绝对的,例如:任何时候都会出现所谓的"史上最佳产品";今天的米其林三星餐厅可能明年就降了一颗星或掉出榜单等都是常见的例子。
- 通用汽车(GM)及凯马特(Kmart)曾经分别位居该行业全美第一;通用电气公司(GE)曾经绩效表现全美最佳;一方霸主的柯达(KODAK)如今安在?

### 破解迷思可以这么做

- 时时将我们的进展(例如:经营绩效、核心能力、市场表现等)与其他的组织进行比较。
- 如果资源许可,可以自行开发系统监测及记录外界商业情报的变化(例如:市场、顾客、竞争对手、技术、法规、政经情势等),并开放给经理人使用。
- 当某些内部因素(诸如:业务、研发、生产)被公认为组织的强项时,应找出机会询问团队成员,我们要如何与业界最杰出的对手一决胜负。

## 迷思 2：陷入锚定效应而不自知

一般人会倾向以第一印象或先前已取得的信息做出决定。例如：采用前一年的计划作为今年战略规划的起点，就是典型锚定效应（Anchoring Effect）的表现。

### 事实是

- 真正的战略思考必须要求领导团队持续不断地以崭新的观点来看待所有的假设、信念和信息，仅仅调整去年的计划，将会扼杀任何发现新洞见的机会。
- 如果组织是先订好预算再进行战略规划，将导致被来自既定预算或来自预测的"数字"抑制团队战略思考的空间与应有作为。

### 破解迷思可以这么做

- 培养个人及团队开阔的心胸，积极思考所有可用来分析未来状况的起始点或基准点，不要局限于习惯上的锚点（Anchor Point）。
- 对于相同的议题，鼓励拥有不同背景的专业人员或干部来帮忙审视。
- 在战略思考的过程中，一旦出现锚点，应立即确认，以书面的形式指出来并留下书面纪录，提醒所有人注意。

## 迷思 3：迷信标杆学习的效果

许多组织认为，如果学习或复制有着成功典范企业的作为（包括制度、思想、文化、策略）必能为组织带来同样的成功。

### 事实是

- 战略思考的第一条法则便是敏锐度，成功产生洞见的要件之一，便是了解组织内外部的现况与发展情势。如果不去了解成功案例的背景情境、支撑他们成功的战略系统，以及系统内外部关键资源的互动关系，完全照抄的结果，可能沦为画虎不成反类犬的境地。
- 追求管理时尚（Management Fashion）似乎已成为现代管理显学（或

是潮流)。例如:管理学华X、管理学GE、阿米巴(Amoeba)经营等,然而,到头来,有多少家企业因此而失败,却无人愿意深入探究。

> **破解迷思可以这么做**

• 标杆学习(Benchmarking)并非一种不好的管理作为,然而,组织必须明确界定作为组织标杆学习的对象与实务范围(例如:系统、经营模式、策略等),不应照单全收。

• 描述作为组织标杆学习对象的最佳实务(Best Practice),其发生的背景或当时的情势,与我们组织目前所处的情境进行比较。

• 描述作为组织标杆学习的标的(最佳实务的范围,例如:企业经营、产品、制度等)必须具备什么样的战略生态系统,以及在这个系统内所牵涉各方关系有哪些。

## 迷思4:确认偏差

确认偏差(Confirmation Bias)是一种逻辑偏误。指的是人们习惯于选择性地找寻有利的资料和信息来支持自己心里"既存的信念"(已有的想法或假设,有时还包括回忆的内容),并且忽略或排斥那些看似矛盾或持相反证据的一种心理状态。

> **事实是**

• 搭飞机的乘客都要经过机场安检。经研究,若告知安检人员危险物出现的概率为50%,作业的历史错误率仅有7%,当他们得知真实作业的危险物出现率数据只有1%时,他们心中认知的作业错误率将骤升到30%。

• 如果某些物品或资料不在人们心里的预期中,将导致他们在工作执行中疏于积极地寻找出这些物品或资料。

> **破解迷思可以这么做**

• 为避免此种认知型的偏误,可以在团体讨论时,将每种见解的论据以清单的形式记录下来。

• 承认过去采取某种见解的理由或依据,并思考是否存在相反的动机。

• 引进外部人士来为团队介绍不同于现有认知的其他见解,提供团队成员崭新的观点或寻找新洞见的动机。

## 迷思5：深信自己的预测能力

在商业的经营上，领导人及其团队容易高估自己对事件的预测能力。面对事件的发生，太过于重视自己关于过去曾发生过的戏剧性事件或资料上的记忆。此外，人们对"平均值"有着不可理喻的信任。

### 事实是

- 股市的涨跌可以预测吗？经过实验，有些时候，连猴子的预测结果都会比股市专家来得准确。
- 新闻报道出现鲨鱼咬死人的事件，经常造成人们恐慌。事实上，这类事件发生的概率可能远比社会里一般原因的死亡事件还低。
- 有一统计专家在徒步涉水渡河时淹死了，当时，他告诉旁人，他估计那条河的水深"平均"是1米。

### 破解迷思可以这么做

- 排除过于自信的现象：可以取用极端的例子作为阻挡团队过度的自信，并且设下讨论的范围，借此来估算价值判断的变动幅度。
- 跳出回忆的陷阱：花时间找出该事件的资料或事实，让思考及推论奠基于客观的基础。
- 不要迷信平均值：在讨论或分析的过程中，尽量使用多种来源或平均值以外的数据，而不是依靠单一数字作为判断的依据。

## 迷思6：避免盲从不敢犯错的团体迷思

通常，组织的战略思考和战略规划是在集体参与的环境中完成。当一群同样背景的人在没有太多外界信息，并且承受着要与团体的思考和决定一致的高度压力时，很容易压垮那些尝试进行客观思考或想要提出异议的少数成员。这种常见的情境就是团体迷思（Groupthink）偏误。

### 事实是

- 外科医生因为有程序及情感上的难处，所以不被允许帮自己或亲人动手术。

- 有些企业会援用外界资源来主持战略研讨会,想经由局外人的观点,客观地质疑与会者的反应,以消弭团体迷思的影响或避免陷入群众盲目的结果。

### 破解迷思可以这么做

- 在会议讨论前可以指派团队中的一名成员担任提出异议的角色,在团体讨论时,他/她负责采取与大多数人相反的立场(注2)。
- 主动利用外界的资源以确保有客观的事实,并获得不同的观点或意见。
- 在召开战略研讨会时,邀请其他部门的人列席,例如:邀请营销、研发、IT、人事,目的在于经由列席者提供团队全新的观点。

## 迷思7:光环效应

在进行战略思考时,一般人习惯性地会根据对整体的初步印象来得出某些特定的结论。这种以偏概全的认知偏差将会造成严重的决策风险,光环效应(Halo Effect)又译为晕轮效应、月晕效应。

### 事实是

- 经理人想要仿效某些成功公司的部分组成要素(例如:该成功公司的组织架构、领导方式、经营策略、变革手段等),却不清楚这些所谓的成功要素,是否真的与该公司的成功明确存在着关联性。
- 由于来自图书或商业杂志的大量报道,导致许多人对某些成功企业或知名领导人产生盲目的崇拜而不自知。
- 有些经理人习惯将自己过去获致成功的手段直接应用在当前面临的新挑战上,即使前后事件的所处环境、情势与成因并不相同。

### 破解迷思可以这么做

- 应谨慎地评估所使用的资料来源,充分了解个人或团队存在认知偏差的程度。
- 善用视觉化的图表或工具,系统性地来展示所涉及的观察或问题,以便确认出可能的原因、结果,以及非预期性的后果。

- 在面对重要决策并提出行动建议前，多花点时间了解事件背景或问题发展的环境情势，并且回想战略思考的过程及当时的处理原则。

## 迷思 8：保持现况、一动不如一静

东西没坏就别修。人类习惯于趋吉避凶，因此讨厌冒险。因为，一旦离开安全的现况就会暴露在风险中，就有可能招致失败。所以，人们总是满足于现况，觉得一动不如一静，但不幸的是，有时现况反而会是最差的选项。

### 事实是

- 据研究，人们在获益时偏好规避风险；在损失时则偏好追求风险。规避风险的行为常常发生在人们优先选择确定的结果，而不是那个相对较多报酬的赌局中。
- 一般而言，损失的威胁对决策的影响，大于可获得等价收益的机会。例如：赌局♯1 确定可获得 800 元收益，赌局♯2 则有 85% 的概率可得到 1 000 元收益以及有 15% 的机会一分钱未得。猜猜看：一般人们的选择会是哪一个赌局？（多数人会偏向于收益确定但回报率较低的赌局♯1）

### 破解迷思可以这么做

- 将团队的注意力集中在想要获得的结果，并以此作为衡量现况和其他选项的标准。
- 仔细讨论及检视放弃现况需要的实际改变，有时，团队会发现，现实可能不如大家想象中的那么痛苦。
- 花时间探索现况以外的一系列选项，完整地列出所有可能的行动方案，以及伴随着该方案而来的好处，将有助于跳出现况的思维。

## 迷思 9：沉没成本效应，反正头都已洗下去了

人们倾向为先前的决定辩护，即使在面对新的处境已站不住脚时。理性看待人们顾及沉没成本（Sunk Cost）的原因，是他们不想被别人认为太浪费。在组织通常的价值认知里，抵制浪费的原则是一种好原则。

> 事实是

- 赌徒在损失大量赌金的赌局中,绝大部分的决定,会是加码试图扳回,而不是设定停损止赔退出。
- 当一个企业的组织文化会惩罚犯错时,纵使执行中的投资计划已明显无用,经理人仍会持续原规划中的投资作为。因为,只要投资计划没有终止,就可避免令人难以面对的检讨及批判。
- 在管理实务上,沉没成本与决策的制定应该毫不相关。
- 卡内基梅隆大学商学院营销学助理教授克里斯托弗·奥利维拉(Christopher Y. Olivola)在知名期刊 *Psychological Science* 上关于沉没成本的研究:"爱情是个经典例子。你们在一起愈久,分手愈困难。"

> 破解迷思可以这么做

- 利用新的检验法:从今天开始,不考虑过去的决策,集中心思想想往后要如何充分利用资源。
- 邀请局外人对既有决策及后续较佳的战略选项提出见解与意见。
- 花时间评价:目前组织内关于决策制定的文化与环境互动的类型,是有助于承认过错后继续向前的文化,还是一种会引导人们"不计一切代价坚持到底",成为沉没成本谬误的帮凶呢?

战略思考能力是一段永不终止的旅程,值得我们花上一辈子去修炼。重要的是组织要能够面对挑战、洞察出未来的变化,这需要群体的智慧及洞察力。希望本文所列出的九个迷思,能为各位读者及您的组织,在养成及提升战略思考的旅程中,提早发现及避开这些陷阱,让战略思考成为个人及组织的持久核心竞争力。

## 注释

▶ 注1:原文《破解战略思考的九大迷思》刊登于"经营洞察力论坛"2021-11-10。

▶ 注2:与此相同的概念有"第十人法则"或"恶魔拥护者"。相传在犹太社会中,面对重大事项的讨论,当第一个人因为主观因素认为一件事是对的,第二个人沿着相同的思考也得到相同的看法,到第九个人也是持着相同看法时,第十个人(恶魔拥护者)就必须要提出反面的意见,指出其中存在的矛盾与不合理之处。在好莱坞电影《僵尸世界大战》(*World War Z*)中便呈现出这个情节。

**思考问题**

1. 本文列出了战略思考常见的迷思,建议和您的团队一起,——检视您目前所在的组织,是否存在着这些迷思。请分享观察所得,以及可能的成因。
2. 所谓"好的战略要有独特性",综合本文的观点,是否有助于您理解为何有许多企业因为无法跳出战略现况或陷入从众心理,以致欲求好战略却不可得?请分享您的心得。
3. 关于"沉没成本效应"的这种决策或思考模式,许多组织大至战略分析,小至部门管理,其实都会出现这种现象,建议您花点时间检视一下您的部门与作业流程,是否存在着这种看似理所当然却不合理的办法或审查原则。如果答案是肯定的,是否有什么样的改善作为可以分享给组织的领导决策层呢?

note

note

# 第三章
# 战略分析前的重要课题

您可以为任何东西定位,一个人、一样产品、一位政治人物,甚至是一家公司。

——里斯 & 特劳特(Al Ries & Jack Trout,《定位》)

---

八、浅谈战略定位

九、"价值主张"的本质与实务

十、剖析JTBD思维与创新战略

十一、创新战略的好工具——战略画布

# 八、浅谈战略定位

"定位"的概念其实在战略及营销领域早已被运用多时,但是,真正被用于市场营销与战略管理的领域里,是艾·里斯(Al Ries)及杰克·特劳特(Jack Trout)两位营销战略专家于1982年所出版的畅销名著《定位》(*Positioning: The Battle for Your Mind*),使"定位"成为市场营销的专用语汇,"定位"的英文是Positioning,既可视作动词,也可视作名词,具有较丰富的内涵。

我们较常听到"定位"或"定位策略"的概念及相关探讨,大多是在市场营销的相关图书中,例如:"品牌定位""产品定位""竞争定位"等营销策略的讨论中。其中,最有名的定位理论的应用,就源自温德尔·史密斯(Wendell R. Smith)于1956年所提出,而由现代营销学之父菲利普·科特勒(Philip Kotler)所发展并完善的"STP法则"(Segmentation-Targeting-Positioning),以及与之搭配,源自杰罗姆·麦卡锡(E. Jerome McCarthy, 1960)著名的"4P营销组合经典模型"(Product, Price, Place, Promotion)。定位策略能够协助我们完善组织战略分析的工作。

## STP法则与4P营销策略

**1. 市场区隔(Market Segmentation)**:又称为"市场细分",指整个市场必须随着消费者的需要、行为、习惯等差异,从消费者的角度,分类为不同的细分市场(Segment,或称"子市场")。例如:星巴克依据消费者的行为,将潜在客户划分为经常享用的咖啡爱好者、有时会喝咖啡的消费者,以及从不喝咖啡或偶尔为之的传统消费者三大类。

**2. 目标市场选择(Market Targeting)**:通过市场区隔的分析后,我们再从中选择自己与市场相对应的产品或服务,并挑选可以满足消费者需求的一个或几个细分市场。例如:星巴克在中国市场,优先选择了沿海及经济发达地区(地理类别)的18~55岁、愿意与时俱进、有生活品位、追求自我个性展现的高等教育人群(人口、心理类别)作为当初进入中国所选择的目标市场。

**3. 市场定位(Market Positioning)**：分析目前手中的资源，依据消费者在乎的产品/服务属性(Attributes)，比较竞争对手，评估自身在市场中的位置，用以找出最具优势的部分，并以"一句话"来说明产品或品牌和竞争对手之间的差异，将这个过程称为"定位"。例如：星巴克在中国的市场定位为"精品咖啡专卖店"，品牌的定位为"消费者在办公室及住宅以外的第三空间最佳选择"(图3.1)。

图3.1　星巴克在中国市场的定位分析

科特勒认为，企业在完成市场定位分析后，可以根据产品(Product，例如：星巴克中国除了主打咖啡饮品，还采用店内提供特色音乐以及咖啡相关用品的产品组合策略)、价格(Price，例如：星巴克中国以白领阶层及都市成年人均可负担得起的奢侈品来定价)、通路(Place，例如：星巴克中国选择目标客户流量大、能够直接引起注意，而且符合精品消费的商业区地段展店)、推广(Promotion，例如：星巴克中国偏好采用发售熟客优惠券、会员卡，不选择大众媒体广告，并且积极参与慈善事业以提升企业形象的方式)。4P策略又称为营销组合策略(MM: Marketing Mix)，是将STP分析结果，具体化市场定位的营销手段。其成功关键在于企业所定义的市场定位是否符合独特性原则,而达到让目标消费者认同并愿意选择的沟通效果。

经由前面星巴克中国的 STP 分析,我们应该更要了解,在营销实务上,一个好的品牌定位不容易被定义及落实,因为,企业必须在品牌及产品的特性、提供给消费者的好处、策略的独特性上,能够有效地和消费者沟通,不用贪多,但要发挥创意,并且这个组合策略必须难以被竞争对手模仿。

科特勒也提及:"没有一种定位是永远适用的,随着顾客、竞争对手、科技及经济的变化,企业必须重新评估其主要品牌的市场定位。"这也说明,品牌或产品的定位分析是一种动态的工作,必须因应环境的变化而适时地调整,才得以应对多变的市场考验。

## 定位在战略分析的早期应用

在经营战略的实务领域里,定位的概念也被广泛应用。一般而言,"战略定位"(Strategic Positioning)的分析对象,通常为一个事业(Business)或事业部(BU: Business Unit),经由"战略定位"的分析与定义,组织可以进一步完善战略规划的作业,引领组织实现愿景与中长期的突破性目标。

对于多事业/多产品线的集团或企业而言,"波士顿矩阵"(BCG Matrix)就是一个"战略定位"的应用。波士顿顾问公司(BCG)于 1969 年提出的"成长与市占率矩阵"(又称作 PPM: Product Portfolio Management),对集团内的多个事业/产品线,经由相对市占率与市场成长率所构成的一个简单的 2×2 矩阵,定义出个别事业/产品线是位于"明星事业"(Stars,高成长率/高市占率,具有相当大的成长潜力,值得加码投资)、"金牛事业"(Cash Cows,低成长率/高市占率,着重现金回收并减少投资)、"问题事业"(Question Marks,高成长率/低市占率,必须进一步分析是否需要提高风险投资),或是"落水狗事业"(Dogs,低成长率/低市占率,可以考虑撤资或退出策略)(图 3.2)。

BCG 矩阵通过两个维度,可以将集团所拥有的多个事业体/产品线,定义出一个清楚的相对定位,集团再参考每个事业体的定位及所建议的战略方向,进行相对应的战略分析。由于它简单易懂,一经面世便被许多集团企业采用。

与 BCG 矩阵类似的定位型战略分析工具还有著名的 GE 矩阵(GE

**图 3.2　BCG 矩阵图**

Matrix 或 Mckinsey Matrix,又称作麦肯锡矩阵。一个以市场吸引力及竞争地位所构成的 3×3 矩阵,如图 3.3 所示)、安索夫矩阵(Ansoff Matrix,一个由产业生命周期及市场竞争地位所构成的 5×4 矩阵,可以参考《经营战略之父安索夫和他的武功大法》一文)等,分析的对象都是事业/产品线,于完成定位分析后,企业战略分析团队再依据这些战略工具所建议的战略方向,发想出合适的战略选项(Strategic Options)。请注意,经由众多战略分析工具所得出的结果,不可直接视为明确的事业投资战略。上述工具都是"战略定位"概念较早期的应用。

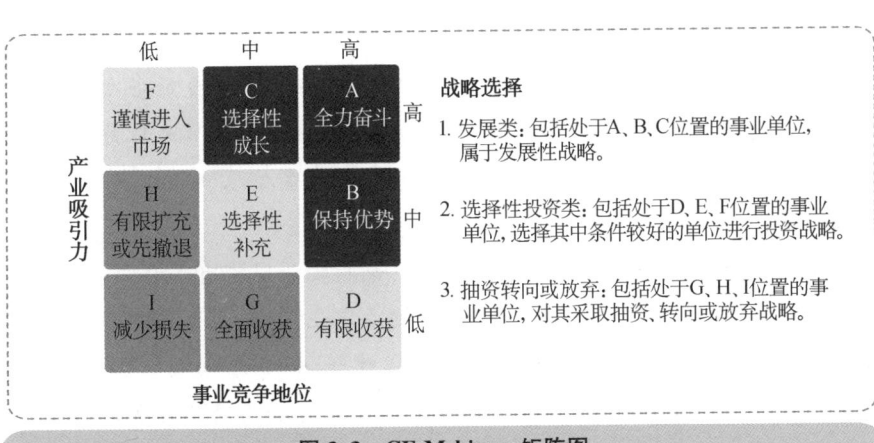

**图 3.3　GE-Mckinsey 矩阵图**

## 波特的战略定位主张

前面的"战略定位"分析,均适用于企业对于多个事业/多产品线的投资或发展战略,至于单一事业体本身的战略规划,则由竞争战略之父迈克尔·波特(Michael E. Porter)于20世纪80年代提出,基于"战略定位"的一套完整战略分析架构,已成为数十年来企业进行战略规划与分析的主要模式。

波特在他所建构的竞争战略理论体系中,认为企业的竞争战略必须具备三个要件,分别是:①所处市场的定位分析(战略定位);②差异化及竞争优势的选择;③与竞争对手间的竞争情势分析。其中,战略定位的分析工作可以帮助企业重新规划新的定位(包括在既有市场或是进入新的市场)、拟定组织的发展目标、选择合适的运营模式。

一个合理的战略定位分析结果,将会带领组织成员透过不同的思维,有效创造具竞争力的价值主张(Value Proposition)与具独特性的战略。战略定位的重要性,参考以下"台盐"的案例可以容易地理解。

"台盐"成立于1952年,原本是一家以生产海盐为主要产品的公办企业,当初的名字是"台湾制盐总厂",简称"台盐"。"台盐"曾经有着一段辉煌的历史,只不过,随着时代的变迁,"台盐"的海盐产量和生产成本无法与外来产品竞争,当政府开放盐类产品进口,"台盐"很快失去竞争力,并且亏损连连。

1993年,新任董事长就任,立即带领公司高管进行组织转型工程,思考公司未来的经营方向。经过内外部环境分析,均认为生产海盐已无竞争力,虽然"台盐"拥有许多台湾周边靠海的盐场,却不能转为他用或是进行土地开发。然而,董事长提到,"台盐"有着那么多年的海盐制造经验,熟悉海洋资源的应用,为何不能开发海洋深层水,或是提炼海藻的胶原蛋白,生产高经济价值的产品?很快,许多高管提出反对声音,因为公司名称是"台湾制盐总厂",当然是要经营与海盐有关的业务!事业定位限制组织成员的思维之深可见一般。

好消息是,董事长提出把公司改名为"台盐实业股份有限公司",仍然简称"台盐",公司的定位可以改变为"海洋相关实业"。没想到,这个小改变一举转变了大家的思维。公司在1995年完成改制,如今的"台盐",不仅开发了许多海洋深层水相关产品,还推出了广受女士喜爱的面膜。接着,"台盐"运用海洋的专业知识与经验,踏入生物科技产业,甚至经营"台湾盐业博物馆",让企业的营业额年年增长。

参考"台盐"的例子,也可以理解当初美国铁路从业者(固守原来"铁路运输"的定位)为何无法与新兴起的高速公路竞争,亚马逊(Amazon)为何可以由网络书店跨入网络商店(它的新定位是"网络世界最大的商店")。战略定位不是固定不变,而是应该随着经营环境的变化,以及本身能力的调整,进行战略定位的创新。

## 战略定位三构面

波特认为,企业在经营的工作上,必须要先界定:它到底是一家什么样的公司?目前处于哪一个产业?然后才能在产业中找出合适的定位。企业可以经由下列三个构面去思考战略定位(图3.4)。

**1. 以产品种类为基础**:思考战略定位时,以某种单一的产品或服务为主,而不是根据企业选择了哪些顾客群来作定位。例如,趋势科技(Trend Micro)由于有畅销的 PC-Cillin 反病毒软件,企业就定位为"全球最专业的网络防毒品牌"。

**2. 以需求为基础**:系指服务特定的顾客群,以满足他们所有或大部分的需求为主要目的。例如:宝洁(Procter & Gamble)将旗下知名品牌海飞丝(head & shoulders)所属的洗发水事业,定位为"治疗头皮屑的专家"。

**3. 以接触方式为基础**:借由不同的接触管道来区隔顾客,对不同的顾客群采用不同的方式来接触。例如:许多企业针对在线销售及实体店面销售设计不同的产品及营业模式,又称为"线上线下融合"(O2O: Online to Offline)战略。

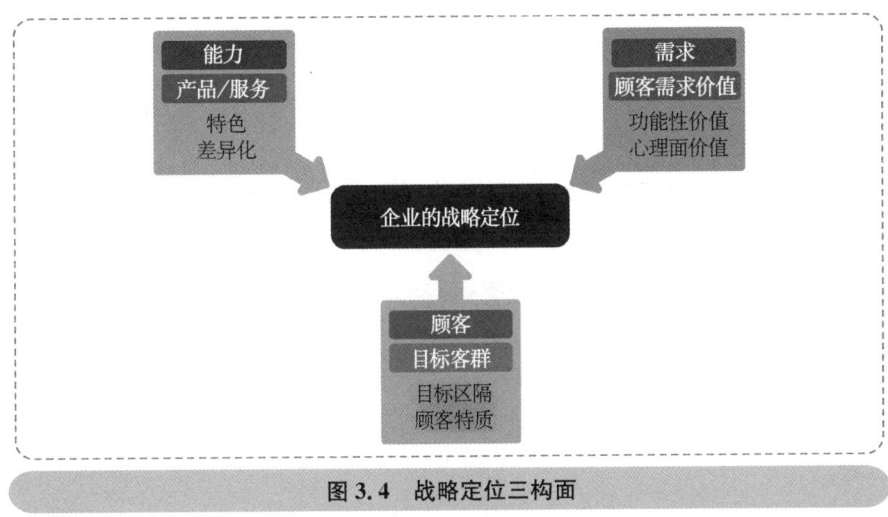

图3.4 战略定位三构面

战略定位的关键在于差异化，因此，关于产业的定义、范围与命名并不需随众起舞，因为它并没有标准化的答案。企业必须自己发挥创意及战略思维，给出符合企业经营所需的答案。

波特非常重视战略定位，他认为，经营战略的目的在于让企业提高获利，因此，企业必须：①选择可以获利的市场；②和竞争对手相比，要锁定可以获利的位置，否则，付出再多的努力也只是白费。企业发展出好战略的第一要件，就是决定企业的战略定位。在选择了想要的战略定位后，发展出好战略的第二要件就是掌握差异化（或独特性）的原则去发展战略，也就是说，企业必须要与竞争对手在战略的选择及运营的活动上有所区别，就算定位正确，如果和竞争对手在经营战略上没有差异，竞争将会日趋激烈，掉入"战略同质化"（Strategy Convergence）的陷阱，以至无利可图（注2）。

## 是定位（Positioning）还是位置（Position）

科特勒所发展的 STP 法则，是从市场营销策略的角度出发，主要分析对象是企业的产品或品牌，其中的定位分析，着重在产品与品牌在市场（Market）竞争地位上的选择，对于所选择的品牌定位或产品定位，必须符合独特性的原则。当然，科特勒和里斯&特劳特所提及的"定位"（Positioning）观念，其应用并不会局限在品牌及产品的营销分析工作上。

至于 GE 矩阵、BCG 矩阵及安索夫矩阵这些战略分析工具，所分析的对象是集团所拥有来自相同及不同产业的事业/产品线，借由简单明了的战略分析工具，确认这些事业/产品线在分析矩阵上的"位置"（Position），再依据分析工具所提供的参考战略，对这些事业/产品线的未来发展，规划集团/企业的整体战略。

竞争战略大师波特是经济学博士，他从产业分析的角度切入，针对某一个定义明确的事业/产品线，分析其所处的产业（Industry），定义出该事业/产品线具备竞争优势的地位，这个地位必须符合独特性的原则，该事业或企业再依此战略定位，进行策略选择并设计出可与之搭配的组织活动体系，波特称这个为战略适配（Strategic Fit）。由此观之，波特的竞争战略体系其实非常完整且庞大，其中，"战略定位"居于一个关键位置。

## 注释

- 注1:原文《浅谈战略定位》刊登于"经营洞察力论坛"2019-01-30。
- 注2:又称为战略趋同。由于产业激烈的竞争环境,导致企业在规划战略时,或许是决策层的从众心理,或是盲目地复制标杆学习的对象,或是面对环境的不确定性而投机取巧,抑或是迎合投资者而选择众望所归的战略,无论何者,都会造成企业的经营战略丧失创新性与独特性,更加激化行业内的竞争态势。这种反复循环的结果,将削弱行业的平均利润率,随之而来的就是残酷的优胜劣败。

### 思考问题

1. 战略定位与SWOT/TOWS分析密切相关,企业在进行战略规划作业时,究竟是要先完成SWOT/TOWS分析再进行战略定位,还是反过来,先完成战略定位才能进行SWOT/TOWS分析呢?请分享您的洞见。
2. 参考星巴克的案例,可否就2018年星巴克在中国市场开展外送服务的这项战略行动,试着分析当时星巴克的市场定位有哪些调整?
3. 定位的工作仅适用于企业的经营吗?可否用于个人的职涯或个人事业的发展上?请花点时间思考这个问题。

# 九、"价值主张"的本质与实务

许多人可能都听说过"价值主张",有的人是通过阅读商管图书,有的人是在与市场、品牌、创新、经营战略相关的工作或学习的环境中听过"价值主张"这个专业术语。不过,我们真的理解"价值主张"的内涵吗?懂得如何正确地运用它吗?在进一步探讨"价值主张"的概念前,各位可以先思考一下,我们对"价值主张"是否存在着以下疑问:

价值主张就是指企业所提供的产品或服务吗?

如果价值主张就是产品或服务的代名词,它又如何主张价值呢?

价值主张中的价值,究竟该由谁来定义才算数呢?

价值主张应该理解成一句话、一张价值清单,还是一份作业呢?

价值主张的分析与界定,对于我们的事业策略有什么样的影响呢?

## 定义"价值主张"

"价值主张"译自"Value Proposition"。据说,价值主张(VP)一词由麦肯锡(McKinsey)的两位顾问迈克尔·兰宁(Michael J. Lanning)及爱德华·迈克尔斯(Edward G. Michaels)提出,出自其于1988年写的一篇公司内部文章《企业是一个价值传递系统》(*A Business is a Value Delivery System*)。该文将"价值主张"定义为"一份清晰、简单的声明,说明公司将会提供哪些有形及无形的利益给顾客,以及将向每个顾客群体收取关于这些收益的大致价格"。由这个定义可知,价值主张作为一种声明,明确地确定顾客从供应商处购买特定产品或服务将获得哪些好处。

参考维基百科(Wikipedia)的内容:"价值主张是指个人或企业对于提供的产品或服务能为顾客做出的承诺价值,这种承诺价值必须建立在满足顾客或潜在顾客需求上,并达到个人或企业获利的目的。除此之外,提出价值主张的用意,在于检视或分析个人或企业对于收益(Benefits)、成本(Cost)及顾客价值(Customer Value)之间的变化情形。"

也有研究认为,公司的价值主张至少要包括下列三个重点:

1. 你的产品或服务如何解决/改进问题?
2. 顾客期望的好处(或利益)是什么?
3. 为什么顾客应该从你那里而不是你的竞争对手处购买产品或服务?

经由前述三个问题的探讨,我们可以了解,一个适当定义的价值主张,应该可以告诉目前及潜在的顾客,为什么他们应该与你而不是与你的竞争对手做生意,并从一开始就揭示你的产品或服务。

许多企业会将他们所提供的产品或服务的价值主张写成一份简短有力的"价值主张宣言"(Value Proposition Statement),并且把它张贴在网页上和顾客沟通,例如:

谷歌云端硬盘(Google Drive):"无论身在何处,都能立即存取档案"
Spotify:"Music for everyone"

——摘录自 Google 及 Spotify 官方网站

## 顾客价值主张(CVP)

由于价值主张的重要性,如今已经被许多领域的专家广泛运用,包括战略、营销、创新,因此,似乎不存在一个唯一且具权威的定义。不过,我们还是可以从反向结论的角度来界定价值主张的轮廓。我们可以说:

价值主张不是单纯的一组产品或服务。

价值主张不只是一组价值清单。

价值主张不是由产品及服务提供者来定义。

在有些场合或图书中,价值主张又被称作"顾客价值主张"(Customer Value Proposition,简称CVP),顾名思义,价值主张分析的源头始自顾客。价值主张的概念亦源自"价格—价值模型(Price-Value Model)"(图 3.5),由这个模型,我们可以推论得知:

"顾客价值＝效益/成本(包含风险)"

图 3.5 中的产品 B 较产品 A 的价格低,然而,产品 B 较产品 A 在顾客心目中有着更高的价值,这代表着,产品 B 较产品 A 具有更高的顾客价值,

所有顾客价值主张分析(CVP)的工作也是基于这个概念。

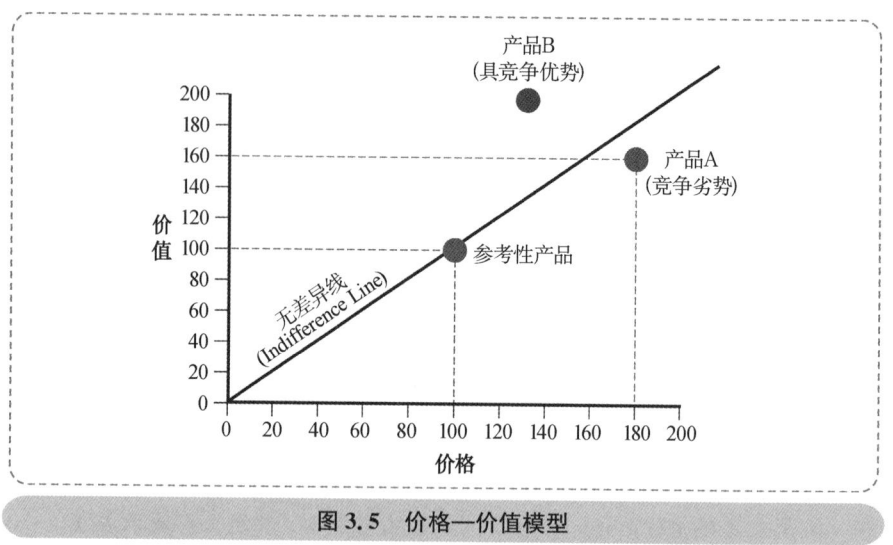

图 3.5　价格—价值模型

在企业替其产品/服务创建顾客价值主张的工作时,我们可以参考保罗·费菲尔德(Paul Fifield)提出的六个关键提问:

1. 谁是我们的目标顾客?(定义顾客群体)

2. 这些目标顾客存在着什么样的需求没有被满足或是有什么样的问题没有被解决?（Jobs-To-Be-Done,注 2)

3. 关于那些需求或问题的情境描述(消费行为/时机/地点/情感/情绪)是什么?

4. 顾客将会如何使用这些产品或服务?

5. 我们所提供的产品或服务具有独特性吗?（USP: Unique Sales Points,独特销售点)

6. 为何顾客偏好我们而不是竞争对手呢?

## 商业模式与价值主张

在现在的商管理论与实务领域中,最常运用价值主张(VP)或顾客价值主张(CVP)的领域就属创新的相关工作,其中,又以商业模式(Business Model)创新或设计更为人所知。

谈到商业模式创新,大家一定对亚历山大·奥斯瓦尔德(Alexander

Osterwalder,以下称"奥氏")的《商业模式新生代》(Business Model Generation)这部大作不会陌生。在《商业模式新生代》这本书中,奥氏提出了"商业模式画布"(Business Model Canvas)作为商业模式的思考、建构、分析、创新的核心,经典的商业模式画布(图3.6)共有九个要素。

1. 顾客细分(CN):定义所面向的顾客群组并分析其需求。

2. 价值主张(VP):通过什么产品和服务,用以解决顾客的问题并满足其需求?

3. 通路(CD):如何与目标顾客(Target Audience,简称 TA)交流,以传递价值?

4. 顾客体验(顾客关系,CE):叙述组织与特定的顾客之间是什么样的关系?

5. 收入流(R$):叙述组织自目标顾客(TA)获得的收入。

6. 核心资源(KR):叙述为了执行商业模式所需要的资产,包括实体资产以及非实体资产,如人力资源等。

7. 主要活动(KA):叙述能够不断创造价值,并提供给顾客的重要活动。

8. 重要合作伙伴(KP):叙述对组织的活动而言至关重要的外部合作伙伴,如供应商、战略联盟。

9. 成本结构(C$):叙述事业在运营时将会产生的必要成本。

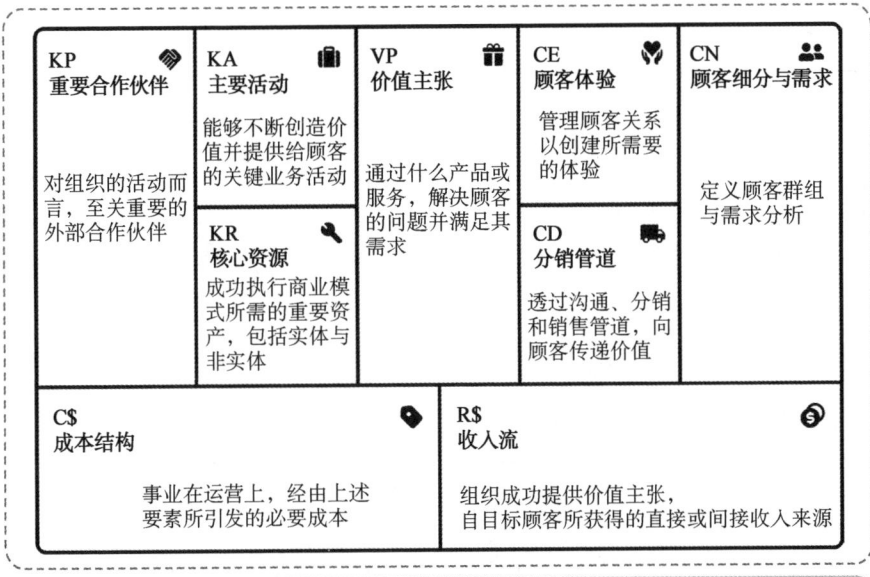

图3.6　商业模式画布(Business Model Canvas)

通过上述九个要素的分析,商业模式的设计者可以做到:
1. 研究现有的商业模式或是分析一个新的情境。
2. 找出价值缺口及创新的机会。
3. 设计新的商业模式。
4. 模拟与评估商业模式原型(Prototype)的实施。
5. 管理及修订新的商业模式。

在商业模式创新的过程中,价值主张分析扮演了一个非常重要的角色,为了避免许多读者误解价值主张仅是单纯的产品或服务,奥氏又出版了一本《价值主张设计》(Value Proposition Design),专门来解释及说明价值主张的分析与设计工作。在《价值主张设计》这本书中,奥氏提出了"价值主张画布"(Value Proposition Canvas),借以进一步阐述价值主张的本质。有兴趣的读者可以阅读这本书,本文旨在强化如何理解价值主张,帮助各位明了价值主张的核心意义,以及正确地分析价值主张。

## 如何掌握价值主张画布

关于如何在进行商业模式创新前,有效地完成价值主张分析,则可以善用奥氏所提出的价值主张画布(样稿如图 3.7),在实务上,各位可以基于以下八个重点,进行价值主张画布的制作与分析作业:

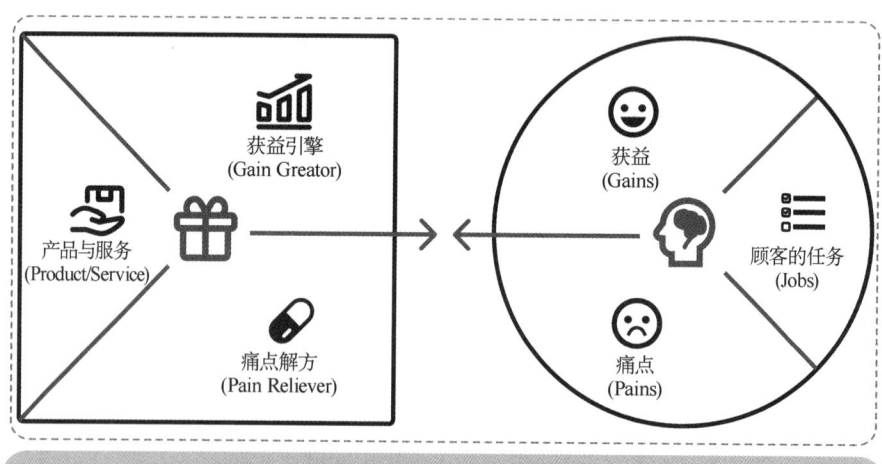

图 3.7　价值主张画布样稿

第一点，参考图 3.7，奥氏的价值主张画布包含右侧的顾客素描（Customer Profile）和左侧的价值地图（Value Map），价值主张画布就是商业模式分析中的顾客细分（CN）与价值主张（VP）两个要素的综合分析。由奥氏的价值主张画布可以了解，在进行商业模式设计时，价值主张绝不等于产品或服务本身，也绝不只是一系列的价值清单，它必须和顾客需求分析一起进行。这符合我们关于价值主张的定义，也是企业在进行价值主张分析时的重要认知。

第二点，在进行分析作业时，必须要先定义我们的目标顾客（TA），然而，在进行商业模式设计的顾客细分时，不应局限于传统人口学的观点（以年龄、性别、收入、地区等做的分类），建议基于克莱顿·克里斯坦森（Clayton M. Christensen）提出的 JTBD（Jobs-To-Be-Done）观点，这是由顾客需求（Needs）进行的顾客细分，也能呼应顾客素描作业的操作。

第三点，在完成顾客素描的作业时，其中的"顾客任务"（Customer Jobs），其概念就是"顾客想要完成的任务"或是"想要解决的核心问题"，也就是顾客的 JTBD。例如：用于家门口的割草机，其种类因功能而有上百种的选择，从最便宜的款式到最高级的全自动割草机，如果从 JTBD 的观点来分析，它们的核心用途不就是"想要保持庭院里的草坪在想要的高度"这个 JTBD 吗？通过镰刀或基因科技下永不长高的草似乎也可以实现，不一定非得要割草机。由此观点可知，企业所提供的产品或服务，或是我们所谓的问题解决方案，只有在帮助顾客完成他"想要完成的任务（JTBD）"的基础上，才是有意义的。当我们能真正定义出顾客的 JTBD，后续的价值主张分析与产品/服务的创新工作才能有重点。

第四点，进行 JTBD 分析时，我们可以利用"5 个为什么（5 Whys）"的方法去深入挖掘出真正的顾客需求或核心的 JTBD。在最常被识别出的**功能性任务**（Functional Jobs，指的是当顾客使用我们所提供的产品或服务时，顾客可以运用其核心功能所具体解决的问题点，使用割草机可以完成的"割草"任务）之外，还可以考虑不同层面的 JTBD，例如：**社交性任务**（Social Jobs，顾客在使用我们所提供的产品或服务时，希望别人如何看待自己，如当某女士提着一只 LV 皮包所想要展现的个人形象）；**个人感受性任务**（Personal Jobs，顾客在使用我们所提供的产品或服务时，他们个人所得到的感受，如早晨刷完牙后的口腔可以吐露清新的气味为人所喜）；**辅助性任务**（Ancillary Jobs，顾客在购买或消费产品/服务的过程中，同时想要完成的任务,如产品消费完成后需要处置不用的产品或包装)。虽然,我们大部分的时候是以功能性任务为主,然而,如果更进一步地就其他类别的待完成任务(JTBD)进行分析,有时也能为我们带来意想不到的洞见。

第五点,完成顾客素描的作业时,除了JTBD,其实还包括目标顾客(TA)在使用目前的产品时,期望获得的利益或好处(Gains),奥氏在书中提到四种类型的获益(包括:必要的、预期的、渴求的、意料之外),我们可以套用在著名的狩野模型(Kano Model,图3.8)来理解顾客所期望的获益,以及他们要被处理的优先程度。例如:被归类到"必要的"(MUST BE)的顾客期望获益,就落在狩野图的"基本的"(Basic)这条曲线,代表此类需求若未能被满足,将会造成顾客的不满意;而被归类到"预期的"(WANTS)获益类别,可用狩野图的"绩效好的"(Performance)这条直线解释,代表这些获益的满足程度,将决定我们与对手的竞争结果;至于被分类到"意料之外"(Wow)的获益类别,也就是落在狩野图"愉悦的"(Excitement或Delighter)这条曲线,代表这类获益可能会让顾客感到意想不到的满意,但也不是最优先要被满足的期望获益(因为若未被实现只会让顾客没有感到满意而已)。

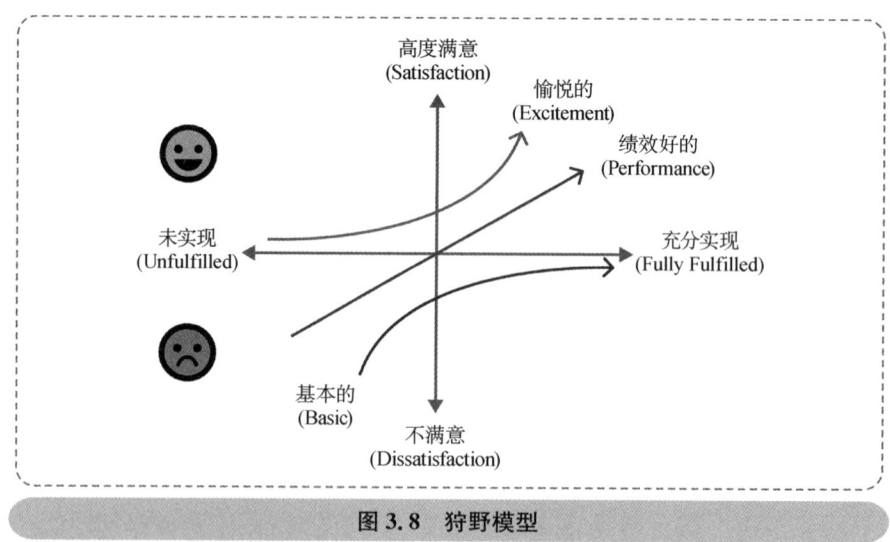

图3.8 狩野模型

第六点,关于痛点(Pains),就比较容易理解,那就是顾客在使用既有产品或服务时,所造成的不便、其他损失或是坏处。例如:采用燃烧蜡烛来解决照明(JTBD)的问题时,可能会带来二氧化碳(影响健康)、使用时间太短(造成替换成本高、不方便)、亮度不足等痛点。这也是一种针对产品或服务的使用结果(Outcomes)分析。通常,了解顾客的痛处,会是我们进行产品或服务创新的点子来源。

第七点，完成顾客素描分析后，即可着手进行价值主张画布的绘制，相较于顾客素描图，价值主张画布就比较简单，包括企业想要提供的产品或服务（现有的，或是新设计的）、这些产品或服务可以给顾客带来或创造出哪些好处（获益引擎 Gain Creators），以及可以帮助顾客解除哪些痛点（痛点解方 Pain Relievers）？重点是：①不要想着你的产品或服务可以一次满足所有的顾客期望获益或是解除所有的顾客痛点；②价值主张画布所分析出来的"获益引擎"或"痛点解方"仅是价值主张分析中的一环，而非价值主张画布的全部范围；③如果是创新的产品或服务，价值主张画布分析可以优先于顾客素描的分析工作。

第八点，完成价值主张画布的左右两边分析后，必须要进行"价值适配（Fit）"的比对与分析，才能识别出企业的产品或服务可以为顾客带来的价值。此时，我们必须思考：①所识别出的价值是否具备独特性；②我们所主张的价值及所具备的能力，是否有足够的理由吸引顾客抛弃竞争对手而选择我们的解决方案（产品或服务）；③完成价值主张画布及价值适配分析后，必须要再回到商业模式画布，由整体商业模式的观点来检视价值主张的结果与价值（图 3.9）。

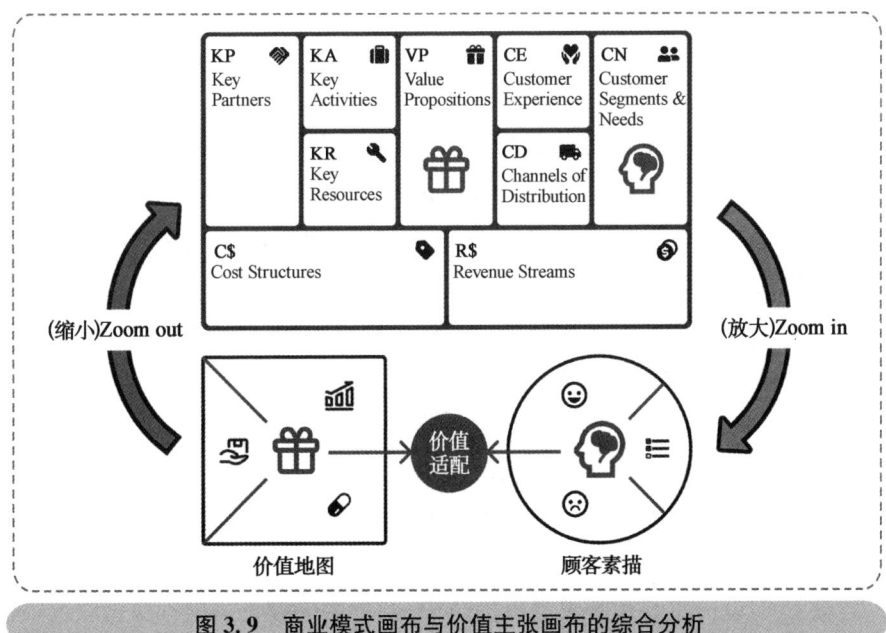

图 3.9　商业模式画布与价值主张画布的综合分析

奥氏的商业模式画布，因为其完整性，已成为许多人在进行商业模式设计与创新的工作时的主要作业依据。其中的关键，就是价值主张分析的完整性，希望本文所整理出来的八个重点，能够帮助各位掌握价值主张分析的工作。

## 精益画布与价值主张分析

各位如果想要更进一步理解价值主张分析的核心，可以参考由阿什·莫瑞亚（Ash Maurya）在《精益创业实践》（*Running lean*）针对新创公司团队所设计的精益创业画布（Lean Startup Canvas），又称为新创公司战略画布（Startup Strategy Canvas）。由于莫瑞亚的精益创业画布专注于新创公司（组织规模小、不完整），因此，更容易聚焦在价值主张的分析作为。

精益创业画布（图3.10）也是九个要素，但与奥氏商业模式画布的不同之处，在于其要素1~4其实是奥氏价值主张画布的扩充，并且强调"不公平竞争优势"（Unfair Advantage，或门槛优势）的核心竞争力及"价值主张宣言"的呈现（关于要素3的概括性描述）。精益画布九要素的简要说明如下。

要素1及要素2：顾客最在乎的不是解决方案，而是他们的问题。先厘清他们想要解决什么问题（JTBD），这些问题对使用者重不重要，顾客的痛点在哪里。创业者通常很容易一头栽进某个特定解决方案，这是创业初期最大的风险。

要素3：列出在主要的产品与服务中，足以吸引顾客向你们而不是向其他人购买的独特性之处，独特性只要存在，可以在日后不断演进。

要素4：描述你所提供的解决方案及其核心功能，好的解决方案必须要和顾客的问题绑在一起。

要素5：通路是要引领你接触潜在的顾客，但是初创事业一开始的重点不在于扩张，而是学习，不需要一开始就把事业搞很大。

要素6：对于新创公司而言，应该先找到能给出强烈承诺的顾客，能让你在最短时间内学习到如何把产品做好的反馈。

要素7：新创事业不要急着思考大规模的运营方式，聚焦在目前的时刻，让你在把钱烧光之前，有时间且有机会做出正确的产品。

要素8：设计出好用的关键指标（Metrics），实时评估目前的执行状况，得以适时地采取行动。

要素9：英文Unfair Advantage，直译为不公平竞争优势，也就是足以阻碍竞争对手的进入障碍，新创团队必须识别出本身所具备让他人无法轻易复制或获取的独特能力或资源。

通过精益画布，相信可以帮助各位更深入地理解价值主张，以及如何进行有效的价值主张分析。

| 关键问题 | 解决方案 | 独特价值主张 | 不公平竞争优势 | 顾客区隔 |
|---|---|---|---|---|
| 列出顾客希望被解决的前三大问题 ① | 列出前三大功能 ④ | 陈述你为何与众不同且值得购买的清晰并具有说服力的单一信息 ③ | 无法轻易被复制或达成 ⑨ | 目标顾客 ② |
| | 关键指标 要评估的关键活动 ⑧ | | 通路 接触顾客的路径 ⑤ | |
| 成本结构 顾客取得成本 经销成本 人事成本 运营成本 ⑦ | | | 收益来源 收益模式 顾客生命周期价值 收入、毛利 ⑥ | |

图3.10　精益创业画布

## 回归价值主张的本质

经过本文的说明，相信各位对价值主张不会再停留于单纯的产品或服务的认知层次。虽然本文仅探讨商业模式设计中的价值主张分析作为，但各位仍应当了解，一个好的价值主张绝不是一个列满我们自以为是的产品或服务的价值清单，而应该切实地由顾客的角度与观点出发，再探讨真正想要完成的任务或要解决的问题（JTBD），配合对于顾客使用产品或服务的预期结果（Outcome Expectation）分析（注3），帮助我们识别出真正的业务与创新机会。

只有当我们将产品或服务，真正地视为能解决顾客问题或是带来期望获益的解决方案时，才能回归到价值主张的本质，帮助我们做好企业经营或

第三章　战略分析前的重要课题　073

创新战略的工作。

## 注释

- 注1:原文《剖析"价值主张"》刊登于"经营洞察力论坛"2019-08-28。
- 注2:Jobs-To-Be-Done(简称为JTBD),为已逝创新大师克莱顿·克里斯坦森(Clayton M. Christensen)提出的一套理论。JTBD中的Jobs可以解释为"任务""工作"或"问题"。JTBD的中文译名可以为"顾客想要完成的任务"或是"顾客想要解决的问题"。其实,JTBD并非一个全新的概念,它与传统营销学中的Needs、Wants、Desire非常相似,只不过,JTBD更为直观。经由JTBD的分析,可以深挖出顾客购买产品或服务的真正目的(也就是Jobs),可以不被既有的解决方案(产品或服务)所绑架。依克里斯坦森所言,顾客购买的不是产品与服务,他们是在"雇用产品与服务来实现自己需要或想要完成的任务"。
- 注3:此处系指顾客在使用既有或潜在解决方案(产品或服务)来完成他们的JTBD时,对这些解决方案所呈现出来的功能与价值,存在着什么样的预期?这种"预期结果"也可以作为顾客对销售方所提供解决方案是否满意的一种测量方式。

### 思考问题

1. 关于价值主张分析中的核心是将探讨顾客想要完成的任务(JTBD)作为启动点,您是否花点时间去搜集关于JTBD的一些文章或说明,然后,建议与其他朋友或同事分享您的观点,或举例说明。
2. 许多企业将价值主张精练成一篇短文,又称为价值主张宣言,您如果有兴趣,可以花点时间去搜集一些企业(特别是网络型企业)的价值主张宣言,然后,为您参与的产品线或事业思考你们自己的价值主张宣言。
3. 既然价值主张是商业模式设计的核心,您是否可以花点时间,针对您所处的事业,绘出你们事业的价值主张画布,并进而延伸出所处事业的商业模式画布?

# 十、剖析 JTBD 思维与创新战略

在市场变化万千的 21 世纪，创新战略已成为企业获取成长的必修课。创新有快捷的方式吗？有的。只要能掌握到正确的方法与战略，肯定会加快创新成果的产出。

## 一个关于拖拉机的案例

这是过去我在创新教学中所得知的真实案例。这家企业是非常著名的美国农耕机制造商，进军印度市场多年，产品卖得不上不下，当时的团队一直在思索要如何进行产品的改良与创新，以便加速在印度市场的推广。

印度的农业是以小农为主，与美国广阔无比的大农场式经营（农地大、旱地作物、自动化程度高、资本集中、贷款方便）迥异。一开始，这家美国农耕机企业的基本构想是将美国市场畅销的设备卖到印度（属于初级的国际化战略），并配合"灵活动人"的市场营销策略（例如：营销 4P 策略与广告），希望在人口众多且以农业为主的印度市场大展身手。然而，策略构想虽好，却事与愿违，该公司各式各样的好设备在这个新市场里一直都卖不好。

某天，公司的市场营销团队与产品设计团队到印度乡间进行例行的田野调查（Field Survey），希望借由实地观察使用者的使用方式来探讨创新的机会。这个团队由印度的城市前往农村，他们发现了一个有趣的现象。

他们看到一位农夫开着一辆刚买不久的拖拉机（Tractor），正在从住处前往耕地。如图 3.11 所示（此为示意图，非当时的产品），当时，一般用于农事的拖拉机通常前后轮大小不一，后轮比前轮大，这种型式的拖拉机，后轮上方设计有后轮盖，通常设计为半圆弧形，除了防止地上的脏污被行驶中的轮子带起来，也让产品看起来美观又大方。

然而，他们却看到一群人坐在左右两边的后轮盖上，由于后轮盖是半圆形，坐起来肯定会不舒服。更不可思议的是，这个拖拉机车主，在前往目的

图 3.11　半圆弧形后轮盖的拖拉机设计(示意图)

地的路途中,竟然在沿途载客,同时还向"乘客"收取一些费用。

调查团队一路跟随观察,并在农夫抵达目的地后,很好奇地向他询问细节。农夫告诉他们:"在印度乡下并非家家都有交通工具,我每天都要前往农地,反正是顺路,让他们搭个顺风车,另外收点油钱多少有一点补贴,只不过,车子的后轮盖不好坐就是了。"

这个信息太珍贵了!调查团队发现在印度乡下,拖拉机不仅要满足它原本拖拉、牵引其他设备的核心用途(功能),原来还可以"顺便"用作载客的交通工具。这就是一个客户不会对销售方说出口的需求,不同于当初产品

图 3.12　平整的后轮盖设计(示意图)

设计的动力、外型、尺寸等基本功能,这个需求却是真实存在,而且产品在这方面的设计令人不甚满意(坐起来不舒服)。

因此,该公司做了一次小幅度的改进,将较常使用于印度乡间的拖拉机产品型号的后轮盖板上部,由原本的半圆形外观设计成平整的形状,方便"乘客"乘坐,同时还可以选购安装软垫及用作靠背的栅栏(图 3.12)。结果,这个新设计在印度市场大受欢迎。

## 什么是 JTBD(Jobs-To-Be-Done)

JTBD 理论(JTBD Theory)(注 2)是由已故破坏性创新大师克莱顿·克里斯坦森(Clayton M. Christensen)于 1997 年在畅销书《创新者的窘境》(*The Innovator's Dilemma*)里提出而为世人所知晓。JTBD 就是 Jobs-To-Be-Done 的简称,直接翻译可以解释为"顾客想要解决的任务或工作",这里的 Jobs 泛指任何人想要解决的问题或是想要达成的任务。

JTBD 理论认为,顾客因为存在想要完成的任务或想要解决的根本问题,因此,需要"雇用"(Hire)特定的产品或服务来完成这件任务。另外,如果现有的产品或服务无法很好地帮顾客解决他们的问题(或是无法充分满足他们的需求),那么,就存在创新的机会。克里斯坦森教授最常举的例子,莫过于快餐餐厅的"奶昔产品创新案例"。

当时,克里斯坦森的研究团队发现,过去依照市场营销学教科书,将消费者依性别、年龄、消费能力等人口学的角度所做的顾客区隔(Segment)其实是不管用的。结果,他们依据消费者的核心需求来观察,发现许多在每天一大早购买奶昔的消费者想要解决的问题是"如何在长途开车上班的时间内能排解路程上的无聊(JTBD)"。所以,他们想要一种方便食用、有点饱足感、不易弄脏手,同时又可以吃得久的食物,这些都是消费者对这种商品的"预期结果"(Outcome Expectation,简称 OE,又名预期产出结果),预期结果是消费者对不同产品/商品/服务(解决方案)表现好坏的评价标准(例如:奶昔相比红茶,因为浓稠而较有饱足感)。

依据所定义出的 JTBD 及 OE 进一步分析,他们发现奶昔仅是其中一种解决方案,它的竞品(竞争对手)应该是香蕉、贝果、优格等(却不是另外一家快餐餐厅)。他们又发现,下午的消费者以带着小孩一起上餐厅的父母居多,这群父母的目的(或是想要完成的任务)其实只不过是想扮演小孩眼中的好父母(JTBD)，所以，他们借着奶昔来完成这项任务(当然还有其他的产品可以完成这项任务，例如：薯条、游乐场)。到快餐厅帮小孩买一杯奶昔似乎是一种好的选择(解决方案)，不过，许多父母觉得一杯奶昔容量太大，小孩要喝完一整杯奶昔要花太多时间，从而觉得烦恼(一个不满意的Outcome，即完成食用的耗时过长，以至父母在餐厅待太久)。

　　克里斯坦森团队的发现，与传统营销学所谈论的需要(Needs)、想要(Wants)及欲求(Desire)的理论是一致的，但JTBD的理论不会让我们掉入Needs-Wants-Desire的定义之辩中。同时，传统营销学的需求分析是基于顾客声音(VOC: Voice-of-Customer)的理论而来。然而，顾客的需求不仅限于他们自己已知或是愿意告诉我们的那些，还应该包含那些连顾客自己可能都不知道或是说不出口的潜在需求。JTBD理论可以较现有的需求理论更清楚且更容易帮助我们完成创新需求的分析。以拖拉机为例，顾客可以用它来顺路载客(不同于产品主要用途的新JTBD)；或是顾客对产品表现是否满足的属性结果要求(Outcomes)，例如：坐起来要舒适些。

　　这是因为JTBD理论可以帮助我们跳脱过去只专注于因人口属性而做的顾客区隔方式。JTBD理论也能让我们不会跳进大数据的旋涡(容易被大量资料迷惑但仍掉入平均值分析的错误结论)，能真正专注于核心需求/任务(JTBD)的确认，并且评价现有解决方案(产品或服务)的功能或产出(Outcomes)是否符合预期，而不至于迷失在各种花样的创新工具的"迷雾"中。例如：在奶昔的研究案例中，正因为了解了早晨那群为了开车不无聊(JTBD)的消费者，他们需要的产品要能持久(Outcome 1)、车途中方便拿取(Outcome 2)，这些属性都尚未被当时的各种解决方案(不同类型的产品、不同的快餐餐厅)完全满足。研究团队最终的方案之一，就是将不同口味的果干加入奶昔中，并由消费者自己挑选及制作专属的果干奶昔，耐吃又有趣(和珍珠奶茶的概念异曲同工)，进而提升了该餐厅早晨的奶昔销售量。

　　JTBD理论最早源自哈佛大学营销学大师西奥多·莱维特(Theodore Levitt)在他1960年的著作《营销近视症》(*Marketing Myopia*)中所提及的观念。他说："人们不是要买一个1/4英寸(1英寸=2.54厘米)的钻头，他们真正想要的是一个1/4英寸的洞。"当我们把顾客真正"想要解决的问题或任务"(JTBD)了解清楚了，就不会掉入"竞争对手与产品分析"的作业陷阱。

## 如何运用 JTBD 理论进行创新战略分析

创新是一种极耗资源,同时也是失败率非常高的企业活动。正因这种特性,在所有企业都朗朗上口"创新带来企业成长""企业没有创新就没有明天"的现代社会中,如何让创新活动更有效,已成为企业不断追求的灵丹妙药。

创新的解药,包含过去及现在非常流行的 TRIZ(萃思)、平行式思考、设计思维、破坏性创新等,无不吸引着许多企业争相学习,成为现代管理实务的一股显学。然而,诚如克里斯坦森在检讨自己的理论时曾提及:"破坏性创新理论(Disruptive Innovation Theory)的核心,是对传统创新理论竞争性回应的研究。"也就是说,早期关于创新理论的研究在帮助企业明了可能遭到对手哪些颠覆的行为,如何避免采取错误的回应策略,并无法告诉企业如何创造出顾客想买的产品或服务。但是,许多企业不明白这个道理,而盲从于发展各种"所谓的"破坏性创新策略,把破坏性创新当成企业创新的万灵丹。

克里斯坦森认为,相较于许多创新工具仅着重于如何在创新的过程中使创新方案有效,JTBD 理论却可以帮助企业有效进行创新战略的发想,减少创新的投入成本以及减少失败的可能性。基于 JTBD 理论的研究更可以帮助企业找出顾客愿意说出口及不愿说出口(或无法说出口)的需求,进行完整的分析。我在企业传授创新课程多年,充分认同克里斯坦森的见解,本文的拖拉机案例,就是 JTBD 理论的功效之一。

关于运用 JTBD 理论进行创新战略的分析架构也有许多种。包含从新市场/既有市场与 JTBD 的分析,也包含了著名的商业模式画布(Business Model Canvas)中的顾客价值主张(Customer Value Proposition)分析。

由于篇幅有限,本文仅介绍来自知名创新管理畅销作家安东尼·W. 伍维克(Anthony W. Ulwick)在他 2016 年的著作《JTBD 用途理论与实务》(*Jobs To Be Done: Theory to Practice*)所介绍的创新战略分析架构,也称为"JTBD 创新成长战略矩阵"(Jobs-To-Be-Done Growth Strategy Matrix)。

伍维克的"JTBD 创新成长战略矩阵"分析过程,第一步是要求企业对现有产品/服务(包含市场上的竞争对手产品,或企业想投入的新类别产品)的所有 JTBD 与其属性的预期结果(Outcomes)必须进行完整的需求分析。通过这个创新需求分析,企业将对该类产品的需求在既有市场中为顾客所接受的程度进行清楚的研究（就如同奶昔的案例般），在完成顾客对这些需求在其心中的重要程度与满意程度的调查后，可以计算出创新机会值（注3），然后将这些JTBD及Outcomes（产品属性）归纳成三大类创新机会，并标示于"创新机会方格"（Opportunity Landscape，如图3.13所示）。

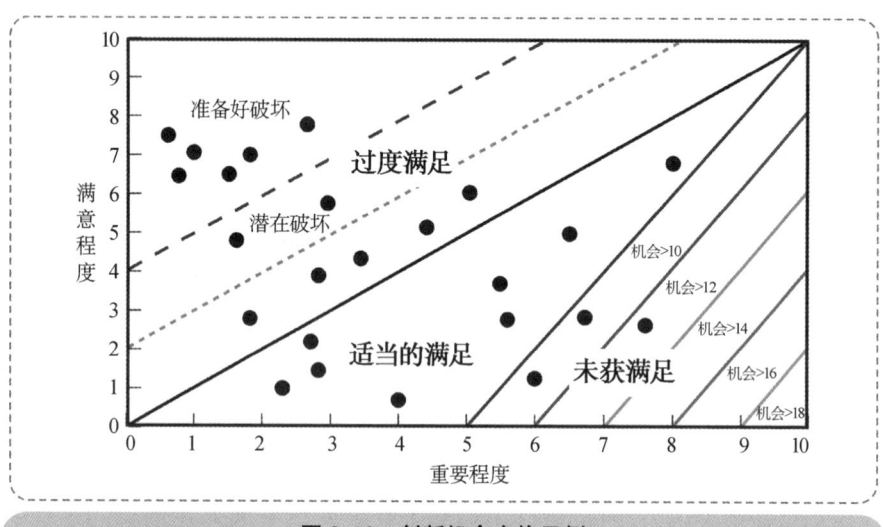

图3.13 创新机会方格示例

### 三大类创新机会

**过度满足(Over-served)**：这些JTBD或Outcomes被顾客视为低重要度但现有解决方案却已让顾客有着水平以上的满意度，对于这类低重要度、高满意度的机会，我们可以考虑采用破坏性创新策略。例如：优步(Uber)对于大城市出租车叫车服务模式的破坏。

**适当的满足(Served Right)**：顾客在乎（重要）的属性满意度高，不在乎的属性亦未过度强调或提供，位于这类别的JTBD或Outcomes，其重要度与满意度相互匹配，因此，并非我们优先考虑的创新机会。例如：智能手机上的社交App所提供的功能或是手机Wi-Fi连网的速度。

**未获满足(Under-served)**：目前市场中的产品或服务所提供的功能或属性，被顾客视为重要，却未能得到满意的解决，这种高重要度、低满意度的类别，将是优先进行创新的机会。例如：早期手机照相的功能与价格比、屏幕的大小与手握尺寸比。

各位如果有兴趣进一步了解JTBD/Outcome分析及机会方格图的使用，可以参考克里斯坦森所著《创新者的窘境》。在经过前述的JTBD/

Outcome需求分析后，企业在进行创新项目前，可以先完成创新机会的分析，确定现阶段创新的优先方向，才能确保资源的有效运用，以及创新项目的成功。

## JTBD创新成长战略矩阵

伍维克所提出的"JTBD创新成长战略矩阵"基于两个维度，并区分成五个主要战略（图3.14）。两个维度分别是：

Y轴：是否强化功能或性能的表现，或提供更多或较少的功能与性能；分成完善任务（Get Job Done BETTER）、减少性能（Get Job Done WORSE）两个水平。

X轴：是否增加产品或服务（解决方案）的收费；分成增加收费（Charge MORE）、减少收费（Charge LESS）两个水平。

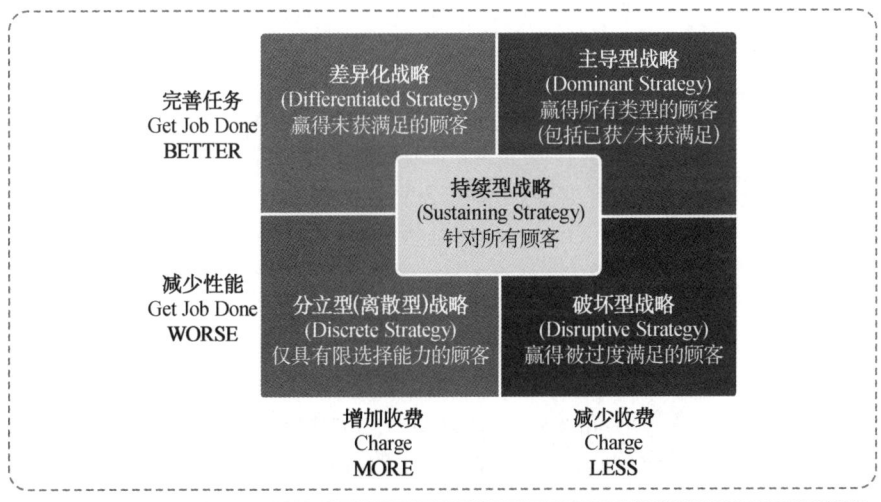

**图3.14　JTBD创新成长战略矩阵**

取材自 *Jobs To Be Done: Theory to Practice* 一书

由这两个维度定义出五个主要的创新战略。

**1. 差异化战略（Differentiated Strategy）**

如果企业选择提供较好的性能并且增加收费的产品/服务，那么，企业应该锁定那些未获满足的顾客作为目标顾客群进行创新。由于现有市场中的解决方案未能满足他们的需要，因此，这些顾客愿意多付出以换取更好的产品或服务来解决他们的问题。这时,我们可以采取"差异化战略"。

在实施差异化战略时,企业所提供的产品或服务一定要与现有的产品或服务有着明显的区别或改进,才能吸引顾客付出更多代价来购买企业的解决方案。例如:当雀巢(Nestlé)推出咖啡胶囊(Nespresso's Coffee)及胶囊咖啡机时,虽然售价高,但因为提供了更为便利与口味更佳的意式咖啡,为雀巢创造了巨大的营收。

**2. 主导型战略(Dominant Strategy)**

如果企业选择以较低的价格提供较多的功能或是性能较好的产品/服务,伍维克认为此种策略适用于所有类型的顾客,他称之为"主导型战略"。

采取此类型策略必须要让顾客明显感受到功能或性能的提升,以及足够明显的价格差异。例如:谷歌(Google)的搜寻引擎服务,提供了强大的网络搜寻功能并且完全免费的服务,让当时的霸主网景(Netscape)、雅虎(Yahoo!)都立刻败下阵来。

**3. 破坏型战略(Disruptive Strategy)**

如果企业选择提供较差的性能或较少的功能进行产品/服务的创新,那么,这种创新将适合于那些被既有解决方案过度满足(Over-served)的顾客,或尚未使用既有产品或服务的顾客(Noncustomers)。在克里斯坦森的分类定义中,这类非顾客(Noncustomers)是指那些无法接触到现有解决方案的族群,或是那些存在着待完成的任务(Jobs),但是没能力承担现有解决方案的族群。

若企业进行JTBD/Outcomes机会分析时发现有这么一群顾客存在,则企业可以提供一套新产品或服务,让这群顾客能以更低的代价开始采用,以解决他们既有的问题(JTBD)。但有一点,那就是在一开始,这种新的产品或服务的功能或性能绝对比不过现有解决方案。

例如:当初谷歌(Google)刚推出在线文档服务(Google Docs)时,相较于微软的Office软件,Google Docs既简单又缺少许多功能,但是,它却能为那些买不起微软Office的消费者(或是那些不愿意被微软绑架的消费者)提供简单的在线版文书编辑功能,而且免费。日后,谷歌(Google)逐渐强化Google Docs的功能与方便性(包含与微软的档案兼容及档案共享),虽然现在仍然是免费,却已成为安卓系统的档案编辑器的基石,强化了安卓产品消费者的信心。

### 4. 分立型(离散型)战略(Discrete Strategy)

这个策略类型指的是企业提供较差的解决方案(功能与性能)，却收取较高的费用。其实这是一种有限的战略选择，仅适用于那些不具替代方案选择能力的顾客，属于非常特殊的战略选项。

企业选择分立型战略，代表着企业的目标是对准那些有着限制性(Restricted)选择能力的顾客，他们存在着要解决的问题或任务(Jobs)，但可选择性有限，并且愿意付出高价来完成。例如：候机室内的乘客如果想要用餐或购买饮料，标价皆较市面上的产品高，就是明显的例子。

### 5. 持续型战略(Sustaining Strategy)

许多产品/服务在市场中的定位不上不下，战略大师迈克尔·波特(Michael E. Porter)称之为"卡在中间"(Stuck in the Middle)。意谓企业仅能提升一小部分的功能或性能以维持既有售价，或是做一些改进以降低售价。

这种创新属于持续性创新的范围，适合于维系现有顾客的消费，但对于吸引新顾客入门没有太多贡献，这不是一个很好的创新战略，却为许多市场中的现有企业所采用。例如：Apple 过去推出新款 iPhone，增加新功能却维持原售价即为一例，然而，一旦 Apple 有了突破性的创新，则会增加售价(例如：当其推出 5.5 英寸屏幕手机或推出 Face ID 面容识别功能时)。

因为许多企业都同时存在着不同的产品类别(或产品家族)，因此，上述的创新战略比较适合以产品类别或产品家族来进行思考。如前所述，基于 JTBD 思维为核心的创新战略也有着不同的模型与见解。

我们都知道，好的战略模型能帮助我们进行战略分析与思考。俗语说"万变不离其宗"，只有当我们真正掌握问题的本质时，这些战略模型就是最好的助力。而本文所介绍的战略模型的本质就是 JTBD(Jobs-To-Be-Done)理论。

## 注释

▶ 注1：原文《如何借由JTBD思维进行创新战略》刊登于"经营洞察力论坛"2017-11-15。

▶ 注2：在克里斯坦森等人所著的 *Competing Against Luck* 中文版里，把 JTBD Theory (Theory of Jobs To Be Done)翻译成"需要完成的任务"理论，本书仍继续使用

"JTBD 理论"。

▶ 注3：依伍维克及克里斯坦森的解释，任一个产品/服务不会仅有一个JTBD，每一个JTBD被顾客评价出的满意度与重要度可经由李克特5点量表（5-Point Likert Scale）设计的问卷获得，再将被评为极其满意及非常满意（5分及4分）所占百分比视为得分（例如：合计有75%的顾客评价为5分的极满意与4分的满意，因此该项JTBD的满意度得分为7.5分）。然后依"机会＝重要程度＋最大值[（重要程度－满意程度），0]"的公式，计算得出创新机会值。

### 思考问题

1. 在本文提到的奶昔案例中，关于"作为一个孩子眼中的好父亲/母亲"这个JTBD，您认为的解决方案有哪些？请与您的朋友分享见解（有兴趣的读者可以在网络上查询与《奶昔的创新》相关的文章）。
2. 小米当初推出的手机被许多人称之为"破坏性创新"，经过本文的探讨后，您是否认为它仍属于破坏式创新的典范？如果是，请与其他人分享您支持的意见；如果您不这么认为，请列出您的见解，并分享给其他成员。
3. 对于五项创新战略，您是否可以再举出一些案例来？并与其他团队成员分享及讨论。

# 十一、创新战略的好工具——战略画布

畅销书《蓝海战略》(*Blue Ocean Strategy*)的两位作者金伟灿(W. Chan Kim)及勒妮·莫博涅(Renée Mauborgne)认为,企业不必陷于低成本或差异化的战略选择,应该要找出自己的独特性,才能避免陷入"红海市场"的竞争困境。

## 什么是"战略画布"

"战略画布"(Strategy Canvas),有人译为"战略草图"或"战略布局图",是由金伟灿及莫博涅两人在《蓝海战略》一书中所提出。本文将使用"战略画布"一词。

所谓"蓝海战略"(Blue Ocean Strategy),指的是企业可以经由一定的步骤与方法,发想出兼顾低成本及差异化的经营战略,跳出围绕在价格(低成本)及功能(差异化)的"红海竞争"(Red Ocean Competition)困境,带领企业找到不存在或极少竞争对手且有利可图的新现实,由于是属于企业自行定义的市场(或市场区隔),有别于过度竞争、血流成河的"红海",因此称之为"蓝海市场"(Blue Ocean Market)。

"战略画布"是一种简单但功能强大的视觉化市场分析方法,它由两个轴所构成,其中,列于水平轴($X$轴)的是"关键竞争要素"(Competing Factors),列于纵轴($Y$轴)的是客观认定或主观期待的"绩效(或价值)水平"。工作团队可以通过这个分析工具来了解特定市场中,既有或潜在的竞争对手(企业或品牌),就其产品、服务或解决方案(可以简单理解为"价值主张",即Value Proposition)为顾客所提供的价值现况进行评价。将每一个被列入的分析对象(产品、服务或解决方案)的价值评价结果绘制成折线图,称之为"价值曲线"(Value Curve);所有分析对象的价值曲线图被放在同一张画布上,则构成战略画布(图3.15)。

通过战略画布,我们可以了解本身与比较对象间在战略构想上的异同处,并通过对现有价值主张进行诊断,以发现未开发过的创新机会,进而发想出低成本及差异化二者得以并存的发展战略,有效提升顾客价值并创造利润。

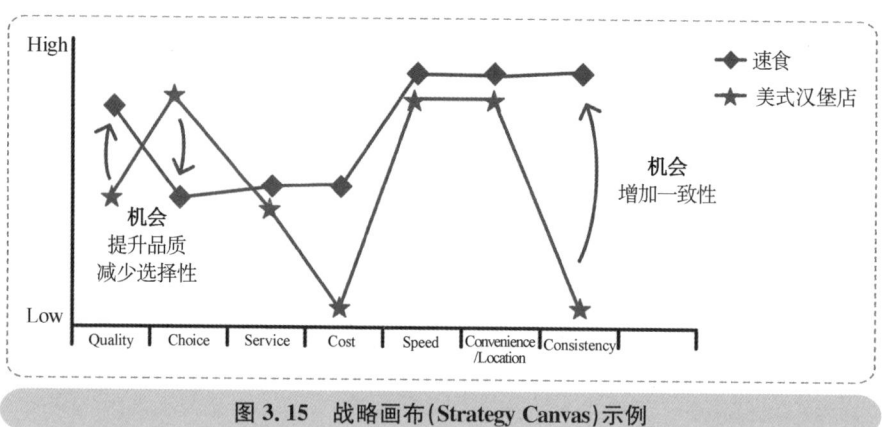

图 3.15　战略画布(Strategy Canvas)示例

## 六个步骤完成"战略草图"

工作团队可借由六个步骤(图 3.16)完成一份现况分析的"战略画布"。这些步骤说明如下。

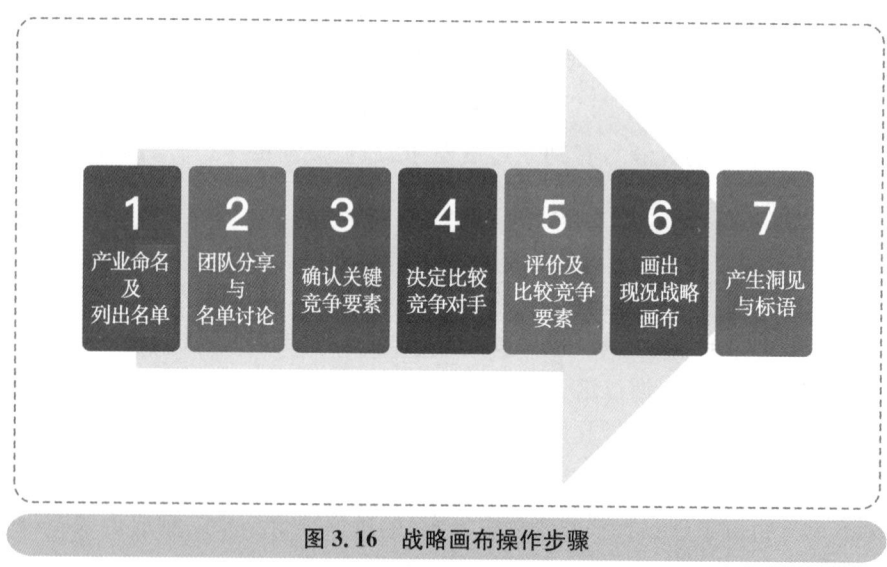

图 3.16　战略画布操作步骤

**步骤 1 到步骤 3:主要是定义出列于水平轴的关键竞争要素**

什么是关键竞争要素呢?竞争要素指的是产业内的对手们(包括自

己)。为了与对方产生差异化或有效地竞逐市场,会对其产品、服务或解决方案进行投资或资源投入,其中的关键项目,即我们所定义的关键竞争要素。这些竞争要素的目的,主要是满足顾客的需求、提供顾客价值,或是替各自的价值主张带来差异化。

关键竞争要素可以是产品与服务的重要属性(Attributes)或参数(Parameters),而且是顾客挑选价值主张提供者的考量关键。因此,必须从客户的角度来说明。例如:在分析手机产品时,"产品的厚薄"会是顾客重视的一个关键属性,若由顾客的角度,写成"细薄度"会比"厚度"来得更为贴近顾客的观点。也要避免专业用语,如鞋子的"舒适度"就比用"中底的厚度"的表达来得恰当。"方便使用"就比"尖端的IT科技"来得合适。另外,来自顾客对产品与服务的消费体验之预期结果(Outcome Expectation)或获益(Gains)也会是很好的思考点,例如:容易操作、耐久性、服务好等。虽然,"价格"比较像是供应方的用语(对顾客而言,比较合适的用语会是"负担能力"),金伟灿及莫博涅仍然建议以"价格"来描述这项竞争要素。

**步骤1**及**步骤2**的工作重点,是在确认分析的对象,组成合适的工作团队,并且借助团队的合作,讨论及归纳出待选的竞争要素,通常我们会使用亲和图(Affinity Diagram)来进行步骤2的名单汇总。在**步骤3**,我们接着依优先度及重要性筛选出关键竞争要素;金伟灿及莫博涅建议关键竞争要素最好介于5~12个之间,其中,价格通常列成第1顺位(由图的左侧起算),因为其他的竞争要素为顾客带来的是价值(Values)。

**步骤4:决定比较竞争对手**

绘制战略画布的目的之一,即通过与竞争对手在关键要素的表现(由顾客的角度)进行评价,通过对彼此的价值曲线进行比较及观察,来诊断目前的竞争态势,作为战略创新的基础。在有限的空间上,我们并不寄望将所有的竞争对手列于其中,因此,可以参考以下原则挑选比较对象:

1. 建议将业界领导品牌/企业优先挑入。
2. 包括本身,最好限制在三家(或品牌)以内,避免图形过于凌乱。
3. 如有需要,可将业内具不同竞争战略的对手、业外强而有力的新竞争者,或是具有不同解决方案的对手挑入。例如:廉价航空龙头"西南航空"就把"自行驾车"放入比较,因为两者都是在解决短程商务旅行。

**步骤5:评价及比较关键竞争要素**

战略画布的纵轴(Y轴)表示的是关键竞争要素的绩效表现(水平)评价,

一般我们会进行评分,建议使用李克特5点量表(5-Point Likert Scale,也可用其他的分数区间,如10分制):0分代表不具备或完全不足、1分表示非常低(低)、3分表示平均(中)、5分表示非常高(高)。

团队在进行评分时可以采用团队共识决或是平均值。只是,若采用平均值,最好去除偏离较大的异常值,以免所得到的平均值没有代表性。在与竞争对手作关键竞争要素的比较时,请尽量从顾客的角度,要避免以本身组织(或供应商)的主观性角度来进行绩效的评价及给分。

**步骤6:画出现况战略画布**

将每个比较对象的绩效水平得分由左而右连成一条折线,所有折线绘制于同一张页面上,就完成了一张战略画布;通常,"价格"会被置于X轴的左边第一位,这代表着其右边的各要素即顾客在付出价格后所获得的主要结果,或是所得到的价值。所连接起来的这条折线,我们称之为价值曲线,代表着该企业对既有价值主张的战略布局与选择。

举个例子说明:一间汽车保养厂想要分析业界的竞争现况,得到了10个关键竞争要素,由左而右分别是:①价格;②便利性;③态度;④速度;⑤作业品质;⑥店铺整体状况;⑦创新能力;⑧技术先进性;⑨同区域覆盖率;⑩品牌知名度。他们分别挑选了一家"高端品牌"及一家"普通品牌"从业者,共三家进行比较,经过步骤1至步骤6,完成"汽车保养厂战略画布现况分析"的绘制,如图3.17所示。

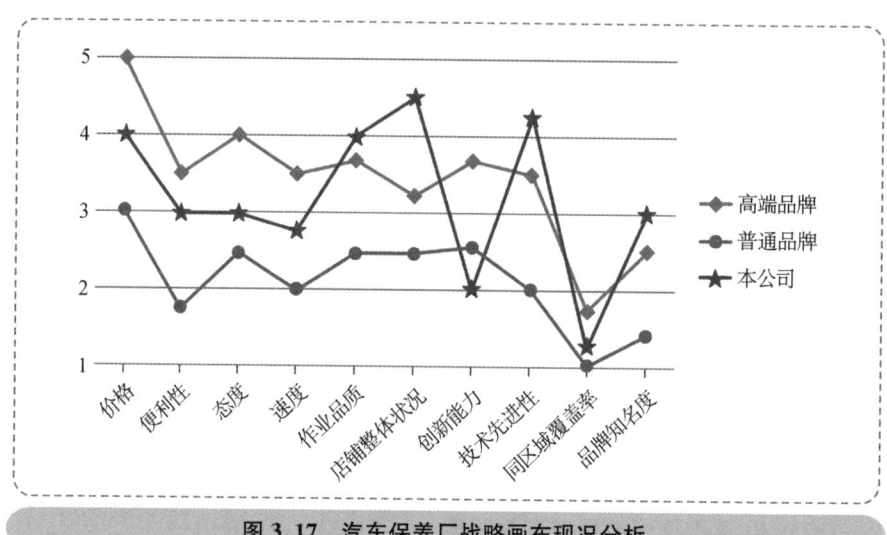

**图 3.17 汽车保养厂战略画布现况分析**

完成战略画布的绘制后,**步骤 7 则是分析作业**。我们若诊断现况策略画布,可以发现:如果每家从业者的价值曲线轮廓都不尽相同,那么,代表着大家各取所需即可。然而,事实并非如此,许多时候产业内的价值曲线会出现与业界领先者一致的现象,只是在绩效水平的得分上有差异。这代表市场从业者呈现"战略趋同性"(Strategy Convergence)及竞争性,出现这种在相同路径上竞争的现象,最终将陷入"红海"的灾难而无法自拔。工作团队于完成"战略画布"后,可以将个人观察的结果及洞见写下来,择期分享。

## ERRC 战略行动框架

金伟灿及莫博涅的《蓝海战略》认为价值创新的战略思维是在引导企业辨识出,在传统的竞争范围内,顾客或买方所共同重视的竞争要素有哪些,然后重新建构既有市场的关键要素。借助他们所提出的四项战略行动框架,可帮助我们思考降低成本及提高差异化的战略选项(Strategic Options),目的在同时达到差异化和低成本,为客户和企业本身创造突破性的价值。这四项战略行动框架简称为 ERRC,分别是四项分析行动的英文缩写:消除(Eliminate)、减少(Reduce)、提升(Raise)及创造(Create),如图 3.18 所示。

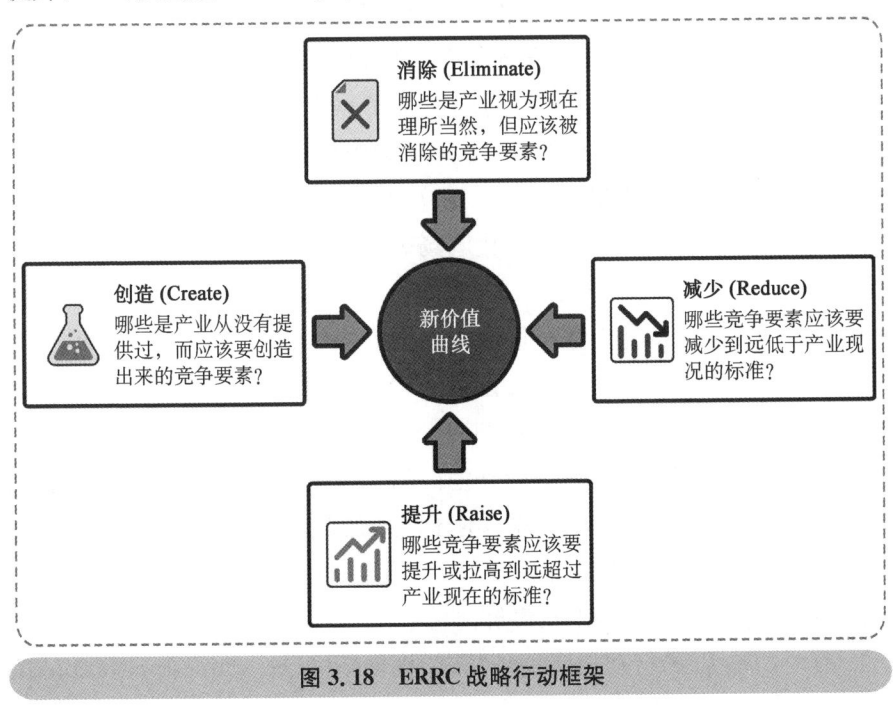

图 3.18　ERRC 战略行动框架

**E：消除（Eliminate）那些理所当然但应被去除的要素**

我们可以思考：有哪些竞争要素被产业视为现在理所当然存在的，但其实是不必要的，而且不会带来很多价值，应该可以从我们的价值主张中去除？

例如：在太阳马戏团（法语：Cirque Du Soleil）的创新案例中，经过产业竞争要素的诊断后，他们发现，一向被认为马戏表演不可或缺的动物表演，因为当时世界上反对利用动物表演的声浪日益高涨，再加上儿童观众因为电视、电玩等其他游戏的风行而减少，主要的顾客变成成年人，而动物表演为成年人创造的娱乐效果并不重要。因此，太阳马戏团决定去除动物表演的竞争要素，这个战略也为他们减少了因饲养动物、维护和运输相关的成本。

另一个例子就是苹果在首次推出 iPhone 手机时，淘汰了当时所有手机都必备的实体键盘，而改成触控荧幕的输入。

"消除"要挑战的对象是理所当然、大家都如此的竞争要素，一旦选择了"消除"行动，可以带来成本降低的好处，也可以刺激出创新的做法，提供后续思考"创造"行动的好机会。

**R：减少（Reduce）那些被过度设计或服务过度的要素水平**

在这个行动里，我们要分析出哪些竞争要素应该要减少（或降低）到远低于产业现况的标准。这些竞争要素有时太过于竞争，也太耗成本，通过"减少"行动，可以借以降低市场竞争仍然需要的成本。

例如：传统马戏团常以危险的动作及高难度特技杂耍刺激现场观众。激烈的竞争下，当时业界往往必须创造更多刺激有趣的噱头来压倒竞争者，成为行业经营的成本困境。然而，太阳马戏团选择减少马戏表演的惊险与刺激的片段，另辟战场，再加上现代剧场表演节目，吸引到那些原本不看马戏的顾客。

曾经风靡一时的任天堂 Wii，也是一个很好的例子。在索尼（SONY）的 Play Station 及微软（Microsoft）的 Xbox 带头提升游戏的画面拟真程度与高画素时，任天堂（Nintendo）的游戏机 Wii 则选择将"图形处理能力"这个竞争要素的水平降低到远低于市场的其他产品。因为对于他们的目标市场（儿童和老年人）来说，一流的图形效果对于游戏的满意度并不重要。低于平均水平并带有漫画图像的图形显示，反而对其目标顾客更具吸引力，同时也大幅降低了产品开发成本与游戏售价。

有时，"减少"的行动战略也是"破坏性创新"（Disruptive Innovation）的创意来源。

**R：提升（Raise）那些顾客当下被迫妥协而不得不接受的要素水平**

"提升"行动的适用对象，是那些当前无法满足市场需求的关键竞争要素，一旦决定要提升该竞争要素的水平，就应思考如何拉高到远远超过产业目前的标准。

例如：当许多马戏团业者为了节省成本而放弃使用帐篷时，太阳马戏团却选择反其道而行。他们认为，帐篷在观众心中是马戏团的象征符号与他们对马戏团的既定印象，因此决定保留帐篷为表演场地，但是，他们同时舍弃过去的硬板凳及简陋内装，把帐篷装饰得非常精美，大幅提升表演环境的质量与场地的舒适度。

当初苹果的 iPod 也提供了一个很好的例子，苹果为 iPod 设计了 iTunes，方便消费者购买想要的音乐，让消费者很轻松地将所有音乐存在计算机中，也可以很轻松地将计算机中的音乐移动到 iPod，相较于当时的 MP3 装置，苹果让消费者通过简单的操作，很轻松地管理他们的音乐与播放机。后续苹果的 App Store 也是这个概念的延续，所创造的利润已逐渐凌驾手机硬件的利润。

"提升"是相对较容易的策略行动，要注意的是，如果操作不当，它会增加成本，却无法产生真正的差异化。

**C：创造（Create）出能够超越现有价值并吸引潜在顾客的要素**

经由深入了解市场的现况，以及顾客未说出口的需求；此处的分析对象包括现有顾客、随时可能离我们而去的现有顾客，以及那些"非顾客"。分析的结果可以帮助我们发现存在着哪些竞争要素是所处产业从未提供过，而我们应该要创造出来，这也是一种创新战略的来源。有时，搭配"消除"行动战略，也可以作为创新的创意来源。

例如：在以往，马戏团的表演只是一个又一个单独且无关联的表演桥段，为了打造有别于传统马戏团的节目内容，太阳马戏团向百老汇取经，在传统马戏表演中增加了舞蹈、歌曲和原创音乐等元素，并把特技表演串成充满起承转合情节的节目。精心设计出主题、故事，以及与之相衬的马戏特技，增加了整体娱乐价值，并吸引了许多成年妇女观众。

再看另一个网飞（Netflix）的例子，随着"视频点播"（Video on Demand）及"流媒体服务"（Video Streaming Services）平台的兴起，当时著名的从业者 HBO 转型自行制作高口碑美剧及电影，吸引了许多新的订阅者。那时，美国有线电视每周播出一集高水平的戏剧，成为当时业界的竞争要素。为了商业竞争，Netflix 也开始构思自制戏剧节目，深入了解到消费者已经对每周一集的观影模式感到厌倦，宁可等全剧在有线电视频道播毕后，再到点播频道一次看完。Netflix 观察到这种潜在需求，当他们于 2013 年推出第一部自制美剧《纸牌屋》(House of Cards)时，便做出将全剧一次上架的决定，创造话题也吸引了许多新的订阅者。随着 Netflix 大量自制高质量节目的推出，当时这个一次上架的策略帮助 Netflix 快速推升至产业龙头地位。"一次上架的模式"也创造出"追剧"(Binge-watch)这个时髦的动词。

## 战略画布的案例与限制

我们以本文太阳马戏团例子来说明 ERRC，当时的产业龙头是一个名为玲玲的马戏团，经过产业现况分析，定义出价格等 8 个关键竞争要素，并将当时的产业龙头"玲玲马戏团"(Ringling Brothers Circus)及"地区马戏团"为比较的对象，绘成"太阳马戏团"的战略画布。

经过市场分析，透过 ERRC 行动战略，太阳马戏团保留了传统马戏团的 3 个核心元素，帐蓬、小丑、传统杂耍，"消除"了场内叫卖及动物表演，"减少"了惊险刺激的表演，"提升"了表演场地的质量及舒适性。通过"消除"明星演员及动物表演，却"创造"出富有主题的节目及同时有多套不同主题的节目得以在世界各处表演。由图 3.19 的新版战略画布，可以看到这些竞争要素的变化。最终，由于吸引到原来不看马戏表演的全新顾客群愿意花上比传统马戏团门票贵上好几倍的金额，来体验前所未有的娱乐表演(注 2)。

简要来说，我们可以理解，"消除(E)"与"减少(R)"代表的是降低相对于竞争对手的成本，而"提升(R)"与"创造(C)"代表的是促使组织或品牌创造出大幅跃进的顾客价值。"战略画布"及"ERRC 战略行动框架"不仅用于企业战略创新的工作上，对于产品与服务的创新工作，也有着非常好的应用，大家可以试试。

虽然这个工具简单易使用，它也有许多的限制，最大的限制就在于：工作团队必须依靠自己对于市场的观察，以及对于"目标顾客"与"非顾客"的了解，才能产生足以影响竞争要素的战略，否则，仅凭团队的头脑风暴，靠着既有的经验与认知，将无法产生足以采取行动的战略创新。

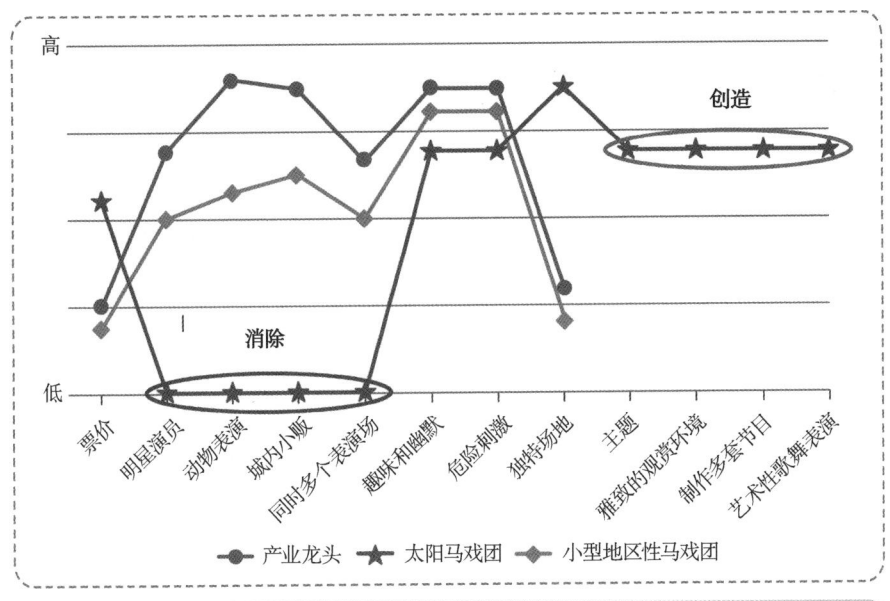

**图 3.19　太阳马戏团战略画布**

选自：*Blue Ocean Strategy*

## 注释

▶ 注1：原文《战略创新的好工具——"战略布局图"》刊登于"经营洞察力论坛"2020-09-30。

▶ 注2：本文中的太阳马戏团案例，部分内容取材自《蓝海战略》。此外，虽然该公司近年由于新冠疫情的冲击曾经出现财务危机，但不影响我们关于其创新案例的学习。

## 思考问题

1. 经由本文的介绍，相信您已能够基本掌握战略画布及ERRC的内涵与操作步骤，建议您邀集团队成员，以您的产品，或是自市场挑选一名创新者，试着用本文的工具，完成他们的价值曲线及战略画布，并分享心得。
2. 本文提到，战略画布由金伟灿及莫博涅在《蓝海战略》这本书提及，如果各位有兴趣，建议重温一次这本经典著作，搭配本文，或许可以有新的体会与心得可以分享。
3. 关于ERRC的四个行动战略，请您的团队再各举出1~2个可以说明ERRC内涵的真实案例，以便能深入地掌握ERRC。

note

# 第四章
# 战略与战略分析工具

没有尽善尽美的战略决策,人们总要付出代价。对相互矛盾的目标、相互矛盾的观点及相互矛盾的重点,人们总要进行平衡。最佳的战略决策只能是近似合理,而且总是带有风险的。

——彼得·德鲁克(Peter F. Drucker)

十二、好的战略要有独特性

十三、超级小狼的启示——战略分析是有极限的

十四、经营战略之父安索夫和他的武功大法

十五、好用的事业战略工具——ADL 矩阵

# 十二、好的战略要有独特性

许多朋友看到有些顾问公司举办海外企业参访团,参访的内容深浅不一。但是,凡是到过日本丰田公司(Toyota)参访的朋友们,都对丰田公司"关于他们丰田式生产的介绍知无不言"印象深刻。

他们问了我一个相同的问题,那就是:"为何丰田要那么'无私的'把他们的管理方法告诉我们,并对我们进行指导呢?"这是一个好问题,不晓得各位对于这个问题有什么样的见解与看法?

## 运营效益的提升不是一个真正的战略

类似的问题也常发生在我的工作中。我多年来指导许多企业导入精益六西格玛(Lean Six Sigma,简称 LSS),各位也都知道,精益生产源自丰田式生产系统(Toyota Production System,简称 TPS),而六西格玛则源自摩托罗拉(Motorola),并由通用电气公司(GE)当时的 CEO 杰克·韦尔奇(Jack Welch)将它发扬光大。许多企业在实施 LSS 后获得了很多好的结果,当然,也有更多企业是以失败告终或实践中断。

当我向许多企业高阶主管及主办单位介绍 LSS 时,最常遇到的是来自企业高阶主管关于"那些成功企业如何实施 LSS"的询问。面对这种问题,我心中的矛盾在于,是要详尽地介绍知名企业如何实施 LSS,还是聚焦于分享企业成功实施 LSS 的真正关键及洞见?

上述企业参访或是成功案例的学习,其实都是企业在追求成长与成功过程中的必经之路。就如同,如果有人想要学习"何谓创新",是否去报名参加 2017 年在中国几个大城市非常流行的"设计创新"影片分享会,或是参观颇有成效的企业,就可以一探成功企业如何实施创新的作为?这些观摩式学习其实有一个名称,我们称之为标杆学习(Benchmarking)或是最佳实践(Best Practice)。这种学习模式,对于一些新的管理方法或是好的管理系统,算是一种不错的学习步骤。如果与见习对象之间的管理能力和经营效益存在较大的差距,直接向对方学习并复制一些做法也是不错的开始;毕竟,"先求有再求好"也是一种有效的管理作为。然而,对于一些有一定规模的企业,在面临较大的内外部竞争压力时,如果想要为自己寻求未来成长的竞争战略,或是想借着实施一些先进管理工具或方法以实现成长或提升经营效能,最好在进行最佳实践式的复制前,先好好审视战略的本质。

首先,我们来聊聊战略(Strategy)及战略规划(Strategy Planning)的内涵与定义。我在授课时会先告诉学员,战略其实指的是如何实现目标的作为,因此,如果组织有了未来的目标,那么,战略规划就是在回答组织要如何(HOW)实现这个目标。

不过,这可能是一个比较狭义的解释。从广义的角度来看,战略规划的范围应包括战略思维(Strategic Thinking)、战略分析(Strategy Analysis)、目标制定(Objective Setting)、战略展开(Strategy Deployment),以及战略执行(Strategy Execution)等一系列的工作。

有趣的是,有时候战略与目标会成双成对地出现,例如:如果组织有一个三年目标,那么,年度目标也可以被视为实现三年目标的战略。总经理关于年度目标的做法,对他而言是总经理战略,但对于其所属的部门主管而言,定义总经理战略的成功指标与目标,却可以被设定为部门主管的目标。这种逐级展开(Cascading)的特性,也是目标管理(MBO)或方针管理(Hoshin Planning)的特质。

其次,大家一定很好奇:"什么样的战略才是一个好战略呢?"战略大师迈克尔·波特(Michael E. Porter)在1996年发表于《哈佛商业评论》的一篇知名文章《什么是战略?》(*What is Strategy?*)中提到,竞争战略所要探讨的,其实是关于差异性(Difference)的问题。所谓的差异性,波特认为:"企业所从事的活动,必须要选择以与竞争对手不同的方式来执行,或是实施与竞争对手不同的活动,否则,战略不过是一句营销口号,禁不起竞争的考验。"因此,波特说:"战略定位(Strategic Positioning)的本质是在选择与竞争对手不同的活动。"

## 好战略的本质在于差异化

我们现在回过来探讨并分析本文一开始所提出的日本丰田工厂参访的

案例。对于参访者而言，如果参访的目的在于了解丰田式生产或是精益生产的精神，抑或是实施的样貌，那么，我相信在丰田"无私的"帮助下，应该足以值回票价，并且可以对丰田生产系统有完整且深刻的印象，帮助企业坚定实施的决心。同样，如果企业组建最佳实践的企业参访活动，只要挑选的对象是合适的，同时也注重行程前的准备及事后的内部反馈分享，相信也能够达到学习管理方法的效果。

不过，这马上又延伸出来一个问题，那就是关于某些管理方法是否要导入企业施行，或是要如何成功实施的问题。关于是否要于企业导入某些管理方法，如 LSS、ERP（企业资源规划系统）、QCC（品管圈）等可以降低成本、增加效率、提升质量的管理工具或方法论，包括基于此所建立的管理系统。波特认为，如果企业在质量、交期、成本等层面上还不如竞争对手，不要想太多，赶快去做吧。因为，这些管理工具是企业运营的基础，企业运营体质不改善就等于落后、没有竞争力。不过，波特也表示，企业实施了这些管理方法，不代表就可以超越竞争对手或是具备独特的竞争力。天下没有这么便宜的事，因为这些提升质量、交期、成本的管理方法仅能算是运营效能的提升，而运营效能的改善并不能算是"真正的战略"，除非能把它做到极致。

进一步说明，如果在产业内大家一股脑儿地只做相同的事，只追求相同的运营效能作为，最后，彼此将是无差异的存在，最终将走向相互毁灭的地步。波特称这种现象为"竞争合流"（Competitive Convergence），也是一种战略趋同（Strategy Convergence）的表现。到最后，这个产业将会出现许多并购以减少产业内的竞争压力。2011 年，日本松下（Panasonic）将旗下的三洋电机（Sanyo）白色家电事业部门卖给海尔（Haier），就是产业内一个血淋淋的案例。其实，波特还提出了三个基本战略（Porter's General Strategies），由于篇幅限制，本文暂不触及。

## 什么是战略适配（Strategic Fit）

再来谈谈，为何丰田愿意对外推广他们的管理模式，同时，也不怕大家"偷学"呢？

在波特曾经研究过的许多成功及失败案例中，他最常举的例子就是西南航空（Southwest Airlines）如何在 20 世纪 80 年代美国航空业不景气时还能持续成长并获利。他将西南航空的成功归因于其独特的自我市场定位（西南航空为注重价格和便利的旅客提供服务），具备一组独特的内部活动系统，而这些活动系统能够很好地相互适配或契合（Fit）（又称作"战略适配"Strategic Fit）。

例如：当时西南航空的机型只有波音737（目的是让维修团队的作业单纯），加上机上不供应餐点、不转运行李、不飞长程航线，再搭配选择二线城市的航站、可以让飞机在落地15分钟后开放登机等策略。此外，还有许多措施及活动，围绕其市场定位，并良好地契合在一起，无法被分别看待及切割。这些策略的结果呈现在良好的劳资关系、较低的成本及较高的效率上，得到良好的获利（图4.1）。

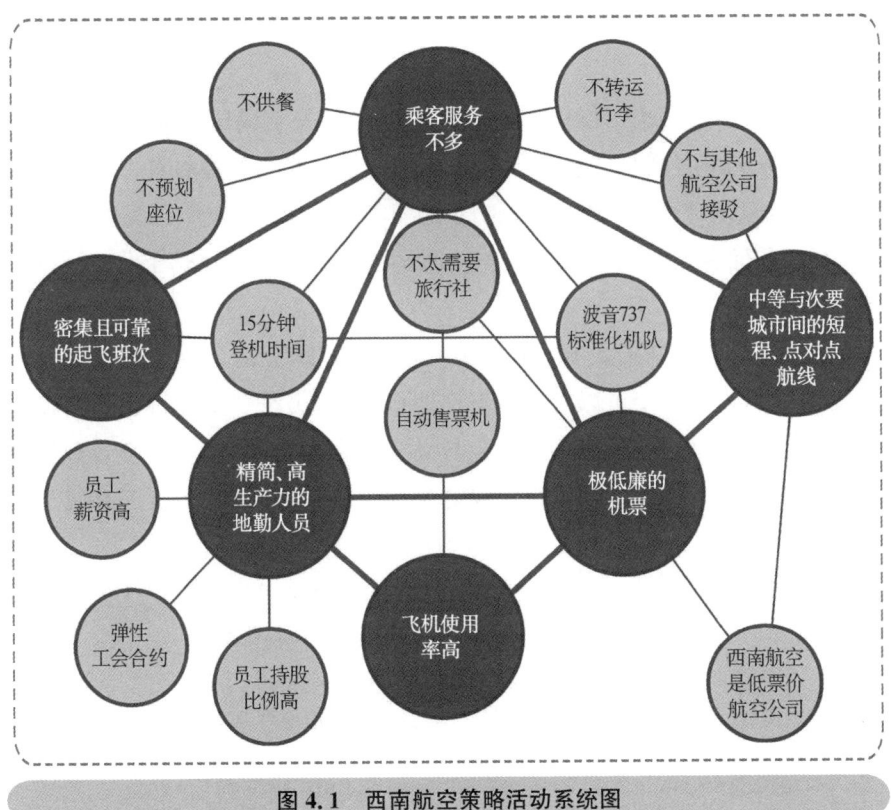

**图4.1 西南航空策略活动系统图**

取材自 What is Strategy? 一文

那么，看到西南航空的表现这么好，竞争对手要怎么办？挖角西南航空的高阶主管或团队吗？或是复制西南航空的胜利模式？还真的有企业这么做，美国大陆航空（Continental Airlines）就仿效西南航空开辟了点对点的低价航线；而美国航空（American Airlines）也在当时成立了一家专飞区域性航点的美鹰航空（American Eagle）。然而，由于他们只复制了西南航空的一部分内部活动及策略，以致成了东施效颦而无法获利。

## 思考属于自己的独特性活动与作为才是好战略

回到丰田的案例，丰田公司是否会担心，会有竞争对手参观了他们的工厂，从而学会了丰田式生产，并进而超越他们呢？答案是"从不担忧"。因为，丰田的精益生产并不系于某一个部门或某一名专家，而是已融入其企业文化，成为一个关于整体供应链体系的管理系统。竞争对手如果完全复制，成本将会非常高，而且是一件吃力不讨好的事。更何况，丰田还在不断地自我提升与进步。

因此，各位应该也可以猜到我对于企业询问关于成功实施 LSS 问题的答案吧！我的答案就是："企业在质量、交期、成本的竞争力与对手还有很大的差距时，应该毫不犹豫地思考何时尽早实施 LSS 以提升自我的营运效能。"至于如何有效实施 LSS？这是一个真正的战略议题，也是企业必须要认真思考的课题。

请停止再去复制别人的成功模式，应该要好好检视企业本身的现况与资源，慎重地设定一个可以挑战的中长期目标，拟出符合企业特色的实施方案。坚持下去，并且启动相关的功能与设立配合的机制，这才是应当有的战略思维，也能真正创建围绕这个目标的各种策略活动，最终才能拥有属于自己企业的"独特战略"。

## 注释

▶ 注1：原文《好的战略要有独特性》刊登于"经营洞察力论坛"2017-12-20。

### 思考问题

1. 如果各位对这个主题有兴趣，建议可以去找到波特于1996年发表的文章《什么是战略？》，并分享您的心得给朋友或团队成员。
2. 关于时下流行的创新课题，企业如果要考虑导入创新的活动或制度，是否也可以运用本文所分享的关于战略适配的观念呢?
3. 关于定位及适配的概念,虽然谈的是企业组织,是否也可以运用在个人的职业生涯发展中呢?

# 十三、超级小狼的启示——
# 战略分析是有极限的

日本本田公司(Honda)于1958年以年产28.5万辆摩托车称霸日本。1959年,本田公司决定以摩托车开创美国市场。那时的美国人崇尚大排气量的摩托车,只愿骑乘500 c.c.以上的中大型摩托车,如知名的美国本土厂牌哈雷戴维森(Harley-Davison Motor Company),以及来自英国的凯旋摩托车(The Triumph Cycle Company),当时英国凯旋摩托车最畅销的车款是TRIUMPH Bonneville T120 650 c.c.。

本田创办人本田宗一郎及合作伙伴藤泽武夫,在考虑了美国人的使用习性后,特地选择了Dream及Benly两款大排气量,各两款不同车把造型的中型摩托车进军美国市场。然而,由于美国人喜欢使用摩托车长途行驶,本田的四款车子不堪长途骑乘的负荷,在第一年的半年内仅卖出170辆。

本田经过努力分析,发现在当时的美国存在着尚无竞争对手的小型摩托车市场,于是,推出了排气量仅有50 c.c.的本田小狼系列摩托车(Honda Cub,又称Super Cub C50、本田50)。这个系列的摩托车的特点在于方便(例如:在日本拉面店打工的小弟可以单手操控不须换挡)、大众化(例如:日本女性穿裙子也能骑车)、容易上手(是许多日本年轻人的第一辆摩托车)以及价格亲民(295美元一辆)。在美国市场推出的广告海报上,衣着端庄、面带微笑的人们轻快地骑着摩托车,这个画面也颠覆了美国人对摩托车的刻板印象。不仅如此,本田小狼在美国市场的大卖也带动了本田中大型摩托车款的销售,到了1966年,日本本田一家企业就占了美国摩托车市场的63%,不仅打败了英国凯旋摩托车,还把哈雷戴维森给拉了下来,哈雷戴维森将近破产,并在1969年卖掉控股权。

后来,英国政府委托波士顿咨询公司(BCG)分析了这场战役,得出的结论是:"日本本田(Honda)善用经验曲线(Experience Curve,经由累积的生产与销售量曲线,可用以预测未来成本与价格的减少趋势),采取成本领导战

**图 4.2　本田小狼(Honda Super Cub C100，1962)**

图片来源：Honda 全球官网文章"*Establishing American Honda Motor Co. / 1959*"

略(Cost Leadership Strategy)，成功创造出新市场(美国的小型摩托车市场)，再利用新市场的经验曲线，席卷另一个区隔的市场(中大型摩托车市场)。"这简直是一个"理性定位战略"的代表作，这份报告还成为哈佛大学及其他院校相当著名的个案研究案例。

## 成功背后的故事

这个漂亮的成绩，真的是日本本田(Honda)经过完整理性的市场分析，运用 STP 理论(Segmentation-Targeting-Positioning；市场区隔—目标市场选择—市场定位)而达到的成果吗？(关于 STP，可以参考《浅谈战略定位》一文)。

1984 年，任职于麦肯锡公司(McKinsey & Company)的理查德·帕斯卡尔(Richard T. Pascale)博士访问了当时美国本田的六位管理干部，得到了惊人的结论。其实，当时本田对于进军美国市场并没有明确的战略。一开始，他们是凭着本田宗一郎的直觉，认为美国市场偏好中大型摩托车，从而对于他们推出的 305 c.c. 及 250 c.c. 大型摩托车非常有信心。后来，由于美国消费者的使用习惯(距离长、速度快)，本田的大型摩托车时常抛锚，导致本田公司对此劣势一筹莫展。同时，本田当初派任的两位干部常常骑着于 1958 年在日本上市,只是被运到美国来让干部代步的 50 c.c. 本田小狼(Honda Cub),穿梭于超市及洛杉矶街头跑业务。因为它的方便及灵巧非常引人注目,常常会被当地人询问在哪里可以买到这款车,虽然也有商家(当时的零售业龙头西尔斯百货 Sears)出面想要代理这款摩托车,本田却因为原先的战略目标锁定销售中大型摩托车而兴趣缺缺。

直到最后,由于大型摩托车的销量下滑严重,本田日本总部才开始重视这个意料之外的机会,再加上美国年轻越野车迷的喜爱,才不得不正式启动 50 c.c. 摩托车的销售计划。由美国的中产阶级开始,带动了品牌知名度,最后带动了大型摩托车的销售,甚至带起了后来本田进军美国汽车市场的发展。

## 计划赶不上变化

帕斯卡尔博士认为,BCG 因为看到本田的成功结果,就以为其中的原因和战略发想的过程也一定很了不起。但就事实而言,BCG 犯了一种所谓"月晕效应"(Halo Effect:又称作光环效应,意指人们容易因为别人局部的好,以偏概全地认为这个人的其他特质都是好的)的偏见。继续深入探讨这个案例会发现,本田的领导人本田宗一郎及藤泽武夫当初只是因为日本人的收入不高,当时上班族起薪平均每月 8 500 日元),消费不起 55 000 日元一辆的 Super Cub,所以想外销;又因为想挑战最难的市场,所以选择了美国市场;再因为不想被美国人瞧不起,所以放弃了当时在日本最畅销的小型摩托车;同时,仅凭直觉就将销售目标定为当时美国从欧洲进口摩托车的 10% 销售量。帕斯卡尔博士归纳了本田的案例,将它称为"本田效应"(Honda Effect)(注 2)。

同样的,那时也有许多学者经过研究后,将本田的案例与 1980 年的"日本第一"旋风综合起来,认为以本田、佳能、丰田为代表的日本企业之所以能够在这些难以进入的市场(战略定位)上突破障碍,主要是因为这些日本企业具有竞争对手难以超越的某些"核心能力",这又是"本田效应"的一个例子。

对于本田小狼的案例,加拿大的战略学者亨利·明茨伯格(Henry Mintzberg)也有自己的一番见解。明茨伯格认为,大多数组织均会对组织的未来发展,在一开始形成所谓的战略计划;然而,真正可行的战略并非是经理人关在办公室里,运用那些著名的战略分析工具进行精明的竞争分析得来的。本田的优势不在于那些领导人的聪明才智,以及完全的"理性"思维。反而是他们运用了常识,不固执于那些"理性"思考,因此掌握了来自试错(Try and Error)的学习机会。

　　本田在美国成功的故事,凸显了组织内每一个战略的形成与演化,其实都有一个典型的过程。明茨伯格认为,组织最后实现的战略,通常来自两个完全不同的源头。第一个是主要的源头,我们称之为"想要的战略"(Intended Strategy),来自你看到的机会而且下定决心追求的目标,就像是本田想要进入美国大型摩托车市场,因而拟定出他们认为可行的对策,这个可行对策我们也称之为"慎思的战略"(Deliberate Strategy),希望它可以按部就班地达成目标,成为"实现的战略"(Realized Strategy)。不过,现实往往是磨人的,有很大的机会,想要的战略因现实因素而沦为"未实现的战略"(Unrealized Strategy)(图4.3)。

　　第二个源头,则是原定计划和战略在被执行时会遭遇到意料之外的问题与机会,例如:本田的大型摩托车高于市场可接受的抛锚修理费用,或是突然浮现的小狼机车(Honda Cub)的销售机会。在这种问题或机会出现后,其实是会让人左右为难的。为了解决这些意外冒出来的问题或机会所采取的战略,我们称之为"突现的战略"(Emerging Strategy),经过组织重复试错,这种战略将会逐渐成熟。然而,组织领导层要下定决心采用这些突现的战略并调整既有的对策与行动,是需要时间思考及学习的,一旦下定决心进行战略调整,这些突现的战略最后就成为新的慎思战略,反较原先的想要战略更有机会实现组织目标(注3)。

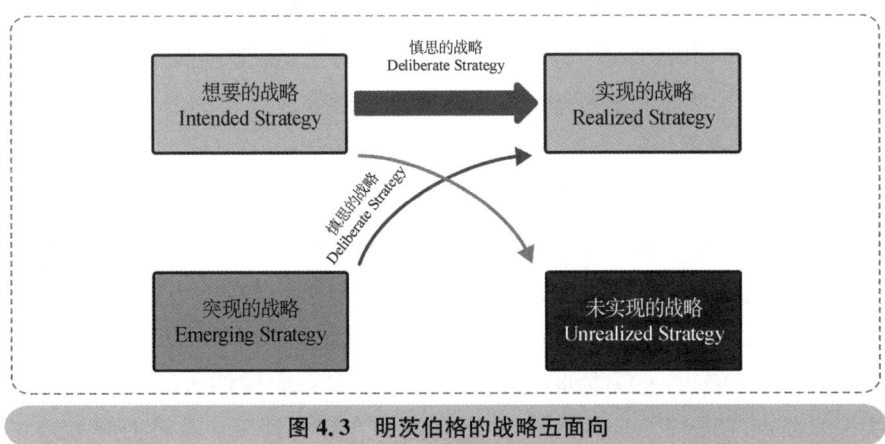

图4.3　明茨伯格的战略五面向

## 应急战略也会成为好战略

已故创新大师克莱顿·克里斯坦森(Clayton M. Christensen)在他的著作《你要如何衡量你的人生？》(*How Will You Measure Your Life?*)中也提到过沃尔玛百货(Walmart)的案例：创办人山姆·沃尔顿(Sam Walton)的第一家沃尔玛店开在阿肯色州的罗杰斯城，他的第二家店没有选择在邻州的曼菲斯这座大城市，而是选定在同一个州的本顿威尔镇。其真正的原因是他太太不愿搬家，并且，如果第二家店离第一家店很近，可以方便相互调货并给予支持。因为这个意料之外的成功，让沃尔玛后来发展出只在小镇开设大型商场的大战略，不但方便总公司的管理和支持，也避免了与其他折扣零售商进行削价竞争。

这个成功的商业战略根本不是沃尔顿在创业之初就想到的，而是经过后来不断修正、演化而形成的战略。就如同亚马逊(Amazon)将总公司开在西雅图，并由网络书店转型成为网络商城，进而租赁它的运算能力，并逐渐发展成为数字时代的电子商务巨擘。有多少成功的战略是因为原本的深思熟虑而得到的呢？包括我们的人生，又有哪些成就是我们在几年前就已经规划好的呢？

## 战略思维与组织学习才是发展好战略的核心能力

许多关于战略管理的书籍与文章，对于成功或失败的案例都分析得头头是道。但是，有多少人真正能洞察出这些案例背后的真实故事呢？许多经理人都上过MBA课程，学了相同的工具与方法，甚至包括相同的战略分析步骤，循着这些相同的模型，经理人如果不能养成思考的习惯，怎么能得到不同的战略呢？

案例及方法都是过去到现在的产物，由于人们总习惯把现在及过去视为必然，随着现在看到的结果（好的业绩、成功的产品、成功人士），进而轻易地接受了它们的历史。例如：大众对于Apple创办人史蒂夫·乔布斯(Steve Jobs)的脾气与才气，因为Apple的成功而肯定它；或是因为股价的变动而对Amazon的杰夫·贝索斯(Jeff Bezos)抑或是特斯拉(Tesla)的埃隆·里夫·马斯克(Elon Reeve Musk)的经营能力有好的评价。这种月晕效应的现实展现,使人们容易受到结果的蒙蔽而产生偏见,让自己的判断力与分析能力受到影响。

提出"六度分隔理论"(Six Degrees of Separation)的社会学家邓肯·华兹(Duncan J. Watts)在他的著作《为什么常识不可靠?》(*Everything is Obvious*)中就提到过,学习避免犯下重大失败的三个做法:

1. 不从过去(成功)学习。
2. 不要只看(成功的)结果。
3. 不要自己评价自己。

正如同我常常向合作的企业提及的,"战略分析工具是死的,重点在于使用的人(组织、团队)"。这些战略工具的最大作用,其实是在帮助个人及团队思考,看清现在及未来的各种可能。因此,能够让战略分析工具发挥作用,回归成功战略的本质,还是在于我们的思维能力。

那么,如何训练自己的思维能力与批判能力,避免人云亦云式的认知呢?我认为,领导人必须积极地培养组织中共同学习与分享的氛围,从当下学习,相信前线员工的知识,快速尝试错误,汇集众人的智慧,才能真正带领组织面对未来的挑战,得出适合自己组织的未来战略。

## 注释

▶ 注1:原文《超级小狼的启示:战略分析是有极限的》刊登于"经营洞察力论坛"2018-09-12。

▶ 注2:"本田效应"(Honda Effect)由帕斯卡尔博士于他的文章《战略视角:本田成功背后的真实故事》(*Perspectives on Strategy: The Real Story behind Honda's Success*),针对BCG关于该故事的外部视角,以及美国本田经理人的内部视角所出现看似矛盾的解释而提出,他认为西方的顾问、学者和管理人员偏爱对现实的过度简化和对事件认知的线性解释。虽然这些学者、顾问也承认战略的产生必须考虑"人为因素"。但是,从那些商学院的战略案例、顾问报告、战略规划文件以及大众媒体的报道中,可以发现人们普遍倾向于忽视组织试验、适应和学习的过程。虽然相反的情况可能更接近真相(本田经理人随着实际的状况而弹性调整作法),我们仍倾向归因于连贯性和有目的的合理性解释而忽略那看似不合理的真相。这就是"本田效应"的真正意义。

▶ 注3:此模型参考自明茨伯格所发表的《深思熟虑与紧急应变的战略》(*Of Strategies, Deliberate and Emergent*)一文。

**思考问题**

1. 如果您有兴趣,可以上网或翻阅书籍去查阅本田小狼摩托车的案例,您会发现不同的来源有不同的说明。这是否能引起您的好奇心去查找出一个最完整的内容呢?在这个过程中,您有什么样的心得,可以帮助进行您日后的信息搜集作业?

2. 文章中提到月晕效应,主要是指人们容易以对局部的认知扩大到对全部的认知,导致以偏盖全。您是否有兴趣花点时间,对于这个理论去深入研究一下,再回顾自己平时的人际关系、领导管理,以及对于事物新知的吸收,看看有无此种偏见?以及要如何避免它呢?

3. 关于"突现战略"的成功案例其实还有很多,您是否愿意花些时间从组织内部找到一些案例,分享给您的团队,并且审视一下目前的组织,是否具有正向的学习气氛,帮助我们不要过早地排除掉可能的好战略。

# 十四、经营战略之父安索夫和他的武功大法

2018年8月2日,中国市场的星巴克(Starbucks)决定与阿里巴巴(Alibaba)合作推出外送咖啡的服务,正面加入由瑞幸咖啡(Luckin coffee)为首所带起的一场互联网咖啡市场大战(一种依托网络及App,经由在线下单、线下门店自提或外送的咖啡外卖营业模式)。从战略的角度,各位看到了什么?

星巴克中国加入互联网咖啡的竞争行列,是因为原先以第三空间定位的咖啡市场被侵蚀了?还是因为"以方便性著称的互联网咖啡业态"的兴起创造了一个新的市场,为星巴克提供了成长的机会?企业追求成长是不变的道理,在快速创新的时代如何找出成长的机会,绝对是现代企业最为重视的课题。

在本篇文章,我将为各位介绍一个有用的战略分析工具——安索夫矩阵(Ansoff Matrix)。这个工具可以很好地帮助大家思索企业成长课题,并且可以理解这场互联网竞争战背后的战略内涵。在介绍这个工具之前,我们来一次追本溯源,去了解一下这位现代战略管理之父——伊戈尔·安索夫的生平,以及他的伟大贡献。

## 兼具理论与实务的现代战略管理之父

伊戈尔·安索夫博士(Dr. Igor Ansoff, 1918—2002),出生于海参崴,父亲是俄裔美国人,当时为美国驻苏联外交官,母亲是俄罗斯人。他在1936年和家人一起从当时的苏联移居美国。安索夫是数学、现代物理学双硕士,后来又获得了应用数学的博士。取得学位后,他曾在加州兰德智库研究院(RAND Corporation)服务六年,在这期间,安索夫参与了许多军方的大型项目,发挥了他的数学专长,同时,在军事情报及战略分析的工作上亦有所表现。这六年的工作,让他认知到,组织会因为追求合理性及可预见性决策而

产生限制，无法有效因应外界环境变化（也就是所谓的"组织近视症 Organizational Myopia"），进而学到了发展战略管理架构的第一课，也成为他日后最为关注的议题之一。安索夫接着加入洛克希德公司（Lockheed Corporation，1995 年和 Martin Marietta 合并为洛克希德·马丁公司 Lockheed Martin Space Systems Company），后来调到洛克希德电子公司担任计划部门副总裁，最后又成为工程部门的最高阶经理人，让连年赤字的部门转亏为盈。

1960 年代，欧美经济大跃进。1957 年欧洲六国（法、德、意、荷、比、卢）建立欧洲经济共同体，自此欧洲成为巨大市场，欧洲各国的海外收益比率提高，许多企业也开始摸索成长战略和长期计划。在市场和事业多样化的复杂情况之下，如何拟定"不单是延伸现况"的事业战略和计划成为当时学术界与实务界最关心的课题。

安索夫于 1963 年决定从洛克希德公司退休，转换身份成为卡内基工学院的教授，并于 1965 年发表了他最重要的著作《企业战略论》（*Corporate Strategy*），为企业的战略规划与发展这个问题提供了解答。安索夫日后又受邀到欧洲任教了六年，最后回到美国。

## 安索夫对现代战略管理的影响

安索夫在他的战略管理理论里，将企业决策分为战略面（Strategy，产品和市场）、管理面（Structure，如何设计组织和资源配置）和制度面（System，如何编列预算和控制管理）三种，这也是为后人所熟知的"3S 模型"。他认为，经理人必须基于这三个层面做决策，其中，因为经营战略是"联结现在和未来"的方针，因此，他认为战略面的决策是最重要的，也是最高阶经理人的主要职责。这成为如今所有战略模型共同的思考方式，而他的"3S 模型"也成为日后著名的"7S 模型"（图 4.4）的基础（注 2）。

当时很多欧美企业都拥有许多的事业体，有的以部门形态，有的以独立子公司的形态存在，于是，安索夫将经营战略分成两大类。

**第一类**：决定各事业方针的"事业战略"（Business Strategy）

**第二类**：管理、统合整体事业战略的"企业层级战略"（Corporate Strategy）

企业层级战略主要决定事业体（Business）要往什么方向发展，最终决定

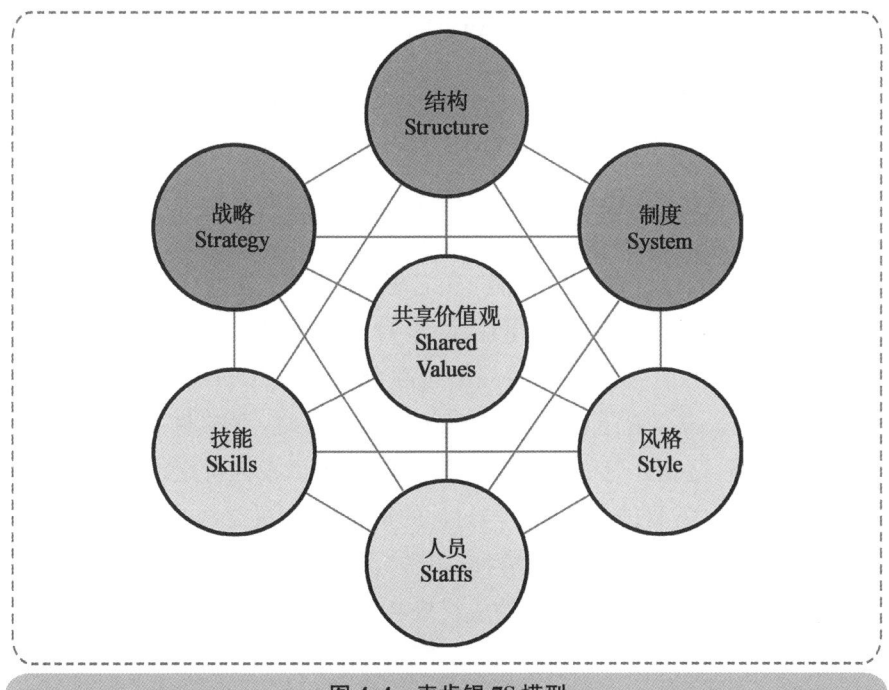

图 4.4　麦肯锡 7S 模型

什么样的事业组合对企业发展帮助最大,我们也称之为"事业组合管理"(Business Portfolio Management)。这种思考事业组合战略的方法,也是日后著名的"BCG 成长与市占率矩阵"(又称为 BCG 矩阵)的原型。

安索夫同时提出了四大战略要素,认为企业必须要先思考本身的核心事业、深入了解环境的特性(波特五力分析的原型)、追求"以综效化为基础的多角化",以思考企业未来发展的方向。若领导人要以战略性的方式管理企业,不仅要适应外部环境,还要重视内部要素;不仅要拟定战略,还得重视执行和控制;不仅要重视外部环境的具体方面(如技术、经济景气指标等),还要重视软性方面(如政治、法律等)。

安索夫的战略管理理论是后来许多著名战略理论的原型,例如:迈克尔·波特(Michael E. Porter,竞争战略大师)、克莱顿·克里斯坦森(Clayton M. Christenson,破坏创新大师)、金伟灿(《蓝海战略》作者)、麦肯锡 7S 模型(Peters & Walterman)和波士顿矩阵(BCG Matrix)的设计者等众多优秀的专家学者,都可称作安索夫的弟子。学习战略管理,我们能不深入且全面地认识这位战略管理之父吗?

## 安索夫矩阵(Ansoff Matrix)

安索夫博士1957年发表于《哈佛商业评论》的"安索夫矩阵",又被称为"产品市场成长矩阵"(Product/Market Growth Matrix)、"安索夫成长矢量矩阵"(Ansoff's Growth Vector Matrix)。它是由产品及市场(或是客户)两个维度组成。

既然称之为产品市场成长矩阵,顾名思义,安索夫矩阵主要被用来思考一个组织(一家企业,或是一个事业体)本身的成长战略。通过安索夫矩阵进行分析,可以产生各种可能的战略选项(Strategic Options)或战略议题(Strategic Issues)。请注意,进行安索夫矩阵分析时,不能期望一下子就产生具体的战略,这是为何称其产出为战略选项(可以视为待定或待深化的战略)或战略议题(需要进一步分析与讨论的重要事项)的缘故。

安索夫矩阵(图4.5),由市场(或顾客)及产品两个维度所组成,分成四个象限,并且为组织定义出不同的成长战略。(箭头代表"风险")。

| 市场 | 产品 | |
|---|---|---|
| | 现有产品 (Existing Products) | 新产品 (New Products) |
| 目前市场 (Existing Markets) | 市场渗透战略 (Market Penetration) | 产品发展战略 (Product Development) |
| 新市场 (New Markets) | 市场发展战略 (Market Development) | 多角化战略 (Diversification) |

图4.5 安索夫矩阵

1. 市场渗透战略(Market Penetration Strategy):以既有产品在既有市场(或顾客群)竞争的战略。

2. 市场发展战略(Market Development Strategy):以既有产品,拓展到新市场(或新顾客群)的战略。

3. 产品发展战略(Product Development Strategy):针对既有市场(顾客

群),开发新产品的战略。

4. 多角化战略(Diversification Strategy):或称之为多样化、多元化,系针对新市场(或新顾客群)开发出新产品的战略,又区分为"相关多角化"及"非相关多角化"战略。

在安索夫矩阵中,"产品"可以包括实体的产品或是无形的服务,"市场"则包括各种分类标准下的市场(例如:地理分类、年龄性别分类),也可以置换成特定的顾客群。

安索夫矩阵的真正目的,是为企业的未来成长提供一些值得思考的战略选项或战略议题(主要是战略选项),因此,我们万万不可一股脑儿将四个象限的意见全部加以实施。我们也知道,以风险而言,市场渗透战略的风险最低且最容易实施,而多角化策略则是最需要创意且风险最高的,这是各位在使用安索夫矩阵时要特别注意之处。接着,为各位详细说明这四项成长战略。

**1. 市场渗透战略**

组织选择市场渗透战略的目的,是希望运用现有的产品来扩大市场占有率或增加销售量。基本上有四种思考方向,分别是:争取竞争对手的客户、改进产品的质量或服务的水平、吸引现有市场区块中的非使用者,或是增加现有客户的使用量(产品或服务)。

例如:苹果在安卓的应用商店里,开发了一款"转移到 iOS"的 App,让安卓手机的使用者,能顺利地将资料传送到 iPhone,无痛转换到苹果手机,成功争取到了安卓阵营的用户。

在思考市场渗透战略时,各位可以多花点心思去探讨客户是否还有哪些未被满足的服务或质量(Unmet Needs)? 例如:必胜客(Pizza Hut)为了要让外卖客户享受到更美味的披萨,特别设计了一款外送盒,据说可以将披萨的温度较传统外送盒升高 15℉(约 8.3℃),让外送服务更美味,从而增加了外卖生意。另外一例如星巴克中国决定增加咖啡外送服务,以满足在家购物的消费者。

**2. 市场发展战略**

这个战略顾名思义,就是当既有的市场(或市场区隔)无法满足企业的成长目标时,必须要思考如何开拓新的市场。这时,我们可以考虑进入一个新的市场区块(例如:由男性剃须刀市场进入女性除毛市场)、开发现有产品或服务的新用途(例如:手机取代数码相机),或是进入新的地理区域(例如:"星巴克进军中国"等,企业的国际化或外销均属此类)。

另举一例,优步(Uber)的初期商业模式是想取代出租车及专车接送的市场,然而,在这个竞争激烈的市场下,成长不易。因此,当看到外卖市场正蓬勃兴起时,趁势利用既有的运送服务资源,推出优食(Uber Eats)以抢食这个商机。而美团(中国外卖龙头)、Uber Eats 这些外卖服务的推陈出新,已经严重侵蚀方便面(泡面)的市场。因为,外卖服务及方便面都在满足相同的顾客需求,那就是"方便与即食"。

在思考市场发展战略时,必须要掌握两件事,那就是既有产品或服务是在解决什么样的核心需求或问题(JTBD: Jobs-To-Be-Done),以这个需求(Jobs)为主轴去寻找那些未被满足的市场(或顾客群)。当然,必要的调整或设计绝对是不可少的作为。

### 3. 产品发展战略

这项战略聚焦在如何为既有的市场(或顾客群)提供新产品,以满足他们新的需求(JTBD),这里所指的新产品,与既有产品相比,必须具有明显的差异,或是全新的产品或服务。

企业在进行此项战略的探讨时,除了挖掘既有顾客的新需求外,也必须考虑如下方面:是否能利用过剩的产能?能否阻止对手趁机进入?在顾客眼里是否能维护企业既有的声誉?能否借此开发新技术?以及是否能保护好企业的整体市场占有率?

苹果最擅长这种战略了,它以 iOS、iTunes 及 App Store 为核心,十几年来,持续推出 iPod、iPhone、iPad、Apple Watch、Apple TV +等产品,让众多的果粉们不断地买、买、买。与此概念相同,如腾讯的 QQ、QQ 音乐、微信,也有异曲同工之妙。

要运用这项战略,请好好了解既有的客户,除了市场占有率(Share of Market)之外,还应该要有顾客占有率(Share of Customer)的思维(注3)。

### 4. 多角化(多样化)战略

采用这类战略具有较高的风险,因为企业同时要思考新产品以满足新市场(新需求)。关于企业的多角化,一般包括相关多角化(向供应链上游、下游或是水平展开)及非相关多角化(可能是完全无关的产业)。其中,非相关多角化是一个非常高风险的战略尝试,千万小心。

在相关多角化的战略思考上,基本上是以企业是否具有可以共同使用的资源为主要的思考点,有时又称为综效(Synergy)。由于现代商业形态的复杂程度较高,是否运用综效来进行多角化则是见仁见智,这也可能替企业带来许多未知的风险。例如:阿里巴巴购并了盒马鲜生,由在线走入线下,想要将盒马改造成新零售的业态。严格来说,盒马鲜生与阿里巴巴运营的相关性,应该可以被归类为非相关多角化;然而,如果考量阿里巴巴将支付宝作为经营盒马鲜生业务模式中的一个支付工具以及会员管理平台,由这个角度来看,似乎也可看作阿里巴巴一小部分的业务综效(相关多角化)。

## 使用安索夫矩阵的注意事项

安索夫矩阵的特点是简单易懂,但也正因如此,使得许多人在使用这个战略分析工具时,因未能注意细节而无法获得它的好处。本文提供以下几个建议,帮助各位有效使用安索夫矩阵。

1. 一般而言,我们会建议各位按照:市场渗透→市场发展→产品发展→多角化的顺序进行探讨与战略发想。至少完成前三项战略的讨论并得到可以进一步分析的战略选项或战略议题。

2. 对于市场(或顾客群)的理解,可以运用创新管理的概念,由需求面来探讨,这时,JTBD 的概念可以帮助各位得到更多的想法与灵感。

3. 在进行团队讨论时,请善用头脑风暴进行发散性思考(Divergent Thinking),讨论过程先不对意见做可行性的批判。同时,由于所有得到的想法均为战略选项或战略议题,仍需要进一步的可行性分析或请专家来完善,完善的过程也是所谓的收敛性思考(Convergent Thinking)。

4. 安索夫矩阵的分析具有局限性,它提供的是一个方向,务必要搭配其他战略分析的工具才能提供完善的战略选项作为决策的依据。此外,在多角化战略的选择时,请务必要注意它的高风险特性。

## 注释

▶ 注1:原文《"经营战略之父 安索夫"和他的武功大法》刊登于"经营洞察力论坛"2018-10-17。

▶ 注2:"7S模型"系由服务于麦肯锡咨询公司(McKinsey & Company)的两位学者,托马斯·J. 彼得斯(Thomas J. Peters)和小罗伯特·H. 沃特曼(Robert H. Waterman Jr.)于 20 世纪 70~80 年代,自其研究的 62 家获利高、历史悠久且优秀的美国企业，从中选出 43 家堪为典范的企业，包括 IBM、柯达、杜邦、德州仪器、麦当劳等。经过深入调查，总结出这些卓越且创新企业的成功要素，建构成"麦肯锡 7S 架构"（McKinsey 7-S Framework），简称为"7S 模型"。同时他们出版了《追求卓越：来自美国最佳企业的经营经验》（*In Search of Excellence: Lessons from America's Best-Run Companies*）一书，帮助众多美国企业摆脱了失落感。

▶ 注 3：这是一种"一对一营销"（One to One Marketing）的概念，是一种顾客关系管理（CRM）战略。相对于追求市场整体的份额（市场占有率），顾客占有率追求的是顾客本身价值（贡献）的最大化，需要供应者能够更了解顾客，提供个人化的沟通与服务，提升顾客忠诚度，最终的目标在于最大化顾客的终身价值。

## 思考问题

1. 完成本文的阅读后，请自行列举出可以说明安索夫矩阵各种战略的案例，并且分享给其他朋友或同事。
2. 上网查找爱彼迎（Airbnb）的经营模式，并且以安索夫矩阵为参照，检视爱彼迎的成长战略是否有符合之处？
3. 如果您对安索夫博士的生平感兴趣，建议您上网去深入了解他的实务与理论发展背景，您会发现现代许多战略分析工具均源自他的贡献。对他的理论深入了解后，是否会帮助您重新看待如今这么复杂且多样的战略管理理论呢？

# 十五、好用的事业战略工具——ADL 矩阵

前文为各位介绍了战略管理之父伊戈尔·安索夫（H. Igor Ansoff）的生平，以及闻名于世、被用于企业成长战略分析的安索夫矩阵（Ansoff Matrix）。本文带各位来认识另一位重要的管理大师，他就是创办全球第一家咨询顾问公司的阿瑟·D. 利特尔（Arthur D. Little，1863—1935），以及以他命名的著名战略分析工具 ADL 矩阵（ADL Matrix）。

## 大师的生平

利特尔出生于美国波士顿，曾经于著名的麻省理工学院（MIT）学习化学专业（1881—1884），却因为财务因素，未能顺利取得 MIT 的文凭。利特尔离开 MIT 后，于 1886 年以化学家的身份加入了里士满纸业（Richmond Paper Company），没多久，他便成为一间造纸厂的厂长，在厂长任内，由于他指出某项化工制程设计上的错误并修正了它，利特尔获得了他人生的第一项专利。通过进一步的研究，利特尔又先后取得与造纸制程技术相关的多项专利。

随后，利特尔离职，并和他在里士满纸业共事的罗杰·格里芬（Roger Griffin）于 1886 年 10 月 1 日在波士顿创设了利特尔格里芬化学工程公司（Little & Griffin），专注于造纸制程的化学分析及测试领域。虽然，利特尔并未拿到 MIT 的大学文凭，但是，由他和格里芬所写的手稿《造纸化学》（*The Chemistry of Paper-making*），在当时却是美国造纸业界的权威教材。可惜，因为格里芬 1893 年在一场实验室意外中丧生，以致这份手稿最终未能完稿及出版。

之后，利特尔将公司改名为 ADL 咨询（ADL Consultancy），其间也创设过纤维素产品公司（Cellulose Products Company），后来因经营不善而售予伊士曼科达公司（Eastman Kodak Company）。接着与 MIT 化学系教授合伙成立利特尔与沃克公司（Little & Walker，1900—1905）。至 1909 年，利特尔再度将公司更名为 Arthur D. Little（ADL），也就是在此时，利特尔导入了

分析研究方法，并于 1910 年接受通用汽车公司（GM：General Motors）的委托，协助 GM 设立了一座研究实验室，这个项目奠立了现代咨询服务的基础。随着接踵而来的项目，ADL 成为全球第一家管理与技术咨询公司，专注于战略、科技及创新三大领域。

利特尔除了开创咨询行业，成为名符其实的"现代管理咨询之父"；他最为人所知的贡献，则是以他为名，由 Arthur D. Little 咨询公司综合了自 1886 年以来的服务经验，于 20 世纪 70 年代所提出，帮助企业了解其竞争地位，分析战略条件，提供战略方向，并据以洞察出成长战略的 ADL 矩阵（ADL Matrix）。

利特尔后来担任了 MIT 化学与化学工程学系访问委员会主席，并负责引进化学工程实习学校，也于 1893 至 1916 年间于 MIT 教授造纸课程。他最为人知的名言是："Research serves to make building stones out of stumbling blocks."（做研究的目的是将遍布地上的碎石头打造成宏伟建筑的基石。）

## 初探 ADL 矩阵

ADL 矩阵（又称作"ADL 战略矩阵"）最早被用作面向一个拥有多个战略事业单元（SBUs）或是多个产品线（Product Lines）的组织，通过分析其所拥有的事业或产品线所处的行业机会与市场竞争地位，来判断应该采取的投资战略，以帮助组织的成长（图 4.6）。

| 市场竞争地位<br>COMPETITIVE POSITION | 行业生命周期阶级<br>INDUSTRY LIFE CYCLE STAGE | | | |
|---|---|---|---|---|
| | 萌芽期<br>Embryonic | 成长期<br>Growth | 成熟期<br>Mature | 衰退期<br>Aging |
| 主导地位<br>Dominant | | | | |
| 优势地位<br>Strong | | | | |
| 有利地位<br>Favorable | | | | |
| 守势地位<br>Tenable | | | | |
| 弱势地位<br>Weak | | | | |

图 4.6 ADL 矩阵

ADL矩阵属于投资组合分析战略工具的一种,与它具有相似目的的知名工具,还有BCG矩阵(市场增长率-相对市场占有率矩阵),以及GE矩阵(行业吸引力矩阵)。有时,ADL矩阵也会被投资机构作为对投资标的物的评估工具。不过,ADL矩阵在国内不太为大家所熟悉,似乎使用的组织并不多。

如同BCG矩阵及GE矩阵,ADL矩阵也由两个维度所组合,分别是"行业生命周期"(Industry Life Cycle)及"市场竞争地位"(Competitive Position)。其中,行业生命周期适用于组织想要分析的事业或产品线,这个维度被定义为四个阶段(图4.7)。

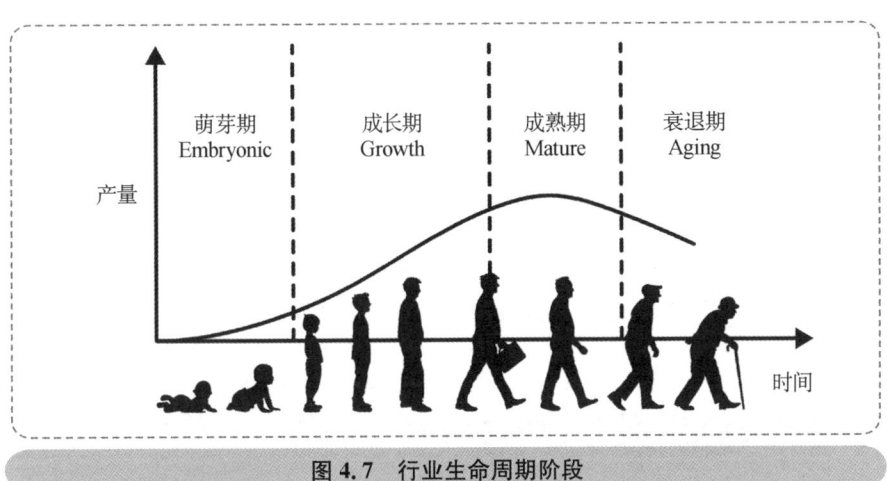

**图 4.7　行业生命周期阶段**

**萌芽期(Embryonic)**:此阶段可以观察到行业中的产品开始被采用,具有市场增长快速、较少的(或是没有)竞争,以及较高的产品售价等特性。

**成长期(Growth)**:此阶段可以观察到市场需求持续的增强、销售量及需求也不断的放大,此时的竞争对手不多,或是,虽然参与者较多,大家却都赚得到钱。

**成熟期(Mature)**:此时,市场的增长放缓,市场的占有率及各自的顾客群均已稳定,所以,容易出现价格竞争。

**衰退期(Aging)**:产品的需求开始下降、企业减少投资,甚至放弃这个市场,代表步入衰退期。

市场竞争地位则被定义为五个类别。

**主导地位(Dominant)**:这种强势地位较少见到,可能源于市场受保护或该事业/产品线拥有垄断的技术或优秀的新产品。

**优势地位(Strong)**：市场占有率强大且稳定,在战略的选择上具有自由度,对竞争对手采取行动不必顾虑太多。

**有利地位(Favorable)**：在特定的市场区隔里,享有竞争优势,不过,也得面对较多对手所带来的挑战。

**守势地位(Tenable)**：组织的市场竞争地位是小的,而且市场占有率是着眼于小范围的利基市场(Niche Market)或是具差异化的产品。

**弱势地位(Weak)**：市场占有率不断流失,事业/产品线太小不足以保持获利或长期生存。

基于前述两个维度,可以形成一个 5×4 的矩阵图(图 4.8)。组织针对想要分析的事业/产品线,可以先分析出它(或它们)所处的行业生命周期阶段与市场竞争地位,XY 轴相交的位置(格位)则可看到 ADL 矩阵所建议的战略思考方向。接下来,组织就可以基于愿景或长期发展目标,依据自身对外界环境的分析,以及对内部能力与资源的掌握程度、所得到的洞见,再参考来自 ADL 矩阵的战略思考方向,发想出可以采取的战略选项(Strategic Options)。所以 ADL 矩阵有时又被称作"生命周期组合矩阵"。

| | | 行业/产品生命周期阶段 | | | |
|---|---|---|---|---|---|
| | | 萌芽期 | 成长期 | 成熟期 | 衰退期 |
| 市场竞争地位 | 主导地位 Dominant | • 全力争取占有率<br>• 高于市场增长速度进行投资<br>• 保持市场地位 | • 保持行业地位<br>• 与行业同步增长<br>• 保持增长率的投资 | • 保持市场地位<br>• 与行业同步增长<br>• 视需求再投资 | • 保持市场地位<br>• 视需求再投资 |
| | 优势地位 Strong | • 试着去改进市场地位<br>• 全力争取占有率 | • 积极争取改进市场地位<br>• 投资以增进及增长市场地位 | • 保持市场地位<br>• 与行业同步增长<br>• 视需求再投资 | • 保持市场地位<br>• 降低成本以最大化获利 |
| | 有利地位 Favorable | • 有重点的或全力争取占有率<br>• 有重点的改善市场地位 | • 有重点的改善市场地位 | • 固守或维持既有市场<br>• 找出利基市场并保护好 | • 降低成本以最大化获利<br>• 逐步淘汰并退出 |
| | 守势地位 Tenable | • 有重点的争取市场地位<br>• 有重点的投资 | • 找出利基市场并保护好 | • 找出利基市场并坚守<br>• 逐步淘汰并退出 | • 逐步淘汰并退出<br>• 放弃市场<br>• 转让或变卖 |
| | 弱势地位 Weak | • 依潜在收益及成本决定上马或下马 | • 转变市场地位或是放弃市场 | • 转变市场地位或是分阶段退出 | • 放弃市场<br>• 转让或变卖 |

图 4.8　ADL 矩阵表与通用型战略方向

## ADL 矩阵使用原则

在开始进行 ADL 矩阵分析前,有几件事情必须注意。首先,组织必须要确定分析的对象。

由于 ADL 矩阵分析的对象为事业单元(BU)或是产品线,若组织仅有单一产品或是具有同行业内的相似产品,可以直接进行分析作业。然而,有的组织产品结构比较庞大,产品线既广且复杂,请参考下列原则,针对待分析的事业/产品线予以组合及分类,再进行较明确的分类或事业/产品线定义。

1. 是否具有相似的计价模式?
2. 是否具有共同的竞争对手?
3. 是否具有相似的顾客区隔?
4. 是否具备相同/相似的质量水平或质量要求?
5. 是否面临相似的可替代品的威胁?
6. 是否面临相似的撤资或清算的可能性?

在完成事业/产品线的定义后,组织必须要进行内外部经营环境的信息搜集,包含现况及未来的发展趋势,这也是所谓的内外部环境分析作业的一环。由于 ADL 矩阵以两个维度来进行分析,因此,外部环境分析的重点将在于行业生命周期的阶段分析(与定义),包括:市场成长性、市场占有率的变化、产品的创新速度、竞争对手的数目、市场定价和市场进入障碍等。内部分析的作业将集中在市场竞争地位分析相关的信息搜集,包括:组织自身的核心能力、市场区隔、竞争优势、现况策略等。

这些分析内外部环境的事前作业非常重要,对于 ADL 矩阵的操作具有关键性的影响。毕竟,行业生命周期的演进阶段,以及市场竞争地位的判定,是一个非常主观的认知与判断,内外部经营环境分析的过程,不仅仅是信息的搜集而已,它是一个战略思考的客观分析过程,必须要团队成员共同洞察所见数据与信息背后的意义与发展的趋势。

## 如何有效地运用 ADL 矩阵

一些经典的战略分析工具,如 SWOT/TOWS 分析、BCG 矩阵、创新矩阵、GE 矩阵等,由于太有名气,导致许多组织领导团队在进行战略分析与规划作业时,容易掉入"为使用工具而使用,却不知为何而用"的陷阱。这也是本书介绍这些工具的初衷。希望以下五项原则可以帮助各位善用 ADL 矩阵,以发挥它的效果。

**1. 应定锚于组织的长期发展目标**

ADL 矩阵是在帮助组织对其所拥有的事业/产品线发展出合适的投资与成长战略,包括:市场地位的改变、市场区隔的重新定义、市场占有率的争取,或是成长、收割、撤退等战略课题。无论是选择何种战略,作为投资组合的战略分析工具,所涉及的关键课题即公司的资源运用及取舍,以及如何支援组织长期发展目标;基于 ADL 矩阵所提供的战略思考方向而产生出来的战略选项,也应该聚焦于长期目标,以长期目标的实现作为后续筛选与细化战略选项的基本原则。

**2. 尽量用图形表明分析结果**

在进行 ADL 分析的时候,除了内外部环境分析资料的探讨过程,对于分析结果的表现,也要善用图表,才能帮助参与决策的人士一目了然,达到沟通的最大效果。在绘制图表时,可以看出事业/产品线的战略位置,也可以圆形图的大小标示市场占有率。有时,如果无法很明确定义出行业生命周期,也可以采用跨生命周期阶段($X$ 轴)的方式来标示(如图 4.9 所示,左上角为跨两个生命周期阶段的表示,右半边为利用圆形面积大小表示市场规模,颜色标示出市场占有率比例)。

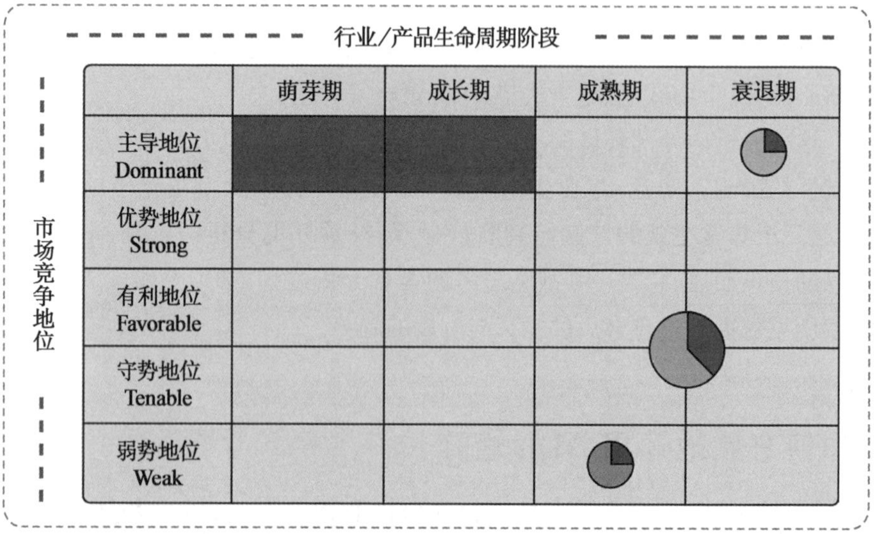

**图 4.9　ADL 矩阵分析示例**

**3. ADL 矩阵的通用型战略仅为战略思考方向的提示**

ADL 矩阵也是一种"投资组合分析矩阵"(Portfolio Analysis Matrix),许多知名的战略分析工具均属于同一类型。通常,这些分析工具为使用者提出了看似很明确却是需要具体分析取舍的战略思考方向,特别是 ADL 矩阵。从 5×4 共 20 个矩阵方格中,整理出了多个不同的战略思考方向,每一个方格所建议的战略思考方向也都在一个以上。基本上,列于其中的这些战略思考方向都应被称作"通用型战略"(General Strategy),它们仅是一种基于分析结构的战略大方向,属于一种建议及参考的性质,有些还存在着执行上的冲突,需要我们深入讨论及做出取舍。

例如:在"守势地位—成熟期"的方格中,ADL 矩阵建议"找出利基市场并坚守",以及"逐步淘汰并退出"这两种战略方向(图 4.10)。或许这是一种类似前后次序的战略建议(可以解读为:先替事业/产品线找出利基市场,如果找不出来或无法坚守该利基市场,则组织要考虑退出这个市场),抑或这是一个取舍的战略建议(组织需要对这个事业/产品线进行评估,是否有机会找出利基市场并投入资源坚守市场地位,或是考虑就此淘汰这个产品线)。这也是众人在运用 ADL 矩阵时会遭遇的问题。

| | 萌芽期 | 成长期 | 成熟期 | 衰退期 |
|---|---|---|---|---|
| 守势地位<br>Tenable | • 有重点地争取市场地位<br>• 有重点地投资 | • 找出利基市场并保证好 | • 找出利基市场并坚守<br>• 逐步淘汰并退出 | • 逐步淘汰并退出<br>• 放弃市场<br>• 转让或变卖 |

图 4.10　ADL 通用型战略范例

要让 ADL 矩阵发挥战略分析的实质效果,领导团队必须培养战略思考的能力,以及团队协作的精神,针对 ADL 矩阵分析后的战略建议,需要团队进一步讨论,基于洞见以形成具体的战略选项,再配合来自其他战略分析工具的战略选项,进行最后的优先排序与决策。

**4. 环境分析及团队协作才是关键**

ADL 矩阵存在不小的模糊空间,特别是在关于行业生命周期的判断上,更不易有客观的结果。毕竟,关于行业的定义、范围、成长性、客户需求的满足程度、行业内创新等属性,均会因分析者的认知与信息来源差异,而有不同的判断,更遑论组织成员行业分析专业能力的强弱。许多组织因此转而依靠外部专家。不过大家可以试想一下,如果身处行业内的组织都无法掌握清楚行业动态，外部咨询顾问又能做得多好呢？

从当责（Accountability）的角度来探讨，组织应该发挥团队协作的能力，在采用 ADL 矩阵进行投资组合战略分析的工作时，对于被分析的事业/产品线的外部环境，进行完整的扫描与信息搜集，包括市场竞争的资料分析，这也是团队进行战略思考的过程。依据所搜集的信息及洞见所作的判断，会为组织团队带来信心；环境虽时时在变化，唯有战略思维能力及团队协作才是面对变化的不变之道。

### 5. 在正确的时机下选用 ADL 矩阵

本文一开始在介绍 ADL 矩阵时便已说明，ADL 矩阵的使用对象为事业单元（BU）或产品线（Product Lines）。对于仅有一种产品的事业或组织也适用，但不适合过于细分的产品线。毕竟，在 ADL 矩阵的维度中主要是关于行业的生命周期变化的定义，如果公司将处于相同行业的不同款产品进行过度分解，则无法得到来自 ADL 矩阵的帮助。

此外，ADL 矩阵是关于事业/产品线的投资战略，虽然事业投资战略的实现也有赖于如何强化该事业/产品线的竞争力与如何掌握外部的机会，然而，关于竞争力提升及战略目标的实现，却非 ADL 矩阵能够帮助。组织可借由 SWOT/TOWS 或是"价值法则模型"（Value Discipline Modes）（注 2）所列出的三种企业运营模式，得到提升竞争力的洞见。因此，掌握合理运用 ADL 矩阵的时机，才不会出现以偏概全的错误，误用战略分析工具，结果将是未蒙其利先受其害。

## 注释

▶ 注 1：原文《组织战略分析的利器——ADL 矩阵》刊登于"经营洞察力论坛"2018-11-21。

▶ 注 2：价值法则模型（Value Discipline Modes，又称作价值信条模型）是由迈克尔·特里西（Michael Treacy）及弗雷德·威尔斯马（Fred Wiersema）两位专家在 1993 年于哈佛管理评论（*Harvard Business Review*）发表专文"*Customer Intimacy and Other Value Disciplines*"，建议每个公司都要从三个运营模型（卓越运营、产品领先、顾客亲近）中，挑选一个并做到极致，终获成功。这个工具可以帮助我们检视我们行业与组织的特色，适合作为内部制度提升的策略来源。

**思考问题**

1. 完成本文的阅读,相信各位对于 ADL 矩阵应该不会陌生,建议各位花点时间,也去了解一下文中所介绍的另两种投资组合分析矩阵——BCG 矩阵及 GE 矩阵,比较这三种分析矩阵的异同之处。
2. 在进行 ADL 矩阵分析时,行业的定义及行业生命周期阶段的判定非常关键。是否可以参考本文对各阶段的定义,和您的团队成员就企业的某些产品线的行业生命周期进行分析,会遇到什么问题?有什么发现呢?
3. ADL 矩阵是一个操作性极高的战略分析工具,试着对贵公司的事业/产品线进行一次练习,对于那些战略思考方向,有什么样的见解与问题。

note

# 第五章
# 战略展开实务

> 对大多数的我们来说,最可怕的危险不在于把目标设定得太高却达不到,而是把目标设得过低而达到。
>
> ——米开朗基罗(Michelangelo)

十六、SWOT 矩阵——小工具大学问

十七、解读"战略"与"战略展开"

十八、"战略性目标"的管理意义

十九、如何运用方针管理完成方针目标展开

二十、战略规划常见三大误区

二十一、战略承诺与不确定性的并存之道

# 十六、SWOT 矩阵——小工具大学问

相信许多人都听过 SWOT 分析，不论是学术界或实务界，不少朋友也都使用过这个工具，将它运用在许多地方，特别是在关于运营计划或是关于战略分析报告中。但是，我们真的懂得 SWOT 的用途吗？我们真的知道如何使用 SWOT 吗？SWOT 真的是一个强而有力的战略分析工具吗？

相信不少人心中对 SWOT 均存有疑虑与问号，甚至于长期误用而不自知。本文和各位一起从实务应用角度来探讨这个在战略分析作业中广为人知，却未能真正被了解的战略分析工具，希望有助于经理人日后的战略分析作业。

## SWOT 矩阵的缘起与内涵

"SWOT 矩阵"（SWOT Matrix），又称作"SWOT 分析法"。据考证，这个工具最早见于 20 世纪 60～70 年代，由斯坦福研究院（Stanford Research Institute，现在是 SRI International）的阿尔伯特·汉弗莱（Albert Humphrey）在他对当时美国 500 大企业关于团队行动模型的研究报告中所提出，后来被知名咨询机构麦肯锡公司（McKinsey & Company）大量运用于战略分析的作业中。

所谓的 SWOT 矩阵，根据维基百科的定义，它来自四个英文字的字头，分别是 Strengths（优势）、Weaknesses（劣势）、Opportunities（机会）以及 Threats（威胁）。SWOT 是一个结构性的战略分析方法，通过上述四个方面，用以评估某个组织、某个项目，或是某个事业的风险（图 5.1）。因此，SWOT 常被用在对公司、产品、投资、产业或是个人的分析工作上。

在 SWOT 的操作上，通常需要我们先设定一个目标，例如：某个事业的愿景或是某个项目的目标，然后辨识出与实现这个目标相关的有利或不利的内部和外部因素。其中，内部因素（又称为内部环境因素）指的是 SW，而

|优势 (Strengths)|劣势 (Weaknesses)|
|---|---|
|• 具有强而有力的品牌<br>• 好的客户基础<br>• 大12瓶包装的产品居于市场领导地位<br>• 产品的利润空间大<br>• 非常宽广的产品部署|• 设计工程师团队的经验不足<br>• 交付能力低于市场标准<br>• 设计与制造的品管控制能力不佳<br>• 产品/科技的知识深度不足<br>• 内部质量系统及遵守规定的意识很差|
|**机会 (Opportunities)**|**威胁 (Threats)**|
|• 相邻市场的发展机会<br>• 大6瓶包装的市场<br>• 借由六西格玛的绩效能力建立具高品质及高可靠性品牌的机会<br>• 缩短产品上市的前置时间|• 不景气导致市场价格下降<br>• 市场竞争增加<br>• 客户对质量的要求更为提高<br>• 缺乏长期的发展愿景<br>• 主要竞争者被收购并|

图 5.1 SWOT 矩阵

外部因素(又称为外部环境因素)指的是 OT,基本的定义如下。

**优势(S)**:该事业或项目所特有,并使其优于其他事业或项目的特质或条件。

**劣势(W)**:使该事业或项目相对于其他的事业或项目置于不利地位的特质或条件。

**机会(O)**:那些存在于外界环境,并且可以为该事业或项目所利用而成为本身优势的要素。

**威胁(T)**:那些存在于外界环境,可能会替该事业或项目带来麻烦或导致风险的要素。

SWOT 分析最早的应用是基于"战略适配"(Strategic Fit)的概念,判断企业的内部经营环境与所处的外部经营环境彼此间的匹配程度。因此,决策者可以参考 SWOT 的分析结果,来规划后续的具体作为(战略),以实现所设定的目标。如果经过 SWOT,发现原先所设定的目标不可能实现,则必须选择不同的目标,并且再重新进行 SWOT 分析。

## SWOT 分析常见的六大错误

许多人早已使用 SWOT 于事业规划书、投资报告或是项目计划,好像在这些分析报告中不使用 SWOT 分析表,就显示不出这些规划或战略是经过"深思熟虑"的结果。正因如此,滥用SWOT或是不当使用SWOT,已经让这个小工具逐渐变成一个可有可无的书面道具,而无法对我们的战略分析作业产生它该有的贡献。以下为许多人在运用SWOT的一些常犯却应该避免的错误。

**1. 为了做SWOT而做SWOT:** 这是最常见的错误,因为不清楚SWOT的真正用途,只是因为充篇幅或是完成计划书的章节,甚至倒果为因,为了交卷而填写出这张四方格表。

**2. 仅运用一次性的头脑风暴会议来完成SWOT:** 常见企业战略会议必会安排SWOT单元,让参与主管依序进行S—W—O—T的讨论以完成SWOT矩阵,接着进行SWOT交叉分析(许多组织甚至未做交叉分析这个作业)。这种战略会议有一个别名,称作"洞穴式会议"(The Cave Meeting),指的是团队以为在一次性的战略会议中就能够汇集主管们的智慧与经验来完成内外部环境的诊断,进而产生出独特的战略,结果将事与愿违。

**3. 直接由SWOT交叉分析产生战略:** 许多经理人知道,一个完整的SWOT分析,不应只完成四方格表,还必须要进行后续的交叉分析(又称作SWOT/ TOWS分析),然而,许多人却很习惯直接在交叉分析的作业中产出相对应的战略并直接使用,却忽略了交叉分析的本质仅是以提供团队可进一步确认的"战略选项"(Strategic Options)(注2)为目的。

**4. 未能事先设定好SWOT分析的目标物:** SWOT分析要有目标物作为分析的对象,因此,如果是项目,必须要先设定项目目标或投资标的物。如果是企业的战略分析,需要事先设定企业愿景、明确事业的定位,或是明确所属的产业范围。如果缺乏目标物为成员定锚,那么,SWOT分析仅是一次小组作业罢了。

**5. 未能认清SWOT矩阵表仅是环境分析作业的汇总表:** 这是许多人心中最主要的误区,总认为SWOT分析就是开个会完成S—W—O—T这个四方格内容的填写,然而,SWOT矩阵表只是经营团队成员关于内外部环境诊断的意见汇总表,充其量,这张汇总表的内容是经过优先排序后所筛选出的"战略议题"(Strategic Issues)(注3)。有质量的SWOT分析汇总表内容应来自平时的内外部环境分析,这是一个长期性、不断重复的战略思考过程。SWOT分析表的内容来源应该为团队成员的洞见,而非一个短期的头脑风暴活动。

**6. 将SWOT工具万用化:** SWOT矩阵虽然好用,但也绝非适用于所有的战略分析作业,特别是当人们忽略了 SWOT 的本质是在帮助我们替事业或项目进行风险分析;而且,它会局限于所设定的目标范围内,失去开创性的关注点。因此,有许多创业家认为 SWOT 不适用于新创事业的战略规划,或是无法提供团队跳脱既有产业的创新思维及战略。这些意见或许源自误解或主观性认知,然而,我们也必须了解,这么一个简单的工具本就不适用于所有的经营情境,我们不应将其万用化,当然,我们也不宜全盘否定 SWOT 所能带来的功效。

## 战略思维与洞察力是进行 SWOT 的必要条件

如果真正了解 SWOT 矩阵,必然知道,要完成一次完整的 SWOT 分析作业,信息来源及信息质量居于关键地位。这里所指的信息来源是对外部环境变化趋势的洞见,以及内部能力的诊断发现。

一般而言,内部能力的诊断可由多个面向进行,可能包含技术技能(例如:技术创新、专利等)、有形资产(例如:资金、土地、网络、渠道等)、无形资产(例如:文化、品牌、专利、口碑等)、人力资源(例如:人才、团队、管理制度等)、流程体系(例如:质量、运作机制、流程能力、作业制度等)。有时我们也会运用一些工具协助团队进行内部分析作业,例如:波特"价值链分析"(Porter's Value Chain)、"力场分析"(Force Field Analysis)、"创新组合分析"(Innovation Portfolio Analysis)、"创新 S 曲线分析"(Innovation S-curve Analysis)等;请记住,这些分析的重点与工具的选用并没有一致性的标准,根据组织本身的特性与需要而定即可,千万不要过度分析,以免失去环境分析的目的。

内部环境分析的目的,在于了解"**我们会做什么?**"通过对内部的现况进行分析,知道相对于我们的竞争对手(现有的或潜在的),从顾客的角度,识别我们具备什么样的优势与不足之处,掌握这个原则,才不会掉入自我感觉良好的结果(图 5.2)。

至于外部环境分析,通常包含宏观的经济层面,以及微观的产业竞争层面。这部分的分析作业,通常会使用一些工具或分析框架作为协助,例如:我们会使用 PEST、STEEP、PESTLE 或是 STEEPLE(S:社会,T:技术,E:经济环境,E:自然环境,P:政治环境,L:法律,E:道德规范),来分析宏观经济的现况与趋势;也会使用"波特五力分析"(Porter's Five Forces Analysis,

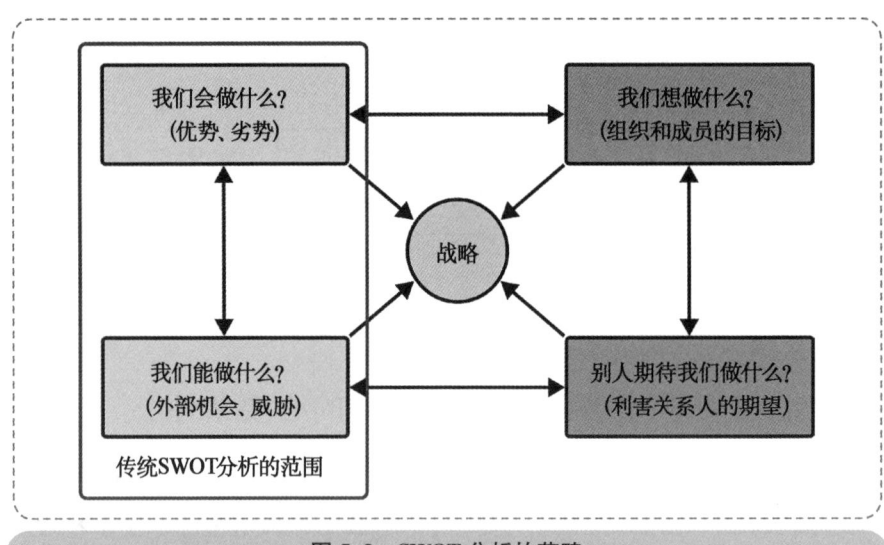

图 5.2 SWOT 分析的范畴

包含产业内的竞争态势、潜在进入者的威胁、新产品的威胁、与供应商的议价能力、与客户的议价能力)来分析组织面对产业的变化所可能带来的机会与威胁。

外部环境分析的目的,在于了解**"我们能做什么?"** 外部分析的重点在于竞争态势的诊断、发展趋势的侦测,以及对于整体环境的判断。由于我们无法掌握全部外部环境的变化趋势,因此,这部分的观点及洞察力将决定 SWOT 分析的质量。

要做好外部环境分析,首要关键在于个人与团队的洞察力。要具备高质量的洞察力必须投入较长的时间进行大量的信息搜集(Data Collection)、信息消化吸收(Incubation)以及发挥团队协作能力(Team Collaboration),这不是一件容易的事,也绝非 1~2 次的洞穴式会议就可以完成,需要战略思维的能力,以及长时间的分享与酝酿的过程。

因此,成功做好 SWOT 的外部分析,必须在组织内部长时间反复交换信息,以及培养组织成员关于理解环境变化的洞察力。它必须成为组织的长期作为以及战略规划作业的一个关键阶段,缺少这个过程,SWOT 分析就只能成为一个过场。这不容易,幸好,培养战略思维及洞察力已经能经由工具的学习及团队协作的方式而实现(读者可以参考本书关于战略思维的相关文章)。

# SWOT 交叉分析的产出应视为战略选项

那些来自内外部环境分析的重要洞见,经过团队讨论后,决定哪些洞见可以被视为优先的战略议题而被优先列入 SWOT 汇总表。完成 SWOT 汇总表后,接着就是进行交叉分析作业以得出战略选项。所谓的交叉分析,又称作 TOWS 分析,是由美国旧金山大学海因茨·韦里克(Heinz Weihrich)教授于 1982 年提出,主要是将内部经营环境(SW)与外部经营环境(OT)进行交叉分析,而产生出可以实现长期目标与愿景的战略选项,分别是 SO、WO、SW 以及 WT(注 4)。名之为 TOWS,其实是 SWOT 的反写(图 5.3)。

| 内部(I) / 外部(E) | 优势 (S)<br>列出你们的优势<br>1)<br>2)<br>3) | 劣势 (W)<br>列出你们的劣势<br>1)<br>2)<br>3) |
|---|---|---|
| 机会 (O)<br>列出你们的机会<br>1)<br>2)<br>3) | SO战略<br>Adventageous<br><br>利用组织的优势以<br>掌握外部的机会 | WO战略<br>Cautionary<br><br>限缩暴露组织的劣势<br>以捕获外部的机会 |
| 威胁 (T)<br>列出你们的威胁<br>1)<br>2)<br>3) | ST战略<br>Competitive<br><br>利用组织的优势以<br>避免潜在的威胁 | WT战略<br>Defensive<br><br>限缩揭露出组织劣势<br>以规避外部的威胁 |

**图 5.3　SWOT/TOWS 分析矩阵**

在企业团队进行战略分析作业时,必须避免由 TOWS 分析可以直接得到具体可行战略的错误认知,这也是 SWOT/TOWS 作业的重要误区之一。因为,通过 TOWS 交叉分析(SO/WO/SW/WT),我们应该要经由外部环境的战略议题(某项潜在的业务机会或趋势,或是可能影响业务发展的威胁或风险),搭配内部能力的战略议题(某项相对于主要竞争对手的优势或劣势),联想出一个命题(或课题),再基于这个命题,发挥团队的智慧与创意,提出具备创新与独特性的战略选项。

例如:一个准备进军中国新能源汽车零配件市场的传动轴生产商,看到当地政府在政策上支持新能源汽车产业的发展（O：一项被选入机会的战略议题），而本身具备自动化传动轴生产制程，具备高质量及合理成本的优势（S：一项被选入优势的战略议题），因此，在 SO 的交叉分析中，可以联想出"**如何运用既有自动化生产能力以掌握政策支持，及早进军新能源汽车供应链**"的命题（或课题），基于此一命题与 3～5 年突破性目标，经营团队可以发想出一些独特的市场、产品、技术创新的战略选项出来。

**在进行战略选项的构思时，关键在于"HOW（如何做）"的思维**，此时，本质的掌握、团队协作，以及战略构想的独特性非常重要，愈多愈好，数量是我们的诉求，太早以可行性观点看待创意将会扼杀好的战略选项于摇篮中，可以搭配一些好用的创新工具帮助创意的发想，以收事半功倍之效。

完成数量较多的战略选项后，团队才进行可行性的讨论，此时，可以依据组织的中长期目标，进行战略选项的优先排序以筛选出可行战略，或是透过整合相似的战略选项，进一步构思更具独特性及可行性的经营战略。

## 工欲善其事必先利其器

面对不断变化的经营环境，经理人唯有善于运用完善的工具，知己知彼，获得洞烛机先的战略优势，在众多战略分析技术中，SWOT/TOWS 无疑是重要的工具。然而，正确完成 SWOT/TOWS 分析作业，并不代表可以产生好的经营战略。如果经营团队未能充分掌握 SWOT 的本质与熟悉完整的作业要求，并及早培养正确的战略思维以提升个人与团队的洞察力，那么，要能发展出独特的经营战略，将是如同缘木求鱼般脱离现实。

阅读本文并不会让各位成为 SWOT 高手，但能帮助各位正确地看待和使用 SWOT，累积经验，成为擅长战略分析的高手。

## 注释

▶ 注 1：原文刊登于"经营洞察力论坛"2018-01-31。

▶ 注 2：战略选项（Strategic Options）：指具备战略的性质，但需经过进一步的讨论、可行性分析、优先排序、或是整合后，才能成为最终的经营战略。在本文中，经过 TOWS 交叉分析后的战略，应该归属于战略选项的性质。

▶ 注 3：战略议题（Strategic Issues）：名之为议题，指的就是需要进一步厘清与讨论。在本文中，战略议题不是战略，通常是指经过内外部环境分析所搜集到的信息，经过讨论得到的洞见,再经过优先排序后,可以列入 SWOT 汇总表,进行交叉分析讨论的事项。

▶ 注 4:SO 战略为内部优势—外部机会分析,又称为**攻击战略**;WO 战略为内部劣势—外部机会分析,又称为**补强战略**;ST 战略为内部优势—外部威胁分析,又称为**防护战略**;WT 战略为内部劣势—外部威胁分析,又称为**退避战略**。

### 思考问题

1. 各位可以上网搜寻关于 SWOT 矩阵(或是 SWOT 分析法)的介绍,来深入了解本文所介绍的 SWOT 矩阵,再回过来看本文,相信您会对 SWOT 有更多认识。

2. 如果您曾经使用过 SWOT,可以检视一下本文中所提的六大常见错误,是否与您及团队的经验一致?并且思考未来如何改进您的战略分析作业。

3. 本文强调战略思维是进行 SWOT 的重要前提与能力,请回想您的 SWOT 作业,究竟是属于洞穴会议的类型,还是在平时即分享各成员对于环境变化的信息与看法,并将其作为 SWOT 四方格讨论时的重要信息参考来源。

# 十七、解读"战略"与"战略展开"

　　Strategy Deployment，中文通译为"战略展开"或"战略部署"，这项工作通常与组织的年度计划结合在一起；顾名思义，就是针对组织的目标进行设计及展开至优先级别的战略，得到可执行的行动方案并附带产出许多令我们又爱又恨的关键绩效指标（KPI：Key Performance Index）。然而，这个理解正确吗？

　　通过本文，让我们一起来理解"战略"，以及"战略展开"在实务工作上的意义，同时，也希望帮助大家建构一套完整的战略规划概念，有助于实际工作的推动。

## 战略是什么

　　战略一词，相信许多人对它既熟悉又陌生。关于"Strategy"，使用于整体组织或国家社会的层面时（比较宏观），称之为"战略"，在较低阶或局部范围内（比较具体）的使用时，则称之为"策略"。

　　大家应当要知道，现代管理学中，无论是"战略"还是"策略"，都来自英文"Strategy"。当我们查找这个字的出处时，会发现：Strategy 这个词最早源自希腊字 Strategia，即"带兵之术"；也有写它是源自希腊语"Strategos"，意思是"军事将领、地方行政长官"，可见均源自军事用语与思维。相对于 Strategy，目前军事用语还存在着 Tactic 这个英文名词，译为"战术"，意思是指导及进行战斗的具体方法，用通俗一点的话来讲就是如何带兵打仗，也是如何具体实现战略目标的意思。

　　我们再进一步来看战略这个字。从《英美词典》解释：在商业环境中，所谓的"战略"（Strategy），其实指的是一段过程。对于组织想要实现的目标，经由一段思考分析的过程（有时又称之为战略思维）；而得出如何实现组织目标的方法、路径、对策，或是一种战略的综合结论，这是所谓"HOW"的概念。

然而，由于组织、国家，或是个人，在目标上都有不同层级的区别，例如：总经理的目标和团队主管的目标在层级、范围、困难度、挑战性、资源的运用上就有所不同。因此，如果针对较高阶的目标，需要较多偏概念性及较多开创性的方法或对策来实现，这时，我们会称这些方法为相对于该目标的"战略"或"策略"，例如：总经理级战略、公司级营销战略、市场策略等。反之，如果要实现的目标层级较低，或是需要拟定较具体的施行方案，此时的具体行动方案我们会称之为"战术"，例如：各种市场推广方案、现场质量提升计划、QCC实施计划等。

因此，我们可以说，"战略"或"策略"代表一种发想实现目标对策的过程，有时我们可以称这段过程为"战略规划"（Strategy Planning）。至于我们真正理解上的战略或是战术，则是经过战略分析与规划作业后所得到的战略性结论，只是因为层级不同而有所差异罢了。组织应该根据这些战略结论来思考可能的资源配置或行动方案，接着就是"战略执行"（Strategy Execution）的阶段。

## 战略和目标的一体两面

据考据，中国现存最早的兵书是《孙子兵法》，它同时也是世界上最早的兵书之一。作者孙子指出，"战"是指战争，而"略"则指的是谋略及施诈，包含"战略"与"战术"。例如：孙子在《孙子·谋攻》中说："不战而屈人之兵，善之善者也，故上兵伐谋，其次伐交，其次伐兵，其下攻城。"讲的就是战略的部分，要领导人因势利导，择善而为，最高目标则是"不战而屈人之兵"，也可称作"作战"目的。

另外，《孙子·火攻》："凡火攻有五：一曰火人，二曰火积，三曰火辎，四曰火库，五曰火队。行火必有因，烟火必素具。"讲的就是关于战争中用火攻战术的注意事项，达到该战役或更小的战斗得胜的目标。因此，无论是军事上的战略或战术都是在实现目标，只不过，战略所要实现的是比较整体性、比较长远的目标，而战术所要实现的目标来自战略（或经营战略）所定的大方向。

必须通过合适的战术、具体的行动方案，加上良好的执行力，才能保证经营战略（或军事战略）及与其相关的目标实现。所以，战术执行的思考原则是讲求效率的"把事情做对"（Do things right）；战略所着重的则是讲求方向及效果的"做对的事情"(Do the right thing)思维模式。

那么,战略和目标又有什么关系呢?其实,战略与目标具有一体两面的特性。简单的解释,参考前一节所提及的,那就是:战略是实现目标的作为,重点在 HOW;而目标则是我们要追求的对象或要实现的境界,重点在 WHAT。一个好的目标,最好符合"SMART 原则"(注 2)。

在组织中,不同层级都可以为其设定目标,例如:总经理目标、部长目标等。而愿景就是组织成员所共同追求的长远目标,虽然有的愿景不够具体,但以能够让组织成员对愿景充满想象及愿意承诺实现它为首要条件。因此,如果组织设立了愿景,如何实现这个愿景的做法与方向,我们会称之为"中长期战略"(Long Term Strategy)。这些中长期战略可以给予组织一个整体性的指引,告诉组织成员,我们要从哪些具体的方向去实现大家所拥抱的愿景。

要如何得到这些中长期战略呢?这就需要考验经营团队的战略思维能力了,也就是关于如何产生好战略(独特战略)的思维能力,它是一种思考方式,也是一种看问题及分析信息的能力。更贴切地讲,战略思维就是一种关于组织所处事业/产业内外部经营环境变化的洞察能力。通过适当的工具(如 SWOT)洞悉环境变化背后的意义,并经由各种不同的战略工具(如安索夫矩阵、ADL 矩阵、BCG 矩阵、平衡计分卡……)的启发,以具有开创性的思维,思考并归纳出实现组织愿景(或长期经营目标)的方法或路径,这些方法或路径我们通常称之为中长期战略。

中长期战略指引了经营团队实现愿景(或组织长期目标)的方法或路径,然而,一个组织不太可能一步到位地直接去实现愿景,这时,就可以基于这些中长期战略来思考可以具体衡量战略是否成功的中长期目标(有时又称之为中长期突破性目标,英文为 Breakthrough Objectives,以 BTO 来表示,代表着目标是否具备突破性及开创性)。这些中长期目标亦可被视为实现组织愿景(或组织长期目标)的阶段性目标。帮各位整理一下思绪如下:

1. 要实现组织愿景(Shared Vision,也是所谓的 Purpose 或是 WHAT 的思维)必先思考中长期战略(一种 HOW 的思维),关于中长期战略是否能成功实现,必须规划出相应的中长期目标或年度目标(一种 WHAT 的思维)。

2. 同理,组织要实现年度目标(WHAT),领导人必须在组织团队的协助下,产生相对应的公司层级战略(又是一种 HOW 的思维),以确保年度目标的实现。

3. 依照这个逻辑,每一个公司层级的战略均须为其规划一个或多个相对应,可以衡量这个战略是否能成功的目标(又是一种 WHAT 的思维),这个目标如果被指定给某个部门负责完成,通常就被称作部门目标。接着,要实现这个部门目标(WHAT),负责的部门主管及其团队须要规划出相应的策略(又是一种 HOW 的思维),关于这个策略是否成功,必须设定出合适的目标(WHAT)进行衡量。各层级的目标与战略(或策略)则依此类推,形成一种 WHAT—HOW—WHAT……的层级展开模式,相关概念可以参考图 5.4。

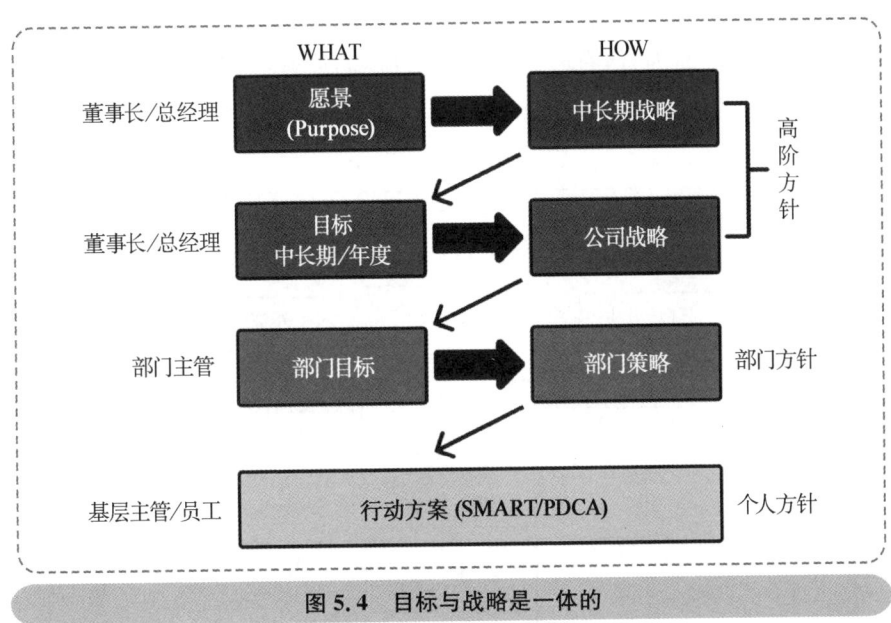

**图 5.4　目标与战略是一体的**

换个角度,当我们基于愿景及中长期战略而设定出中长期目标(一般为三年或五年目标)后,如果我们将中长期目标进一步分解成年度目标,那么,是不是可以说,这些年度目标也是实现中长期目标的方法或路径(或是战略)呢?

因此,希望大家回归"战略的本质就是一种实现目标的方法或手段"的观点。当我们辨识出优先级别战略,并为这个战略定义明确的衡量指标与目标时,这个具战略性质的目标,我们可称之为战略性目标(Strategic Objectives)。接下来的工作就是找出如何实现这个战略性目标的方法与可行对策(战略)。由这个思维,我们应该认知到,目标与战略应该被视为战略管理的一体两面。

## 究竟是战略展开还是目标展开

让我们来看看什么是战略展开(Strategy Deployment)。传统上,学界习惯性地将战略规划分成三个阶段——战略分析阶段(Strategy Analysis)、战略形成阶段(Strategy Formulation)、战略执行阶段(Strategy Execution)(图5.5)。其中的"战略形成阶段"就包括如何将组织的目标进行分解、展开,以及选择。不管是层级式的垂直展开(例如:总经理目标 → 部长目标 → ……)或是功能级别的横向展开(产、销、人、发、财……),通常是针对年度目标而进行,有时,这种年度目标的展开我们也称作战略展开;这也是目标管理(MBO: Management By Objective)或是方针管理(Hoshin

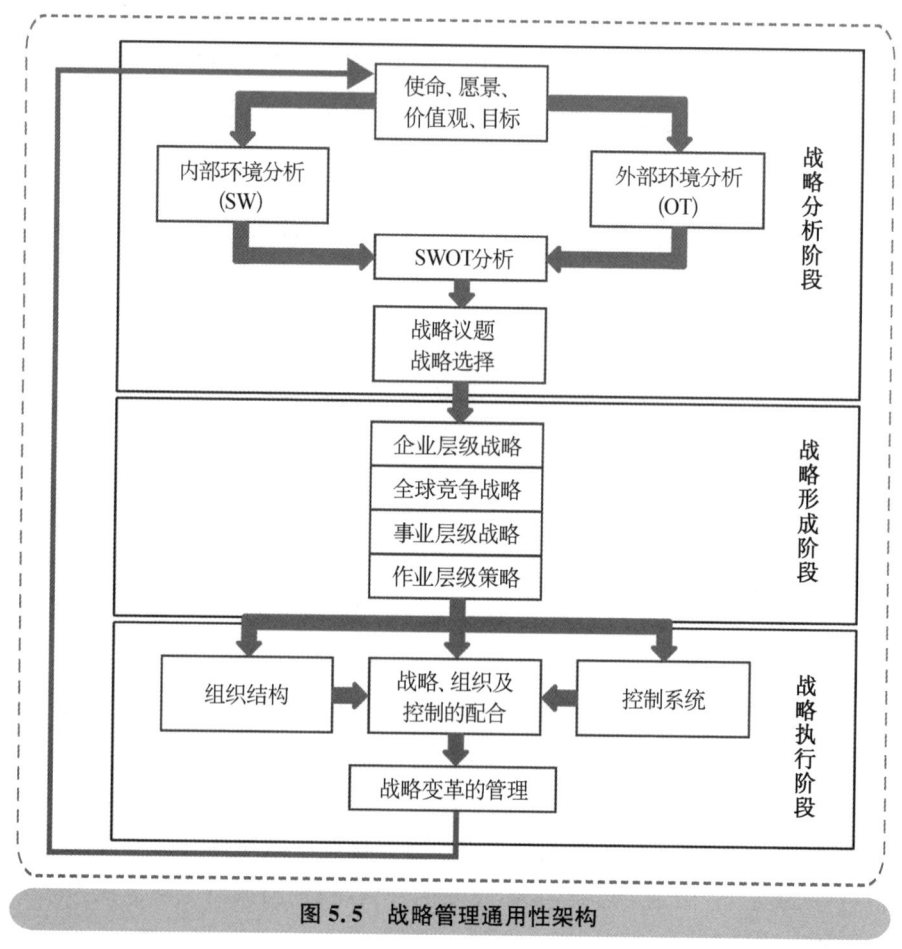

图5.5 战略管理通用性架构

Planning/Hoshin Kanri)等战略管理理论所关注的核心工作。那么,我们要展开(Deploy)的究竟是目标还是战略呢?我们如果借方针管理的理论,并且回顾前面小节的说明,应该就不难理解了。

方针管理较常被企业运用于战略规划的工作上。在方针管理的理论里,"方针"的定义就是一组目标与战略(对策、战略或战术)的结合,例如:总经理的某一个年度目标(来自某个 5 年突破性目标)为"于 20XX 年内增加 3 个主要客户并带来 1 亿元的新增订单",那么,总经理自己或是集合他的部长们共同思索要"如何"实现这个目标时,想到的"做法"可能有:①加入 XX 国家的商会组织;②针对目标客户开发下一代应用的产品以争取展示的机会;③XXXX 等三个总经理的优先战略。在选定这个年度目标的优先战略后,会为每一个战略制定可以衡量的指标与目标,例如:针对第①个优先战略可以设定的战略性目标:"在今年三月前加入 XX 国家的商会组织并于九月前成功邀约 YY 个潜在客户到公司参观。"依此类推,总经理就有了至少三个总经理级别的方针(总经理目标 ＋ 总经理战略及战略性目标),这就是我们所谓的方针管理"战略展开"作业,其概念和图 5.4 是一致的。

我们在此,简单地为战略展开以方针管理的模型做说明:"战略展开是一段思考及作业的过程,它必须基于明确的目标,在团队的共同参与下,掌握目标的本质,考虑组织内外因素,共同发挥创意及团队合作的精神,以产生出能够实现目标的战略。"战略展开可以是横向的跨部门展开,也可以是由上而下的阶层式展开,最终得出具体的战术或行动方案以保证各层级目标的实现。

回到我们的命题,无论我们称这个过程为战略展开抑或是目标展开,关键是要掌握住任务的本质。经由前述的说明,我们应该认知到,它的核心工作就是一段基于目标而开展出战略、战术与行动方案的战略活动。抛开中文名词的翻译差异,我们只要掌握住工作本质,必然能帮助我们增进战略管理的工作成果。

# 注释

▶ 注 1:原文《"战略"与"战略展开"》刊登于"经营洞察力论坛"2018-03-14。

▶ 注 2:"SMART 原则"是一个用来检视管理目标完整性的原则,分别由 5 个英文字及其所代表的原则所组成:衡量指标与目标要明确清晰(Specific)、指标要能方便测量(Measurable)、目标要具有挑战性及可实现性(Attainable)、目标要与组织整体方向具相关性(Relevant)、目标的实现要有明确的期限(Time Bound)。

### 思考问题

1. 请就您曾经历或实践过的年度计划或战略展开的过程,与本文所介绍的概念相互比照一下,有没有什么一致或不一致之处?如果有所差异,能找出比较能接受的说法吗?
2. 经过本文对于战略、目标与战术的说明、比较、分析后,是否还有不明白之处?建议各位花点时间再由网络或相关书籍的阅读中搜集信息,并与您的团队成员一起分享自己的见解。
3. 本文提到了两种战略展开的工具——"方针管理"及"目标管理"。建议各位花点时间了解这两种工具并与团队成员分享。

# 十八、"战略性目标"的管理意义

"战略性目标"(Strategic Objectives)于战略分析与规划的工作,具有非常重要的管理意义。然而,许多组织对于战略性目标非常陌生,有时,也会和"日常管理性目标"(Daily Managerial Goals)混淆而误用。如果组织想要提升战略管理能力,清楚认知并掌握战略性目标的本质,将是最优先的工作。本文将以方针管理为起点,并以方针管理于战略规划工作常见陷阱的探讨,帮助各位清楚认识战略性目标的管理意义与运用实务。

## 方针管理的管理对象

许多人常常分不清"目标管理"(MBO: Management By Objective)及"方针管理"(Hoshin Planning)。其实,这两种管理制度确有异曲同工的效果,因为这两种关于企业运营的管理工具,在操作的过程中差异并不大,只不过在目标设定与展开的过程中,二者的侧重点有所差异。有些研究者认为,目标管理较为注重结果的实现及个人激励的效果,而方针管理则较为注重目标展开的结构性及循环性,以及战略执行时的学习效果。

这两种理论纵使在设计之初有明显的差异,但经过数十年的演变,现在企业在实施关于目标的管理制度时,已经并非基于原始理论架构操作。要想成功借助于设定管理目标而提升运营绩效的企业,大多会顺应本身的体质而调整做法,并未照搬教科书的内容与架构。因此,只有掌握了战略管理的精髓,方能获得真正的成功。本文并非讨论这两种目标管理制度的差异,而主要是从方针管理的角度对此次的主题进行阐述及说明。

方针管理源自日本,理论的发展却受品管大师威廉·爱德华兹·戴明(W. Edwards Deming)所提倡的 PDCA 管理循环(注2),以及管理大师彼得·德鲁克(Peter F. Derek)所提出的目标管理等理论影响极深。由于方针管理在近年广为许多国内外知名企业采用,因此,本文将基于方针管理的概念来探讨战略性目标的这个主题,较为单纯易懂。

我们来看所谓的"方针"(Hoshin),在日语的意思里,其实是"闪亮的针尖"之意,真正对方针管理有所研究的人,应该对这个日文字义有会心一笑的感觉。因为,方针管理是否被正确地使用,并且达到期望的效果,就与这个日文字本身的字义有着密切的关系。

在组织的战略规划过程中,一般而言,均是围绕着组织的愿景,或是顺应组织发展的中长期(3~5年)目标而进行。因此,无论是组织的愿景,或是中长期发展目标,肯定具有一个共通的特质,那就是"突破性"(Breakthrough)。也就是说,组织领导人必须要借着具备"闪亮的针尖"性质的目标,带领组织挑战现况、超越现况、由点而面的突破,共同追求美好的未来。因此,我们可以说,方针管理所管理的对象,并非是普通的目标,而是一个或多个,为了实现组织未来发展的突破性目标,以及支援这些突破性目标的优先级别战略。

## 组织战略规划常见陷阱

在我长期协助企业组织进行战略规划的辅导经验中,以下几个是我认为最常见却致命的陷阱,稍有不慎,将导致企业组织无法如期如质地完成战略分析过程及后续的目标展开作业,进而影响企业实现其管理目的。

**1. 分不清战略性目标或日常管理性目标**

如果战略规划系基于组织发展的目的而展开,那么,所设定的目标必须具备一定的挑战性。方针管理的管理流程是在帮助组织如何由远而近(愿景→3年或5年目标→年度目标)、由上到下(总经理方针→部门主管方针→个人方针)、有系统地实现整体的目标。

然而,一个组织的运营必须顾及诸如产、销、人、发、财等组织内的众多部门,每个主管也都必须通过许多的管理目标来进行组织管理工作。如果将这些大大小小的目标全部列入方针管理的整个系统中,那么,往往会导致组织最终一事无成,并且将有限的时间精力投入繁复的方针管理循环中,未蒙其利、先受其害,最终将导致组织放弃实施方针管理这一有效的管理工具。

究其原因,就是领导团队无法区别所谓的战略性目标及日常管理性目标。所谓战略性目标,是基于实现愿景及中长期突破性目标(Long Term

Breakthrough Objectives),经过战略性选择过程而得到的目标。所谓的战略性选择,就是基于战略与经营所做的取舍作为。这种取舍不限于目标,也包括组织的战略,所挑选的结果需具备"重要的少数"(Vital Few)的特质,通常运用于由上而下的决策过程,关键在如何避免无所不包,把所有的战略和那些日常管理性目标均纳入组织的方针计划中。

所谓日常管理性目标,其实它们也很重要,只不过,日常管理性目标通常是基于部门领导的职责,作为领导部门发展及内部人员管理的策略及目标。日常管理性目标也会具有挑战性,例如:"质量每年提升3个百分点""交货准时达交率较去年提升5%"等。组织的日常管理性目标的管理指标通常每年都相同,以前一年度的结果作为基础而设定次年的改善目标,一般是基于持续改善的精神来思考它们,但不可与战略性目标混为一谈。当许多组织在进行方针管理展开的工作时,领导团队常常因为缺乏洞察力、疏于思考、缺乏领导力或是便宜行事,而将众多的日常管理性目标纳入方针计划内,最终无法帮助组织实现未来的愿景。

### 2. 管理指标流于形式或滞后型指标(Lagging Indicator)

我们常常将KPI(Key Performance Index/Indicator)挂在嘴上,但是,有多少经理人真正了解KPI的意义?首先,一个KPI必定有其目的,这个目的也通常是我们所说的目标或战略。例如:为了实现顾客满意(目的),我们必须要建置一套有效的顾客管理系统(战略)。那么,要如何衡量这个战略的成功,以及要如何配置资源呢?这个时候,一个优良的KPI就会帮助我们成功。

任一个KPI必定包含两个组成成分,一个是衡量指标(Metric或Indicator),另一个是顺应衡量指标而来的目标(Target)。参考上一个例子,关于"有效的顾客管理系统"这个战略,我们可以设计"顾客意见回应时间"为一个衡量指标,或是"顾客满意度",也是一个衡量指标。一旦定义出适当的衡量指标后,则可以顺应整体的目的而设定出阶段性的目标,这就构成了组织或领导人的KPI。当然,这些KPI仍必须符合SMART的原则。一个战略具有一个以上的KPI是很平常的现象,然而,并非愈多愈好,否则,会陷入"不重要的多数"(Trivial Many)的陷阱而不自知。

针对"有效的顾客管理系统"这个战略,"顾客意见回应时间"及"顾客满意度"这两个指标有何差异呢?一般而言,后者较容易被管理团队选入,因为"顾客满意度"是较方便衡量且较容易被想到的管理指标。然而,相较于

"顾客意见回应时间""顾客满意度"却属于滞后型指标的性质,它的确容易衡量及获得,因为平常它就在系统里;但是,滞后型指标的特色就是无法驱动积极的管理作为,这是因为领导团队不愿意花时间思考能真正帮助组织成长及挑战的管理指标,也就是领先型指标(Leading Indicator)。关键是,要因时制宜地产生高符合性的管理指标,需要更多的创造力、洞察力,以及积极任事的态度,因循现况绝不能帮助我们实现野心。

**3. 资源配置不适当**

当目标太多或是挑选了太多的 KPI 时,可能会让组织无法真正聚焦(Focus)在重要的战略上。同时,许多高阶主管也会陷入绩效考核(Performance Evaluation)或是预算分配(Budget Allocation)的惯性思维,让有限的资源被错置,无法支持战略性目标的实现。

既然是组织的战略性目标,就必然要具备突破性、挑战性、跨部门以及与经营目的积极结合的特性。要成功实现战略性目标,首先必须要有勇于任事及当责的干部,在既有的工作范围外,愿意接手并努力实现它。作为领导者,必须在资源上提供必要的协助,愿意在遇到困难时出面协助排除障碍。如果没有适当的资源配置,那么,再好的战略性目标亦将无法顺利实现。

另有一点,对于来自方针管理的战略性目标所进行的执行审查与考核,也与日常管理性目标的考核有所不同。对于前者,与其说是考核,不如说是一种执行进度的审查;审查的重点并非针对未实现的目标直接进行究责,反而应该是针对未如预期的表现,在既有的行政支持及资源配置上,考虑是否必须再重新调整?既然是战略性目标,就不应该以处理日常管理性目标的方式来管理。因此,组织内部在面对定期的目标进度审查时,应该存在两种议程,不适合把战略性目标及日常管理性目标放在一起而以相同态度进行审查。

**4. 受限于意图战略(Intended Strategy)而不知变通**

关于战略,我们常常听到"意图的战略"(Intended Strategy,可以理解为"想要的战略"或是"预期的战略")及"突现的战略"(Emerging Strategy),前者指的是我们经由战略规划而产生出来的优先级别的战略。通常是由上而下产生,只要一切符合预期,经过慎思熟虑后,可以具体化实施的做法,帮助我们实现目标,这种实施的做法是一种"慎思的战略"(Deliberate Strategy)(参考图 4.3:明茨伯格的战略五面向)。

然而,世事发展往往会事与愿违,当环境改变时,原先构思好的意图战略可能会遇到阻碍,也可能出现不如预期的结果;然而,许多领导人往往囿于定期战略规划的习惯,以及受限于既有战略的承诺而不知变通,以致这些意图战略最终落败。相对于意图战略,突现战略就是非预期的,顺应环境的变化而随机应变产生出来的。突现战略大多是由下而上发现的战略。既然非预期,它就不会是来自正常的战略规划流程。

环境无时无刻不在变化,如果组织里的成员能够时时面对这些变化而进行思考,并且试着实行应变的措施,就能创造突现战略的温床。例如:亚马逊公司(Amazon)原来的定位是网络书店,它是卖书的,如今,亚马逊"什么都能卖",靠的就是基于组织良好的战略思维能力,以及愿意不受限于既有战略与运营模式的领导人。

提出突现战略的概念并非否定由方针管理流程而得到的意图战略,重点在于,领导人和领导团队要能时时观察并掌握环境的变化、培养良好的战略思维能力,勇于面对挑战做出决战,才能真正了解战略聚焦的管理意涵。

## 聚焦于战略性目标实现组织愿景

经由前述的说明,相信各位对于"战略性目标"应该有了完整的认识。总结如下:首先,战略性目标必定与组织整体的、长期的发展战略与目标有着密切关系;再者,战略性目标与日常管理性目标不同,它是优先的、数量较少的、具创新性思维,以及需要配置适当的资源才能实现;最后,战略性目标的实现一定要结合领导团队的战略思维,领导团队一定要聚焦战略性目标,同时,也要善用团队的洞察力而不受限于意图战略,可以适时地重新聚焦。

因此,战略性目标是一种"突破性目标"(BTO: Breakthrough Objectives),也是方针管理的战略展开重点。如果经营团队能够有效识别战略性目标,并且持续聚焦于此,再辅以强而有力的执行力以落实日常管理性目标,二者相辅相成,将能够打造良好的竞争力,帮助组织实现未来发展的愿景。

## 注释

▶ 注1：原文《剖析"战略性目标"的管理意义》刊登于"经营洞察力论坛"2018-04-18。

▶ 注2：也称作"PDCA循环"（PDCA Cycle），PDCA循环是由统计品管之父沃特·阿曼德·休哈特（Walter A. Shewhart）所提出，戴明博士自美国引入日本，由日本人大量使用于产品的质量管理改善而将之发扬光大，并称之为"戴明循环"。PDCA由四个英文动词组成，分别是Plan（计划：找出问题原因，制定"改善计划"）、Do（执行：依据计划，马上采取行动进行改善）、Check（查核：检讨计划进度与成果，边执行、边改善）、Act（行动：针对实际与计划的落差，检讨原因、修正与调整）。

### 思考问题

1. 如果您对于方针管理的概念有些陌生，建议您及您的团队成员可以上网去查询方针管理的相关背景资料，然后分享给其他团队成员。

2. 请与团队成员检视一下公司的战略规划结果，或是您承接的KPI，看看有哪些符合本文所介绍的战略性目标的特性？如果大都属于日常管理性目标，请共同检讨为何如此？

3. 与相关人员，借着本文中关于战略规划的四大常见陷阱，来检视一下目前组织的战略发展与规划作业，踩到了哪些陷阱呢？

# 十九、如何运用方针管理完成方针目标展开

随着精益生产(Lean Production)管理系统在全球范围内日益普及,方针管理也成为许多企业用来进行战略规划及目标展开的利器。关于目标展开及战略性目标的性质和使用原则,我已在前几篇文章中做了重点介绍,至于方针管理目标展开的核心工具——方针管理矩阵(X-matrix),一直未有完整的介绍。本文将对方针管理七步骤与方针管理矩阵的操作实务做一次原则性的说明,希望能帮助各位有效地利用方针管理这个工具进行目标展开。

## 方针管理与目标展开七步法则

"方针管理"(日文:Ho Shin Kan Ri)是源自日本的一套战略规划与战略执行的方法论,大约是在1965~1967年起源于日本神户造船厂及普利司通轮胎公司(Bridgestone)。Ho Shin Kan Ri 的英文名称为 Hoshin Planning (有些地区也称之为 Policy Management),中文通常称之为"方针管理"。

我们从字义上进一步了解方针管理的意涵,可以发现,"方针"一词在日文中的本意为"闪亮的针尖",蕴含着指引方向、突破现状的意思。这也就是为何方针管理于管理实务上,常常被运用于协助企业突破现况,实现成长性目标(包含企业愿景),以及如何将有限的资源(包括人力、物力、财力、时间,等)聚焦于已定义的优先突破性目标上。方针管理的操作包含七个步骤(图5.6)。

**步骤一:建立组织愿景(Shared Vision)**

每年的战略规划周期开始前,组织必须要重新检视未来的发展愿景,视组织需要,可以进行愿景的调整。组织成员对于共享愿景的认同及承诺是方针管理成功的关键,也揭示着企业方针的实现方向。

**步骤二:发展3~5年突破性目标(What)**

第一次实施方针管理的企业,可以经由战略规划作业,为实现愿景而定

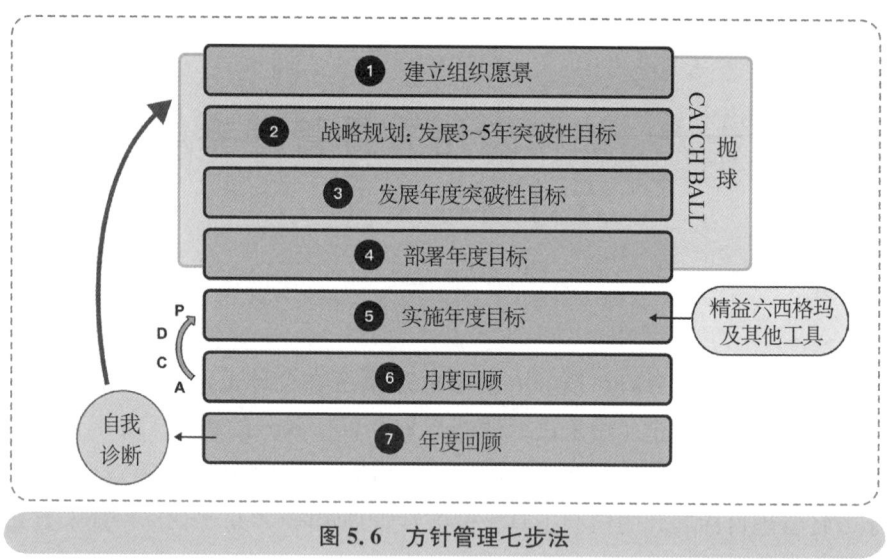

图 5.6　方针管理七步法

义出中长期的战略方向。基于组织的中长期战略方向,由领导团队完成中长期突破性目标(BTO: Breakthrough Objectives)的确认。在制定 3～5 年的中长期突破性目标时,应顾及它的平衡性;这时,平衡计分卡(BSC: Balanced Score Card)的观点会是一个不错的参考(注2)。而所谓的突破性目标(BTO),也不是那种部门内部持续改善式(Continuous Improvement)的 KPI,应该是由上而下思考出那些能够有效地引领组织实现愿景、达到组织成长目的的战略性目标。关于战略性目标与日常管理性目标的区别,是现代领导人必备的关键能力,值得各位花时间体会(可参考本章相关文章)。

**步骤三:发展年度突破性目标(How Far)**

在确认组织的中长期(3～5 年,一般建议选择 3 年或 5 年)突破性目标后,领导团队需要定义出各年度的突破性目标,特别是在第一个年度,目标是否具备突破性是必须的考量点。年度突破性目标的展开为方针管理矩阵的管理核心。

**步骤四:部署年度目标(How/How Much/Who)**

所谓部署,是指领导团队针对组织当年度突破性目标进行战略展开的工作(Strategy Deployment),目的在于发展出合适的战略、资源配置及责任分工。战略的展开必须要顾及优先性。

> "我们在此阶段即运用方针管理矩阵(X-matrix),
> 完成方针目标与战略的展开,这也是本文所探讨的重点。"

**步骤五：实施年度目标**

所有被挑选出而列于方针管理矩阵上的重要战略，均采项目的方式指定主管/人员负责。执行进度除了定期汇报外，也将反映在方针管理进度追踪表（一般使用甘特图或类似图表）上进行考核及追踪。

**步骤六：月度回顾**

在方针管理的实施过程中，方针管理矩阵的负责主管，必须于每个月进行执行进度的检查。由于列入方针管理矩阵中的目标、战略与相应行动方案均为组织成长的优先重点，所以绝大部分的方针，其实现皆具有一定的挑战与难度。对方针目标的进度审查将不同于部门日常管理 KPI 的审查方式。

**步骤七：年度回顾**

年度回顾的目的，包含验收成效及适时发布变革阶段成果。与此同时，也要检视方针管理作业是否有必要在下一年度进行调整，包含作业方式、目标设定、组织支援力量的常规化等。这使得方针管理在组织的战略规划的工作中，成为一个能自我增效的内部循环。

方针管理除了七个主要步骤外，也非常注重团队成员与领导间的相互沟通，以促进双方对战略与目标的认同，有效地获得组织成员的承诺，这个过程称为"抛球"（Catch Ball，也称为"传接球"）。抛球作业通常是应用在步骤一与步骤四间，与字义上的不同处在于，它指的是上下阶层相互间的"抛、接球沟通"与"目标确认"的一系列管理作为；通过各阶段的抛接球作业，让战略规划工作处于一种早期参与（Early Involvement）、互动沟通的情境之中，有助于得到各级管理人员和员工的认同。这是方针管理的成功关键。

## 方针管理矩阵概述

所谓"方针"，依方针管理理论的定义，为一组"目标＋战略"的组合。"战略"的本意为如何（How To）实现目标的作法。因此，当总经理确认了他的年度突破性目标后，即会产生优先的战略以实现该目标，进而构成了多组的总经理方针（年度目标＋相应的总经理层级战略），对于每一项总经理层级的战略，务必要思考可以衡量该战略是否成功的衡量指标（Metric）及目标（Target）。通常，总经理层级战略的发想是由总经理和其领导团队协作产生，好处是，双方可以在过程中进行战略与目标（未来会交付给部门主管）的抛接球沟通。当个别的总经理战略及相应的目标由总经理分别指派给相关的部门主管或特定专人(Owner)负责后,就完成了高阶方针展开的工作。

接下来,部门主管将协同他的团队进行方针管理的次阶展开工作。首先,部门主管与其团队依据来自总经理的战略与目标,经由团体协作的模式,构想出如何实现所负责目标的相应战略(How To),此时,每一个来自总经理的目标与相应的优先部门层级策略(一个目标可以有不限一个的策略)便组成了部门主管的方针。针对每一组方针,部门主管与其团队应发展出可以衡量该策略是否成功的衡量指标和目标,也将作为该部门主管的年度施政重点,此时,该部门主管也完成了二阶方针展开作业。如有需求,循着此一原则,可以推展至三阶或更多层级的展开。

前述的方针管理战略展开,会在方针管理矩阵上进行,各层级有各层级的方针管理矩阵,因此可以扮演着承上启下的工作,它可以帮助总经理(或事业部主管)与高阶主管团队进行战略展开与沟通,以及规划后续的策略行动方案(Action Plan)。这种由上而下的展开,以及由下而上地追溯至组织整体目标,是方针管理矩阵的核心优势与贡献。

图5.7可以让我们更进一步地认识方针管理矩阵。它共分成五个部分,

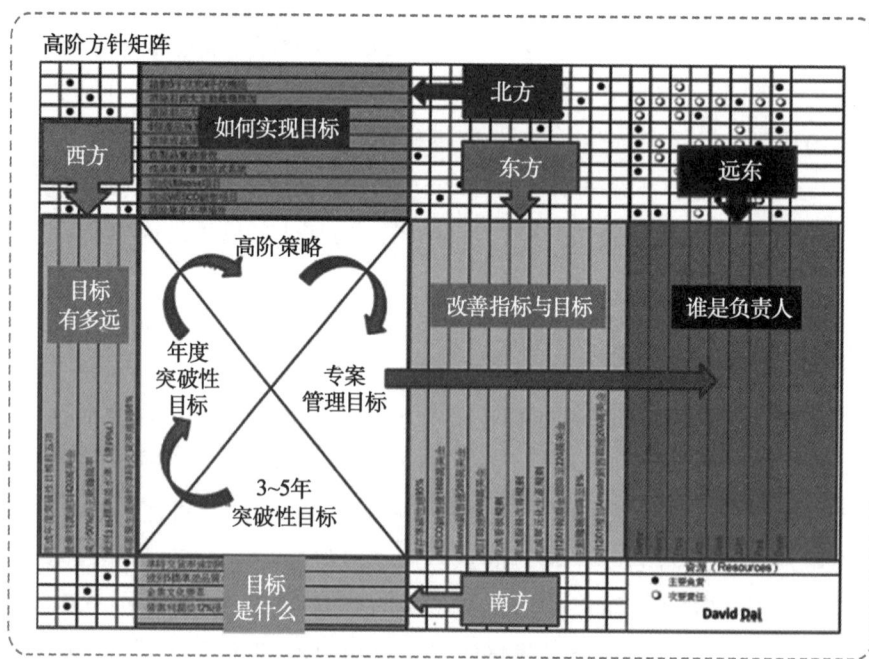

图5.7　方针管理矩阵结构图(以高阶为例)

以高阶方针管理矩阵（High Level X-matrix）为例，其工作进行（填写）的顺序，依序自南方（What，总经理层级的 3 年或 5 年突破性目标）、西方（How Far，总经理层级的年度突破性目标）、北方（How To，总经理层级战略又称为高阶改善重点）、东方（How Much，衡量北方是否成功的管理目标）以及远东（Who，对应总经理层级战略的负责人，即部门主管或专人）。每一个方针管理矩阵的角落及东方/远东的上部均可看到圆点（dot），这些圆点代表各方位之间的联系，也表现出向下展开或往上追溯的关联性。其中，远东上部的圆点代表的是负责人与北方之间的关联性，也可视为总经理层级战略（北方）的当责者矩阵（黑点表示是该战略的主要负责人，白点表示为支援性人员）。

## 如何运用方针管理矩阵进行目标展开

以高阶方针管理矩阵（用于总经理或事业部主管层级）为例，当组织要进行战略规划作业时，必须基于组织中长期战略发展方向来确认出 3～5 年（3 年或 5 年）突破性目标（BTO），这是组织为实现愿景所致力要实现的阶段性发展目标。因为是以实现组织愿景为方向，所以列于矩阵上的战略与目标应贵精不贵多，故均具有一定的挑战性；也不应与日常管理性的 KPI 重复。突破性目标的取舍与优先性必须基于愿景及可用资源，聚焦于引领组织成长的"关键少数"（Vital Few），避免陷入"琐碎多数"（Trivial Many）的陷阱里。

列于 X 矩阵西方的年度突破性目标（年度 BTO）源自"南方"的 3～5 年突破性目标。与 3～5 年突破性目标的概念一致，并非所有的年度目标均适合被置入方针管理矩阵内，必须掌握它们的优先性及挑战性，以下为检核的重点。

1. 年度 BTO 是否有助于实现 3～5 年 BTO？
2. 3～5 年 BTO 经过分解并展开至年度目标时，是否仍是一个具挑战性的目标？
3. 通过实施年度 BTO，是否能在组织内改变或创新出某些系统及新的作业方式？
4. 如果年度 BTO 实现了，是否能为组织带来显著的竞争优势？
5. 年度 BTO 的实施是否需要跨部门或跨职能的参与？

高阶方针管理矩阵的北方是实现年度目标的战略,其实质意义就是"如何实现总经理年度BTO"及其相应做法,通常会先运用目标展开工具得到许多的战略选项(Strategic Options)。以下两种好用既务实的工具可以供参考使用。

**1. 树型图(Tree Diagram,如图5.8)**

这是一个简单又好用的工具。最上部为树根,将来自5年突破性目标的年度BTO置于此处,在思考时,可以先将目标转化为问题的形式,例如:"如何将新产品开发周期减少到110天以内?"

树枝则为目标的分解或实现目标的战略,通常可以借由How-How问题的思考模式展开解决方案(注3),或是通过Why-Why的因果模式找出影响目标的根本原因(Root Cause)并进而定义战略或对策(注4)。

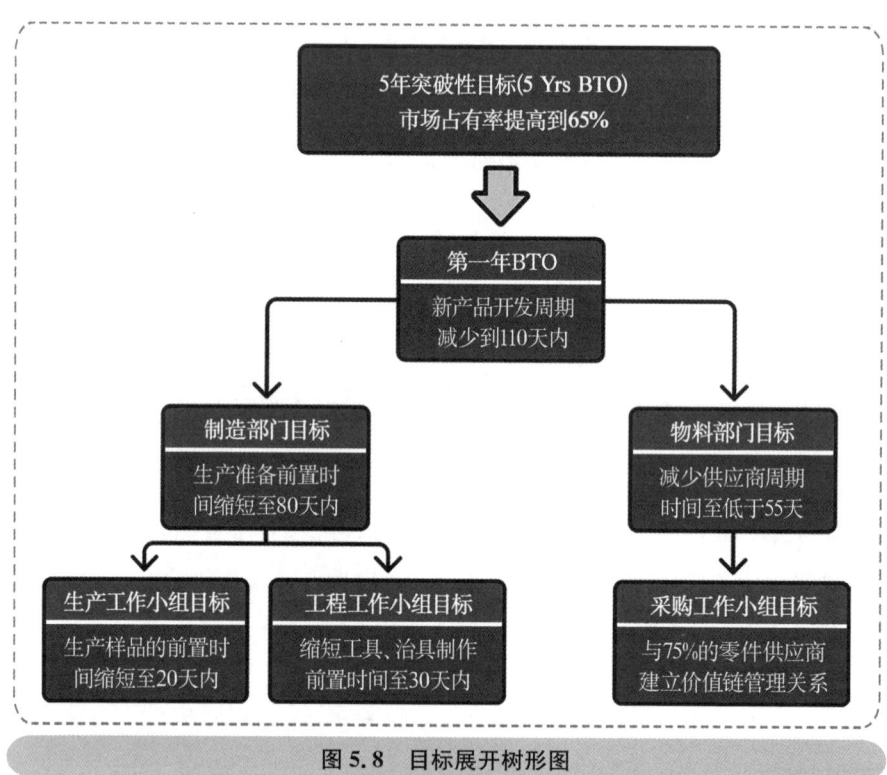

图5.8　目标展开树形图

**2. 放大缩小焦点法(Job Scoping Method)**

这个工具是经由扩大主题(目标)范围或是寻找影响目标实施障碍的方式重新聚焦主题。我们可以通过"为什么(Why)……"的问句(如图5.9的上半部)探讨是否存在更广泛的目标范围并重新聚焦;或是通过"有什么事物会阻止我们(What Stop)……"的问句(如图5.9的下半部)找出阻碍目标实现的根本原因。图5.9以"(如何)减少垃圾邮件的数量"举例,各位可以参考并看到目标范围的重新界定,以及经由此分析得到更合适的战略选项。

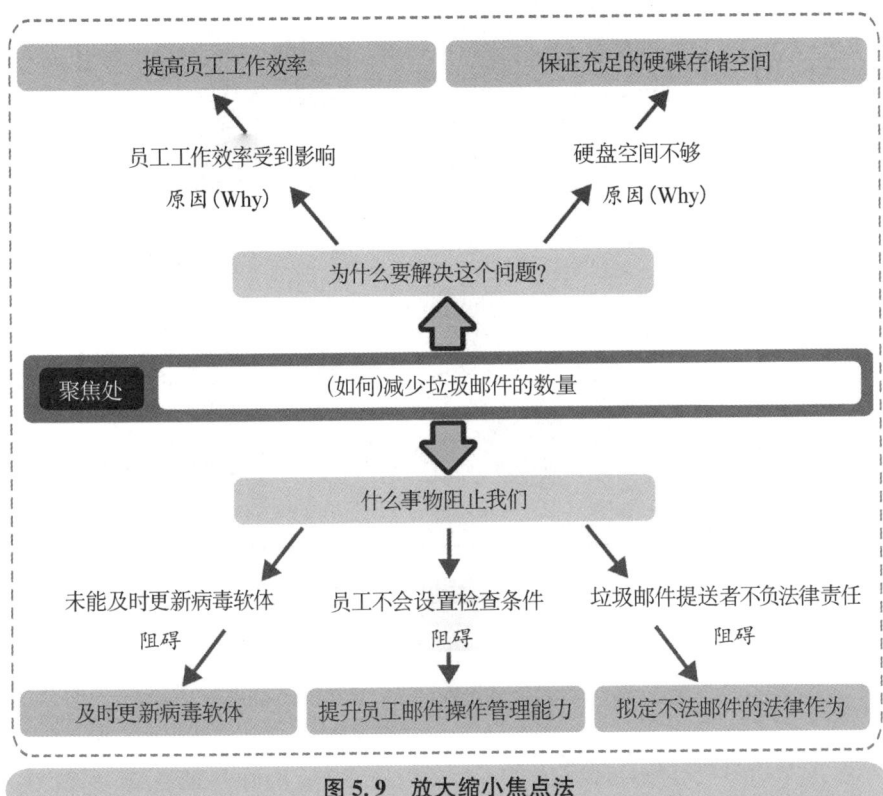

图5.9 放大缩小焦点法

当我们获得一些潜在的高阶战略选项(待挑选的高阶改善重点)后,必须进行优先排序作业。此时可运用"特性要因矩阵"(Cause & Effect Matrix)或努力/影响矩阵(Impact-Effort Matrix)(图5.10)进行。以努力/影响矩阵为例,我们可以将这些待决的战略选项依投入资源或工作复杂度(努力的维度,X轴)以及对组织运营或客户满意程度的冲击或获益程度(影响的维度,Y轴),区分为四个象限,并且由上半部的"低努力高影响"及"高努力高影响"区块内挑选出优先列入的战略(将列于方针管理矩阵的"北方")。

在实务上,每个层级的方针管理矩阵均需将战略(北方)指定给负责主管(远东),并请其展开相对应的方针行动计划(Action Plan)。一个好的战略(列于方针管理矩阵北方的改善重点)必须符合下列原则。

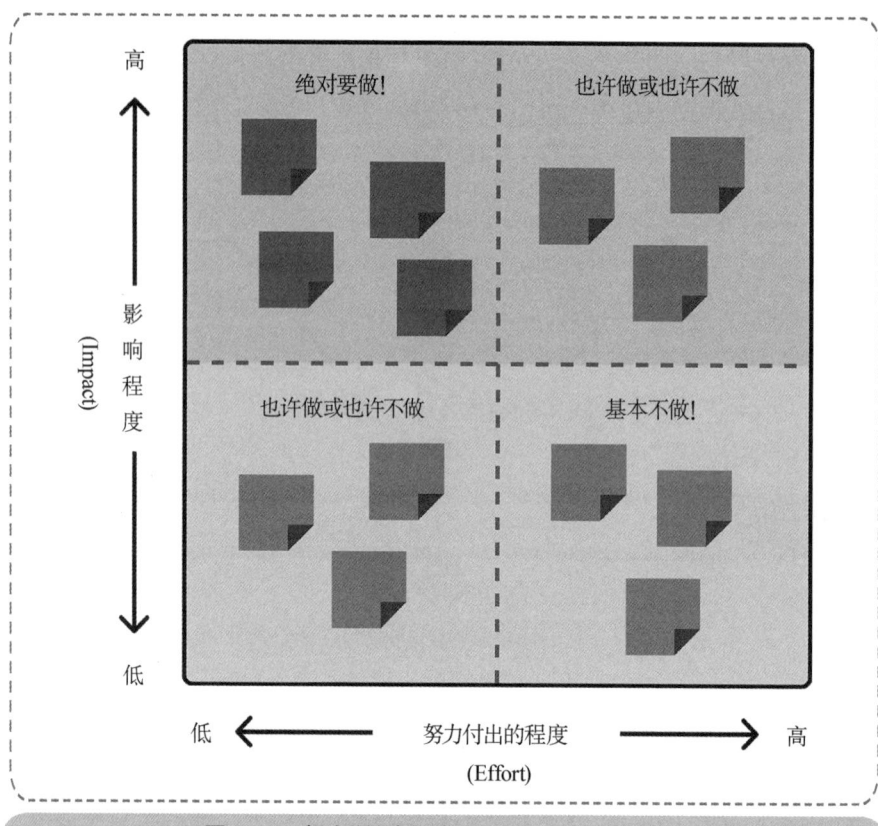

**图 5.10　努力/影响矩阵（Impact-Effort Matrix）**

1. 它是否符合内外部客户需求？
2. 它是否容易在组织内沟通？
3. 它是否容易被测量？（但无须在此写出明确的衡量指标）

高阶方针管理矩阵的"东方"（How Much）为高阶层级战略（北方）的管理目标（Target to Improve），包含衡量指标（Metric）及挑战目标（Target）。其中，衡量指标的设定是一件非常关键的工作，合适的衡量指标可以驱动出创新的行动方案，它需要创意的思维，要避免被组织现成的结果型指标（例如：库存周转率、交货准时率等）限制。

结果型指标又被称为滞后型指标（Lagging Indicator），无法引领出积极有效的行动方案，反而，驱动流程结果的领先型指标（Leading Indicator）才能帮助我们采取前瞻性的行动。每一个管理目标均应列入方针管理进度追踪表（Bowling Chart，又名保龄球道图）或甘特图（Gantt Chart）中进行月度检讨。关于管理目标的设计及测量有以下的重点可以参考。

1. 目标的设计须符合 SMART 原则且明确易懂。

2. 依据对衡量指标（Metric）的改变幅度及信息量来决定数据搜集的频率。

3. 在信息搜集及统计时，要避免受到季节性或其他因素的污染。

4. 慎用比率型的绩效指标。

5. 指标及目标值必须具备可比性且具有时间的一致性。

6. 明确数据搜集的责任者。

在完成"东方"（How Much）的讨论后，总经理将会把高阶战略（How，改善重点，北方）与相应的管理目标指定给管理团队成员来负责实施，这也是方针管理矩阵的远东方（Who）的工作重点。在工作指派上：①高阶战略是指派给管理团队成员个人而非某个部门；②每项高阶战略的主要负责人及支援性人员（或工作相关的主管），可以用黑点、白点来区分，在工作指定的过程中，必须采取"抛球作业"的原则进行互动沟通。

完成高阶方针管理矩阵的展开后，视组织的需要，可以由总经理方针（总经理年度目标＋高阶战略）的负责主管进行次阶（Second Level）展开，将这个作业称为逐阶降级展开（X-matrix Cascading Deployment）。当组织的方针管理矩阵进行二阶展开后，每个主管将拥有自己版本的次阶方针管理矩阵（Second Level X-matrix），进行次阶展开作业时，高阶方针管理矩阵的战略（北方）将以逆时针的方式置于次阶方针管理矩阵的"西方"，次阶方针管理矩阵的工作重点是对西方进行"北方"的展开，以及定义出新的"东方"与"远东"的工作指派。这部分的工作与前述高阶方针矩阵的展开思路与原则是一致的，不再赘述。

## 工欲善其事，必先利其器

虽然，方针管理矩阵是方针管理的一个工具，却具体而微地呈现目标展开的整体作业。通过方针管理矩阵的结构化与直观性，可以让组织的核心成员实质地参与目标展开的工作，同时，更能够随时综览及追溯突破性目标的战略全域与实施成果，有助于战略执行（也包括相关检讨与审核工作）工作的开展，提高战略落地的效率和效果。

虽然本文以非常精炼的方式为各位完整介绍如何运用方针管理矩阵进行方针管理的战略展开工作。然而，有些工具是知易行难，方针管理矩阵的应用也是如此。建议各位要有企图心与团队成员深入地探讨此好用的工具,并且与团队成员思考如何发挥洞察力,善用此工具来帮助组织获得独特的经营战略,也可以实现本文抛砖引玉的目的。

## 注释

▶ 注1:原文《方针管理X矩阵教战守则》刊登于"经营洞察力论坛"2018-07-04。

▶ 注2:关于平衡计分卡理论,各位读者可以参考相关图书的介绍。此处所谓平衡计分卡的观点,指的是组织在思索3~5年突破性目标时,不要仅思考财务型的目标,可以从顾客构面、内部流程构面、学习与成长构面思考有助于组织成长的中长期突破性目标,顾及目标的平衡性有助于组织的长期发展。

▶ 注3:How-How展开法——针对上层的目标,运用"我们要做……才能实现?"或"如何做……才能实现?"的问句,来进行次一层级的展开,所得到的结果将是做法或是对策。

▶ 注4:Why-Why展开法——和How-How展开法不同之处,在于此处系将上层的目标或结果转换成问题的思考,相应的提问有:"为什么造成这个结果?""是因为什么事物而产生的影响?"来进行次一层级的展开,所得到的结果将是原因,经过逐层的Why-Why展开后,将会辨识出根本原因,然后,针对根本原因去构思可能的对策。

### 思考问题

1. 本文中提到一些检视管理目标的原则,建议各位自行检视,除了通用的SMART原则外,您是否熟悉其他原则的使用呢?
2. 如果各位对于方针管理矩阵的逐阶降级展开(Cascading)作业有兴趣,建议各位花点时间和团队成员共同交换彼此的理解与心得。
3. 本文中提到突破性目标(BTO)及日常管理KPI,这二者不宜在方针管理中被混为一谈,因为二者在组织发展战略的定位不同,是否请各位参考之前的文章,深入思考这两种类型的目标不能被混用的管理性原因?

# 二十、战略规划常见三大误区

每年年底,是许多企业进行年度考核、会计结算、规划未来经营战略,以及制定来年预算的日子(注2)。在这些工作中,战略规划可说是专业经理人最重要的挑战之一。本文整理我过去数年的教学与辅导观察,分享三个战略规划工作的常见误区,以及应有的认知,希望协助经营团队避免掉入这些陷阱,并有效提升战略规划工作的质量。

## 误区一:缺乏战略思考的训练

撇开将战略规划作业当作例行作业,或者仅是完成上级交付任务的那些心态。想要认真实施战略规划作业的团队,所面临的最大问题,不外乎是灵感不足、看不到外界变化的趋势、弄不清对手的现况、不能把握住自身的状况……以致从一开始野心大如天,到最后落至虎头蛇尾地完成一份战略规划书便交差了事。

就算是那些心知自己有所不足的企业,可能会聘请外界顾问前来指导,在顾问的指导下,学习了许多战略分析工具,照表操课式地练习了许多"技法",然后就草草地进入SWOT;最终可能还是参考了业界标杆的"成功战略",以至于许多企业的战略与目标均落入"千城一面"(注3)的窠臼中。

当然,十家企业一般会举出至少十一种的理由,来解释为什么他们的战略规划结果总是那么的不尽如人意;为什么每年都想办法改善,却成效有限。究其原因,组织忽略了战略规划的基础,那就是团队成员是否具备水平以上的洞察力(Insight),以及经营团队是否拥有好的团队协作能力,以发展出符合组织未来发展的战略,后者将以前者为基础。

是的,"战略思维"(Strategic Thinking)已被认为是经营团队所应具备的核心能力,特别是个人的观察力与思考能力。包括:如何提问、如何搜集资料、如何酝酿、如何归纳、如何推演、如何分享等,以及如何通过团队协作产生深入的洞见。没有好的且不同于他人(主要是竞争对手)的洞见,就无法事先洞察出市场的变化与需求、洞察出可能的技术演变,或是洞察出法律或政治环境的演变,到头来,组织的战略规划将沦于例行作业,或是仅能依赖于少数意见领袖的意见。

还好,个人及团队的战略思维能力是可以有计划地进行培养与提升。提升战略思维能力,必须掌握两项要素,那就是"提问的能力"及"时间的魔法"。"提问"是战略思考的入门钥匙,"提问"是启发思考的列车头,它本身就是一种思维能力的展现。懂得提问的人必定擅于观察,会提问的人必定不容易满足于现况,好的提问句包括 What? Why? What If……都是对现况的质疑(包括满意的或不满意的),或是起于好奇心地探索某种现象。

许多脍炙人口的影视作品均基于这种 What If ……(如果……,会如何……?)的思维而发想。参考一个例子,那就是苹果电视(Apple TV+)的一部热门剧集《为了全人类》(For All Mankind),它是基于"如果当年是苏联抢先美国成功登陆月球""如果太空竞赛到如今还未结束"的这种不可思议的、反事实的假设,对后续相关领域及课题的演变进行探讨,进而开创出的一部引人入胜的架空时空影集。

关于战略思维的另一个关键,就是"时间"。是的,战略思维能力的提升需要时间去熟习与内化,而战略思考的过程也需要个人与团队花时间去搜集信息、分析信息、消化信息,以及分享信息。一个经营团队绝无法在两三天的闭门会议中,就可以洞察出新的趋势,或是产生足以影响未来发展的战略构想。我们需要给组织成员足够的时间,在参加会议前进行思考。当然,每位重要成员也都需要建立正确的观念,并且懂得拨出时间进行相关的思考工作。

若个人没有充足的时间(或是没有这个习惯)在战略会议前先进行战略思考,将导致战略会议中的团队协作仅能依赖于成员既有的知识与经验,这往往也是仅依赖头脑风暴去进行团队战略思考的可能弊端;这种制式化的战略分析作业,有一个时髦的名词——"洞穴式思考"。没有战略思考为基底的战略规划,就好像没有灵魂的稻草人,看起来吓"人",却终究会被识破马脚。

## 误区二:SWOT 处处可见却不见正确使用

在信息泛滥的时代,企业干部不论有无参与过战略规划的作业,都或多或少听说过SWOT这个工具,读者们是否相信,能正确操作SWOT,或是在正确时机使用SWOT这个工具的人,却是少数。关于SWOT,常见错误列举如下。

1. 以为完成一张SWOT四方格表就等于完成战略分析,却不去关心要如何获得那些能被列入"优势"(Strengths)、"劣势"(Weaknesses)、"机会"(Opportunities)、"威胁"(Threats)的战略议题(Strategic Issues)?

2. 填完SWOT四方格表就直接发想出战略,或是倒果为因地先发想出战略再回去完成SWOT四方格,当成一项作业交差了事。

3. 知道SWOT四方格表仅是战略议题的汇总表,也知道要再进行TOWS交叉分析,却以为经过TOWS交叉分析所得到的战略选项(Strategic Options)就等于找到组织的最终可用战略。

4. 在进行SWOT及TOWS的分析前后,没有善用发散(Divergent)与收敛(Convergent)的创新思维模式,以致在过程中被偏见及可行性思维所制约,未能发挥足够的创意。

除了上述四点,当然还有很多的问题或现象,究其因,都在于"因循旧习"及"不求甚解"这两个常见的组织通病。严格来说,SWOT分析属于整体"战略思维"的一环,基本上,SWOT包括了三个主要的阶段。

**第一个阶段**:借助战略分析的工具,完成经营环境分析,并从中整理出有价值的战略议题,这些议题来自组织内部(包括与竞争对手间)的竞争优劣势分析,以及外部环境分析中足以影响组织未来发展的机会与威胁之趋势或潜在影响。

**第二个阶段**:针对这些战略议题,经由系统性的方式进行收敛与优先排序,汇集成可以进一步分析的SWOT汇总表(四方格表)。

**第三个阶段**:基于SWOT汇总表,进行TOWS交叉分析,运用创意及内外部环境议题交叉得到的命题,发想出SO、WO、ST、WT的战略选项(Strategic Options),针对这些战略选项,再进行排序,识别出具优先性与可行性的待选战略(注4)。

完成SWOT/TOWS分析并不等于完成了战略分析工作。组织必须依据不同的工作目的,运用这些战略选项(性质为待选的战略)进行后续的战略分析工作。因此,SWOT/TOWS只是一个提供构思战略选项的创意思考工具,它并不等于战略分析的全部作业。为了避免误用SWOT,兹提供以下几点建议供各位参考。

1. SWOT 中的 S/W/O/T 均应是具洞察力的战略议题来源,因此,组织应依据战略分析所选定的范围(事业部、产品线、品牌、公司、新创团队……),选择合适的经营环境分析工具(例如:外部分析可以采用 STEEPLE、五力分析等,内部分析可以采用波特价值链、力场分析、S 曲线分析等),经由团队协作以分析出具影响性的战略议题(注5)。

2. 进行 TOWS 交叉分析时,请鼓励创新思考以及团队合作,避免太早用可行性或财务性观点来对想法或产出进行批判。

3. TOWS 的产出被视为战略选项,顾名思义,它是战略的形式,却非最终的优选战略。还需要团队进行优先性及可行性的排序及内容优化,因此,在产生战略选项时,必须运用 How 的思维发想对策与方案,并兼顾创新性。

4. 谈到创新性,在进行 SWOT/TOWS 时,我们将交互使用着发散(Divergent)及收敛(Convergent)的思考模式讨论与聚焦,避免一次定终身式的讨论,否则会太早扼杀可贵的创意,而无法产生出具差异性的竞争战略。

## 误区三:分不清战略性目标与日常管理性目标

每到年底,许多领导人想要在次年度开始前,完成次年度的绩效考核目标,包括不同层级,偏重业务及运营层面。这些部门或个人的年度目标(更多的时候都被称作 KPI),有的来自高阶主管的次年度管理目标,经过目标展开而得到;有的是经过战略规划作业所得到的中长期战略性目标(设定 3 年或 5 年的目标),再通过目标展开——例如:方针管理矩阵(X-matrix)或目标管理(MBO)——由上而下逐级定出各阶层的次年度管理目标;有的则是低阶部门主管由下而上地自行提出(参考公司的业务目标而来,或是基于部门过去的例行式考核目标)。

这些目标的制定方式,不一而足,但都有着一个大家熟悉的共同名词,那就是 KPI,这一个既熟悉又陌生的管理名词。KPI,无论是被称作关键绩效指标(Key Performance Indicator)或是关键流程指标(Key Process Indicator),其实讲的都是考核指标(用来衡量结果),与我们平时认知的 KPI 有所不同,其差别在于,后者在许多人的认知中包括着绩效衡量指标

(Indicator)及考核目标(Target or Objective)这两个管理工具。

正由于 KPI 的应用非常普及,也造成许多从业人员不清楚 KPI 在组织中的管理用途。究竟,KPI 指的是组织的中长期战略性目标、平衡计分卡(BSC)战略地图展开后的目标、部门年度业务目标,抑或是例行性的日常考核目标？KPI 的滥用及误用,已经足以构成现代绩效管理与战略管理的重大危机。

回到战略规划的范围,如果组织基于愿景,经由战略分析设定出中长期成长战略,并且基于中长期成长战略而定义出相关的战略性目标(例如：五年目标)。想象一下,这种五年目标的数量会多还是会少呢？究竟是要多多益善还是要量少而聚焦呢？这个目标是容易实现还是会带来比较大的挑战呢？它会是以财务性目标为主还是必须兼顾到流程与人员成长面呢？五年目标是基于各年度目标的可实现性还是基于愿景与中长期战略的要求而设定的？这些关于中长期战略性目标的课题,是经营团队必须面对,也必须给出一个答案及方向。

完成了五年目标,接下来当然就是如何展开至年度目标,接着,如何将总经理或公司的年度目标,展开(或分解)至次阶组织,甚或是个人？关于目标的展开,一般会采用目标管理或是方针管理的方法,无论是何种方式,若是过程没有限制,将会如同一串粽子,逐层展开,数量也将逐层放大,到最后,战略管理看似落地到人员的绩效考核层面,然而,许多时候这种无节制的目标展开及 KPI,将形成大而无当的管理负担,逻辑上,个人目标可以对焦组织战略,实务上,考核管理的负担让组织的战略规划及绩效考核难以为继。为了避免组织的战略规划与目标展开陷入前述的情境中,基于我过去的实务经验,提出以下的建议与原则。

1. 组织领导人必须区别出例行的部门/个人绩效 KPI 与战略规划的目标,前者着重于部门的绩效提升及日常的持续改善,后者则聚焦整体组织的成长及挑战。二者在管理意义上有所不同,也应该要不一样。

2. 对于战略性目标的设定,应该要具备长期的眼光,务必由五年目标开始设定,再由远而近地展开至次年度目标,如此则可避免陷入代理两难(Agency Dilemma)的困境(注 6),同时,由五年目标着手,更可以因为目标期间的拉长,而促进管理团队设定更具挑战性的目标。

3. 五年目标的展开也要避开平均值及线性的观点,通常建议第一年度至少可以挑战 30%,以符合"取乎上,得其中；取乎中,得其下"的规律。

4. 战略性目标应以跨部门合作及符合组织成长战略为主，若是单一部门即可独立完成者，可以顺势而为地设定为部门考核目标即可，战略性目标贵在精而不在数量多。

5. 对于部门或个人的年度绩效目标和战略性目标二者，组织应该要设定不同的考核标准，前者以执行的进度与绩效为主，后者则强调对于五年目标与战略实现的贡献度为主；若将二者混为一谈，无异在鼓励经理人逃避具挑战性战略目标的承担。

6. 要避免掉入五年目标的陷阱，一个充分理解战略规划真义的组织与领导团队，肯定会把握机会检视组织经营环境与战略的可实现性，每年检视甚至每年重新制定五年战略性目标，都是应有的思维与做法。

希望本文关于三个常见误区的说明，有助于各位在未来进行战略规划作业时，能够"做对的事情(Do the right thing)"，以达到事半功倍之效。至于已经踩到地雷的组织，希望有助于各位及早检视现行作业，集思广义地构思出正确的方式，帮助组织真正获得战略规划的好处。

## 注释

▶ 注1：原文《战略规划常见三大误区》刊登于"经营洞察力论坛"2021-10-16。

▶ 注2：一些跨国企业会依据母国的会计年度(非历年制)，例如：日本与英国的会计年度起始为每年4月1日、美国为每年10月1日、澳大利亚则为每年的7月1日。

▶ 注3：这是一种比喻，意思是相同产业内，不管规模及竞争力，都采用相似的战略，与"战略趋同"或"战略同质化"的概念一样。

▶ 注4：关于SWOT的相关概念，可参考《SWOT矩阵——小工具大学问》这篇文章的介绍。

▶ 注5：STEEPLE是一种总体环境的分析工具，分别代表Social/Demographic(社会/人口)、Technological(技术)、Economic(经济)、Environment(环境)、Political(政治)、Legal(法律)、Ethical(道德)七个领域的分析。五力分析(Five Force Analysis)是关于产业内五种力量(产业内的对手、潜在进入者/替代品的威胁、买方/供应商的议价能力)。波特价值链(Porter's Value Chain)为竞争战略大师迈克尔·波特(Michael E. Porter)所提出的一套组织内部流程能力的分析方法。S曲线分析(又称作科技S形曲线分析)是运用技术典范不连续的概念，帮助企业分析既有技术/产品的生命周期，以及分析潜在破坏性技术的机会与威胁。

▶ 注6：代理两难（Agency Dilemma），又称为委托—代理问题（Principal - Agent Problem）或是代理问题（Agency Problem）。当代理人（专业经理人）本身存在某种动机，驱使他的行为目标着重在于增加自身的利益，而不是增加委托人（股东）的利益，就会出现这个两难现象。

## 思考问题

1. 建议与团队成员一起，检视组织在战略规划的作业中是否有陷入这三个误区？无论结论是有或无，请分享给相关人员。
2. 战略思考会被列入三大常见误区之首，必有其重要性，请自问个人关于战略思维的认知为何？是否有目的地在提升自我的洞察力？或是遇上了何种障碍？请与朋友分享您的发现。
3. 如果对列于三个误区中的参考文章有兴趣，建议各位可以再花点时间参考前面关于"战略""战略展开""战略性目标"等主题的相关文章，将有助于您对这三个误区有更深入的理解。

# 二十一、战略承诺与不确定性的并存之道

许多经理人虽然都曾主导或参与过部门级别或企业级别的战略规划，然而，相信绝大部分的人，对于战略及战略规划的认知，可能仍如同瞎子摸象般，似乎感受到什么，却无法窥见全貌，甚至有许多错误的认知。

在学术界，关于这个课题的研究与学说，不断地推陈出新。在出版界，也有许多相关图书，吹捧着许多工具、方法，再加上一些成功企业，或主动、或被动地由许多作者与学界把他们的成功经验汇集成书或做成专题报道，让大家学习效法。在这个五花八门的学习环境中，有人可能不禁自问："自己要如何学习，才能成为一个好的战略工作者？"

## 传统战略规划的三大谬误

战略大师亨利·明茨伯格（Henry Mintzberg）在《哈佛商业评论》（HBR）曾发表过一篇专文《战略规划的五个角色》（*The Fall and Rise of Strategic Planning*），针对战略规划（Strategic Planning）的本质、迷思、误区，以及因前述的错误认知而可能带来的负面影响，做了一次简要但重点式的阐述。明茨伯格提到传统的战略规划不等同于战略思考（Strategic Thinking），前者是在做计算与分析的工作，而后者则是在进行一种综合的工作。要培养出好的综合能力（Synthesis），主管们必须要具备战略提问能力、洞察力（Insight），以及创造力（Creativity）。

就因为提升战略思维能力的不容易，才造成许多组织仍然遵循传统的战略规划方式进行他们的战略生成工作。明茨伯格指出，好的战略不可能来自"理性的计算"，而是来自一种"承诺"的力量。同时，也只有这种经由"承诺"所产生的战略，才是他人难以复制的战略。所以，倡导那些传统上经由计算、分析的战略规划作为，事实上是在实质削弱经理人产生好战略的本领。既然传统战略规划这么不好用，为何还是有那么多组织在使用此种方

式产生战略呢？明茨伯格提出了他的观点，并指出三大谬误。

第一个是"**预测的谬误**"（The Fallacy of Prediction）。明茨伯格认为，许多人相信，以人类的科技与计算能力，凡事均可预测，然而，无论是科技创新、政治演变，甚至是市场价格的变动，均非我们有能力预测的。这些不确定性已成常态，也造成战略规划的盲点。如今，大数据当道，AI（人工智能）即将主导未来，然而，未来真的可以预测吗？可能是更多有识之士心中的疑问吧。

第二个是"**分离的谬误**"（The Fallacy of Detachment）。明茨伯格认为战略的构思、形成与执行，均为不可分开的整体过程。当有人主张泰勒（F. W. Taylor）式的科学管理方法，将战略形成的过程，以专业分工的方式各司其职，营销、运营、产品等，一一拆解开来，认为这样就可以快速产生战略。在这种模式下，大家在自己领域内各自进行分析而缺乏互动，将无法生成真正的战略。明茨伯格主张互动分享，更多互动分享，才能结合战略思考与行动力，才能共同动手挖掘深埋在土坑内的黄金。

第三个是所谓的"**形式化的谬误**"（The Fallacy of Formalization）。我们喜欢将重要的工作予以体制化、系统化、形式化，因为如此一来，这种规划的工作就可以被预测及被管理。明茨伯格认为，传统战略规划的失败，就是将它形式化所导致的失败。因为，这种形式化的战略规划工作，是无法在面对动态的非连续性环境下，进行战略的预测与安排。他认为，战略规划不能变成一套计算机程序，它只能制式化地处理数据，真正应当着重的是团队的学习过程与战略思维能力的提升，如此才能内化、领会、综合我们所看到的硬数据（Hard Data）（注2）。

事实与数据的分析很重要，然而，我们必须明确认知到，好战略的发展是可以得到来自分析工作与规划作业的帮助，譬如沟通、控制及识别出潜在机会等前期作业。但是，好战略绝不可能仅由分析或规划的工作就能产生出来。

## "承诺"的风险与战略的两难

许多的战略大师，包括明茨伯格均认为，一旦组织领导人洞察出能够带领组织成长的战略机会时，必须对所选择的战略给予"承诺"。这里所谓的"承诺"，就是要一头扎进去的意思。包括组织资源、目标、工作重心，均应坚持到底，特别是来自由上而下的支持,这就是"战略承诺"(Strategic Commitment)的具体表现。

内外部的经营环境不断在改变,这种外界的不确定性,也常常是企业经营风险的主要来源。例如:在2018年年初,有谁会预测到中美贸易摩擦会在这么短的时间内发生?更不要说2020年年初肆虐全球的COVID-19。到如今,黑天鹅事件(Black Swan Events,极为罕见且出人意料的风险)、灰犀牛事件(Gray Rhino Events,太过于常见到而人们习以为常的风险),已成为人人朗朗上口的名词。

如果公司为规避风险而不做出战略承诺,公司或许能够生存,但很有可能无法蓬勃发展。成功的战略不能没有承诺,不过,面对外界环境的不确定性,有时,这种承诺往往也会使公司遭受彻底失败或深陷泥沼。令人印象深刻的案例就是索尼(SONY)前后两次在录像带(BETAMAX vs VHS)及迷你CD光盘的规格大战败北,这便是深刻的战略承诺所导致的后果。后来索尼发展蓝光DVD时则吸取了教训,无奈市场变化不等人,流媒体(Streaming Media)的快速崛起,让影音光盘的市场快速消退,这又是另一种不确定风险。

战略承诺之所以会带来风险,在于所承诺的战略是对或错,是人们事先无法预测到的,往往要碰运气。例如:丰田汽车(Toyota)在早期,选择节省能源及大众化的产品开发方向,因为承诺而专注,后来遇到石油危机、经济不景气的时代,便因专注而造就了今日的丰田霸业。然而,这真是因为丰田早期的真知灼见吗?

关于这种因战略承诺与不确定性的冲突,造成企业战略执行上的困境,战略与创新专家迈克尔·雷纳(Michael E. Raynor)在他的名著《战略的悖论》(*The Strategy Paradox*)中就做了深入研究。雷纳认为,并非所有的企业组织均会面临到这种战略的悖论现象,他借用了托马斯·艾森曼(Thomas R. Eisenmann, 1997)以"战略承诺的好处"及"环境不确定的程度"两个维度所构成的一个战略选择矩阵图(图5.11),来说明组织在不同程度的战略承诺与环境不确定下,所面临的战略选择。我们可以看到,当组织必须做出高度的承诺才能带来较高的回报(好处)时,如果所面对的是高度不确定性的环境(高度不确定风险),这代表的是没能力预测环境的变化,却得投入宝贵资源做出承诺,若组织无法退而求其次或是冒着风险蛮干硬上,这会落入令人进退唯谷的战略悖论(Strategy Paradox)困境。

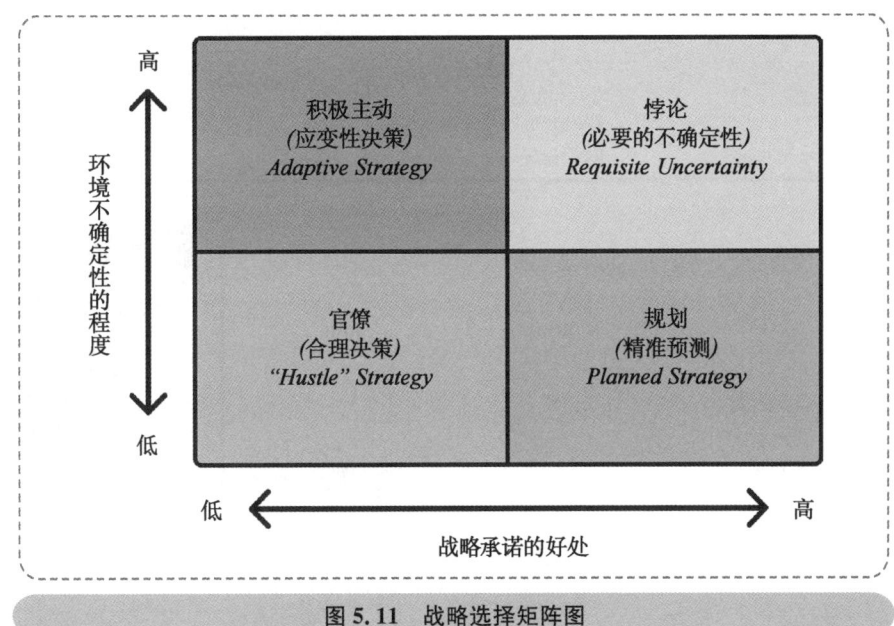

**图 5.11　战略选择矩阵图**

取材自 *The Strategy Paradox* 一书

## 如何管理不确定性

对于如何解决这一种战略悖论,雷纳提出了一些好的做法,可以让存在着高度不确定性且又需做出高承诺的企业组织作为履行的准则。雷纳提出的顺应之道,称作"必要的不确定性"(Requisite Uncertainty)。雷纳主张,组织必须由时间的视角、分层级对战略承诺和环境不确定性采用分工管理,诸如:一些部门负责履行已做出的承诺,另一些部门则负责扩大视角,观看环境的变化,降低风险,捕捉机遇。

这不同于组织提升适应力或弹性应变的作为,而是对战略进行分层负责。例如:在进行组织的长远规划时,高层管理者应关注于对环境变化风险的监视与管理;低层管理者由于负责短期工作的规划与执行,应着眼于做出承诺并主导战略承诺的如期如质被履行。面对环境的不确定,企业最高领导者或是董事会要负责检视五年或五年以上的环境变化趋势,并适时地做出适当的战略调整,不会因为自己亲自主导及做出战略承诺,而出现不易转变方向的限制。至于中阶主管或基层主管,则只要负责五年以下或两年以下的战略及战略执行工作,重点放在如何履行所做的承诺及实现战略与目标(参考图 5.12)。

| 组织的层级 | 绝对的时间视界 | 相对的时间视界（能见的不确定性） | 战略的平衡性 |
|---|---|---|---|
| 董事会 | 10年到无限 | 20年 |  不确定性 |
| 总公司 | 5~10年 | 10年 | |
| 运营事业部门 | 2~5年 | 5年 | |
| 功能性部门 | 3个月到2年 | 1年 | 承诺 |

资料源于 The Strategy Paradox

**图 5.12　"必要的不确定性"时间视界示意图**

对于如何面对环境变化的风险,雷纳提出了"战略期权(Strategic options)"的概念。也就是企业在不影响经营绩效的前提下,值得高阶主管投入一些资源去开创不同的机会,这些机会可能会失败也可能会开创出新的机遇,然而,一旦环境的不确定性被确认时,这些不同的机会可能会为企业带来新的成长机会,也可视为一种"突现战略"(Emerging Strategy)的来源。雷纳指出,微软(Microsoft)当时在既有的 DOS(Disk Operation System,磁盘操作系统)产品外,投资 MSN、Xbox、并购 Skype 等作为,基本上符合战略期权的概念,在微软面临科技创新的挑战时,由于早已在新领域占了一席之地而得以顺利转型。

苹果(Apple)过去专注在行动装置的软硬件设计(如 iPod、iPhone、iPad、Apple Watch、Apple Pay……),以及整合式服务(如 iTunes、App Store、Apple Care +)。面对既有市场逐渐饱和的挑战与不确定性,苹果投注部分资源在汽车自动驾驶、Apple TV +、信用卡业务、影音串流、内容制作……上,看似包含了许多相关与非相关多角化业务,而由于这些战略期权占苹果的资源非常有限,所以都是苹果面对环境不确定下的战略选择。今日苹果已朝向服务型公司转型,证明部分战略期权的效果已逐渐突显。关于战略期权,基本上与多角化战略的概念很像,但在本质上,因为占企业资源比率小，同时，也考虑与本业的综效化（Synergy）程度，因此，雷纳称之为"战略弹性"（Strategic Flexibility）。

## 战略背后的基本假设

诚如明茨伯格所言，传统战略规划的工具，诸如SWOT，如果过度专注于内部经营环境资料的搜集，或是内部核心能力/企业文化的竞争性比较，而不花时间在如何消化资料、团队协作、培养战略思维能力，以洞察出机会、发挥创意，就无法为企业识别出能帮助未来成长的战略。

要学习战略思考，必先学会如何提问，在各种形式的问题中，我认为"What If ……"（假如）的问题思考形式，最能够帮助经理人跳出既有的思维与经验的限制，才有机会去探求那些"未知的未知"（Unknown Unknowns）的问题与机会，特别是对于高阶主管而言。基于"必要的不确定性"原则，高阶主管必须要花时间在那些未知风险的分析工作上。除了策略性提问，高阶经理人在思考并产生长期战略的过程中，有一项必不可少的工作，那就是建构形成战略的基本假设。以下两个重点可以帮助各位掌握战略基本假设的工作。

**1. 基本假设是高阶主管发想长期战略的核心想法及成立条件**：战略的基本假设是决策者或是高阶团队，对于企业未来发展的先决想法，名之为假设，也代表决策者经过对内外部经营环境的分析了解后，不论是预测或是假设，自己可以先决设定某些影响经营的条件，再基于自己对于这些条件的判断，才提出他们的长期战略。例如：某家企业的基本假设是"人们都得要穿衣服"，他们发现国民的GDP在持续增加，因此，可以提出快速扩增产能这个长期战略。

**2. 基本假设可作为检视战略及回应不确定性的管理重点**：战略基本假设是对某些条件做出假设而得到高阶战略，因此，决策者面对环境的不确定性，可以适时地检视那些假设条件是否正发生根本上的变化？一旦发生，可以适时地修订长期发展战略，以回应不确定性；但前提是，高阶主管不会负责战略承诺的履行。例如：如果发现国内的经济出现明确的反转信息，消费者趋于保守，同时这是一个中长期的发展方向，决策者可以考虑做出大战略的调整。

发展战略是组织中最复杂的工作，传统战略规划的工作模式已不能满足现代管理者的需求。要避免让战略分析与战略形成的工作沦为计算、分析及呆板这种类似计算机程序设计的形式化过程,最重要的关键就在于战略思维能力,也是其中差异之所在。当组织面对外界环境的高度不确定性风险,以及必须在内部做出强而有力的战略承诺才能实现战略时,有信心拥抱战略的悖论,依"必要的不确定性"原则,对战略工作进行分层负责,同时保持战略的弹性作为,以及明确战略的基本假设,将能帮助高阶经理人在面对不确定风险时,有能力坦然以对,适时地进行具方向性的战略调整,必能减少遭受重大打击的机率。

## 注释

▶ 注1:原文刊登于"经营洞察力论坛"2019-05-01。
▶ 注2:硬数据(Hard Data)又称为刚性资料,是指有明确数值的数据,例如:产出、质量、成本和时间等。

## 思考问题

1. 如果对于"必要的不确定性"有兴趣,建议读者花点时间去搜集相关的文章,并试着检视自己所属的组织,是否符合这种条件?如果符合,对于战略思考及承诺分工,能否提出您的看法?
2. 关于文章中所提到的微软及苹果的例子,是否可以再举出一些符合"战略期权"的例子,并且分享给您的朋友。
3. 如果您的组织有战略规划的作业,同时,高阶主管也会提出组织发展的战略,可以试着去分析或思考这些指引公司发展的长期战略背后,是否存在着假设条件呢?请与相关人员分享您的看法。

*note*

note

# 第六章
# 战略执行的成功关键

剧作家通过操纵所有角色的行为,以及引入运气和巧合元素来控制剧情,从而推动故事向预设结果发展;战略家则面临着完全不同的挑战,最重要的是风险真实存在。

——劳伦斯·弗里德曼(Lawrence Freedman,《战略:一部历史》)

二十二、战略叙事——沟通组织愿景与战略的好工具

二十三、战略执行的挑战与应有思维

二十四、落实日常管理以提升战略执行力

二十五、绩效管理会成为战略执行的绊脚石吗

二十六、人才战略——组织战略发展与落地的关键

二十七、"战略"与"结构"孰先孰后

# 二十二、战略叙事——沟通组织愿景与战略的好工具

企业完成战略规划作业后,将会产出一套如何实现企业愿景(或长期目标)的经营战略组合,一般会包括中长期战略方向、中长期突破性目标、年度突破性目标、各层级的战略与目标,以及优先级的策略行动方案。组织接下来的工作,当然就是如何集合组织的关键资源去执行战略并实现目标。在进入战略执行阶段前,有一项成败关键,那就是如何有效地和组织成员沟通来自领导人及经营团队的战略构想。本文将与各位分享一个比较不常见却很有用的战略沟通方式,那就是"战略叙事",希望借此提升各位与您所在组织的战略沟通能力。

## 什么是战略叙事

"战略叙事"在我们平时的组织管理工作中较不常见,它是一个源自英文的专有名词,即"Strategic Narrative"。战略叙事是一个关于如何实现组织愿景的故事,在战略叙事中,组织领导人叙述着组织愿景、长期目标、良好定义的战略、关键里程碑以及在未来实现战略的过程中与其相关的主要角色和责任。顾名思义,战略叙事和战略有关,叙事的诉求对象,涵盖了内部人员,诸如员工、干部,也可用于外部相关人员,例如:召募的新进投资者、既有的股东。

战略叙事是一种叙事结构,它不是那种提纲挈领式的演示报告,报告人可以仅凭几个要点就利用讲述技巧好好发挥。一个好的战略叙事文件,必须让阅读者看到事件的来龙去脉,可以根据自己的需求来回检视,掌握内容重点。既然战略叙事讲述的是一个战略故事,我们为什么不使用"故事",而用"叙事"这个名词呢?

"叙事"就是"故事"吗?

图 6.1 "战略叙事"是组织用来陈述如何实现目标的剧本

"叙事"的英文是 Narrative，而"故事"的英文是 Story。对大多数人而言，在一般的使用状况下，这两个英文单词没有太大的差别。如果我们查阅《剑桥词典》可以得到这两个名词的定义说明。

**Story：**
- 对一系列相关事件的描述，无论是真实的还是想象的。
- 报纸或新闻广播中关于所发生事情的报道。

**Narrative：**
- 对一个故事或一系列事件的描述。
- 一种解释或理解事件的特殊方式。

我们可以发现，Narrative 特别着重关于事件的描述方式。一般的理解上，"叙事"是一种引人入胜的写作风格，它可以让读者轻松地被包裹在所讲述的事件中，同时，它也是一种引发讨论和参与的风格。借由"叙事"的方式，您可以告诉读者这个故事还没有结束，他们可以把它带回家加以考虑。他们可以重新记录，添加和更改它。

而"故事"或"叙事"用于战略的领域，前者更着重已发生事件的报道，作者希望运用战略的故事来进行传承或启发读者的理解与思维。**而战略叙事的撰写则希望通过叙事的内容，达到有效沟通并获得读者的关注与认同，进而激发读者的积极想法与后续的行动。**

## 亚马逊用 6 页完成"叙事"

我第一次听到"叙事"在企业管理实务的运用，是在阅读亚马逊（Amazon）

创办人杰夫·贝佐斯(Jeff Bezos)的传记《一网打尽》(*The Everything Store*)时。书中描述,在亚马逊,表达想法的会议不是从演示投影片开始,而是从叙事性的备忘录开始。在工作中进行高质量的写作不是奢侈品,而是亚马逊文化的必需品。这种做法令我好奇,经过多次与我在亚马逊工作的学生及朋友证实、请教后,对于这种已成为亚马逊公司文化一部分的工作模式,也有愈来愈深入的了解。

当初,贝佐斯在2004年6月9日的一封内部邮件中写道:"写一份好的4页备忘录要比写一份20页投影片更难的原因是,一份好备忘录的'叙事结构'(Narrative Structure)迫使人们更好地思考和更好地理解与比较事物之间的关系及重要性在哪里……PowerPoint风格的演示,会以某种方式被允许掩盖想法、消除相对重要性,并忽略想法的相互关联性。"

后来,贝佐斯没有要求他的高阶主管们集思广益地为公司想出好主意,而是要求他们日后在每次会议前准备6页、内容密集、结构清晰的叙事型备忘录(Narrative Memos)。在会议开始前,他先举行静默会议,让高阶主管在会议桌旁阅读这些备忘录,然后再开始讨论。贝佐斯认为,人类是懂得预测的一种动物。我们一直不断地研究现在正在发生的事情,将其与我们的经验进行比较,找出因和果,然后预测接下来可能发生的事情,并在我们偏离路线时纠正自己。然而,在像亚马逊这样的大型复杂系统中,预测变得愈来愈困难。

他认为,提报者先撰写一份6页的叙事型备忘录会迫使他们以高分辨率的细节思考本身的想法,可以确保小组讨论是基于对相关想法的批判性审查,而不是基于假设,也不会即兴地在头脑风暴会议上浪费时间。更重要的是,这使得我们无法隐藏人们在所提出的观点中存在着任何逻辑上的不一致。因此,运气好的话,叙事型备忘录可以勾勒出正在发生的事情的原因和后果,有助于决策者预测接下来会发生什么并选择行动方案。

亚马逊的叙事型备忘录允许每次提出想法的会议都变成对想法的相对成本和优点之深入辩论。基本上,在每一件叙事中,都包括下列的完整逻辑论证。

1. 本次会议要讨论的重点或目的?
2. 团队过去如何尝试解决此问题?
3. 提报者在此所提出的尝试或方案有何不同?

4. 亚马逊为何要在乎？或是，这个想法对公司有何好处？（What's in it for Amazon?）

贝佐斯的 6 页叙事型备忘录，其精神在于："清晰的写作和清晰的思维齐头并进。"然而，撰写一份 6 页的备忘录并思考公司新想法的各个方面是一回事，让公司成千上万员工中的每个人都理解和实践这个想法则完全是另一种挑战。

## 战略叙事的核心要素

马克·邦切克（Mark Bonchek）在 HBR 的文章《如何建构战略叙事》（*How to Build a Strategic Narrative*）中，关于战略叙事，他提出："您需要一个能鼓舞员工、激励合作伙伴、引起顾客的兴趣、吸引有影响力的人参与的故事，一个简洁而全面的故事，具体但有发展空间。这个故事定义了公司的愿景、传达了战略、体现了企业文化。""一个正常不过的步骤，就是把任务交给一个外部机构。大部分的品牌机构会带给您一份标语及企业定位声明；大部分的广告公司会带给您充满创意的方案及与之匹配的营销活动；而大部分的公关公司都会提供一份信息与沟通计划。这些都是有用的战术，却不是您正在寻找的那种战略叙事。""战略叙事是一种特殊的故事类型。它说明了您是一个什么样的公司（Who you are）？您去过哪里（过去的战略）、您在哪里（现在的战略）、您要去哪里（未来的战略）？也包括您认为的（企业）价值是如何创造的？在对内及对外的关系经营上看重什么？它也要解释公司存在的理由，以及所具有的独特之处。"

邦切克认为，一个好的战略叙事，应该要回到人的本质上，如果把一个品牌或一家企业比作一个人，就应该在叙事中说说您是谁，而不仅仅是在陈述您在做什么。

战略叙事虽然谈的是战略，却应该以目的为起点，如同知名畅销书《从"为什么"开始》（*Start with Why*）的作者西蒙·斯涅克（Simon Sinek）所提出的"黄金圈法则"（The Golden Circle），领导者的沟通应先从为什么（WHY）再到如何（HOW），最后才是什么（WHAT）。也就是先沟通目的（Purpose）再到战略（Strategy），最后，才是要实现的目标（Goal）与战术（Tactics），顺理成章！黄金圈法则不仅可以运用在战略沟通，也可以用于顾客沟通、领导沟通。以目的为前提的沟通，才能避免见树（行动）不见林（目的)的沟通陷阱。

邦切克也提出,创作战略叙事的基石是共享目的(Shared Purpose)。这个共享目的就是您和您的客户及您的员工共同努力的最终结果。它不仅仅是您向他们所提供的价值主张或是使命,而是大家一起共度的旅程。因此,战略叙事有两个主要功能,第一个功能是**解释如何实现目的**,第二个功能是**解释实现共享目的所必须扮演的角色与责任**。

例如:沃尔玛(Walmart)的价值主张是"天天最低价"。这在零售行业绝非独一无二的口号。但沃尔玛的共享目的不是如何降低价格,而是"如何提高生活质量"。创立沃尔玛的时候,创办人山姆·沃尔顿(Sam Walton)曾说:"如果我们一起合作,我们将会降低每个人的生活成本。"这才是沃尔顿战略叙事的核心。

## ▎掌握战略叙事的撰写技巧▎

相信各位应该已经认识到,一篇合适的战略叙事将有助于利益相关方清楚认知到组织或品牌的未来战略发展方向。有效的叙事方式,内容必定具备起承转合,这样的一个战略故事,将是未来组织战略落地的重要支柱。

在进行组织或品牌的发展规划时,必须有效整合以下四个方面,提高战略叙事的严谨性。

首先,每家公司都必须做好许多事情。这些事情不应与公司最重要的竞争基础相互混淆,最好的方式则是通过实例来向利益相关方解释说明我们现在或未来经营事业的竞争基础为何。例如:公司的竞争基础可以由以下三类择其一来构思说明内容。

**1. 着重品牌/营销/客户亲近(Brand/Marketing/Customer Intimacy)**

例如:哈雷戴维森(Harley-Davidson Motor Company)虽然必须设计和制造高质量的摩托车,但它并没有因为它的设计、产品质量或具成本优势的制造能力在市场上获胜。它的胜出,归功于客户爱慕它的品牌,也就是Harley-Davidson。

**2. 卓越的运营管理能力(Operations)**

例如:亚马逊(Amazon)虽然重视客户服务,它并没在这个基础上与美捷步公司(Zappos)(注2)在市场竞争,后来亚马逊胜出,其实是因为它拥有复杂却极具效率的仓储和供应链配销作业。

### 3. 技术超群的工程/设计能力（Engineering/Design）

例如：波音公司（Boeing）不仅生产了世界上大部分的商用客机，还设计了火箭、卫星和国防装备。连美国总统的座机空军一号都是由波音公司设计及建造的，这种竞争优势可以追溯到20世纪60年代。

其次，定义你的品牌/产业类别。一个无法归类的品牌或产业类别则无法代表任何事；缺乏描述一个品牌/产业类别的能力，一般意味着这个品牌或产业不是我们所认为的那么强大。另外，定义品牌/产业类别也有助于市场定位分析的作业。然而，要避免受到那些我们接触最多的品牌或传统意义上的产业分类来左右我们的认知，对我们也是一项挑战。

再次，清楚说明组织或品牌市场定位分析的见解。对于目前的及想要的市场/产业位置，必须能让组织或品牌获得一定程度的成功，并且在实现愿景后能够保持竞争地位。考虑下列要素：①组织或品牌与所选类别的相关程度；②品牌的知名度；③目前的市场占有率或排名；④我们的营业规模。

最后，考虑这个观点——"相比竞争对手，我们的做法（战略）是否具有差异（Different），或是做得较其他更好（Better）？我们又要怎么证明呢？"如何创建、维护、扩展和防御我们的差异化战略，应该是战略叙事中的一个重要聚焦之处。

当我们好不容易完成一个版本的战略叙事文本，可以运用以下十个问题，来检核我们的叙事是否足够的完整。

1. 公司的愿景、使命、核心价值观，指导原则是什么？
2. 有哪些事情公司做得很好？
3. 有哪些事情公司做得比其他公司更好？
4. 公司所在市场竞争的潜规则有哪些？
5. 什么样的核心能力/特性和资产，是公司必须投入的？
6. 有哪些事情公司不该做？
7. 哪些事情是公司所主张或支持的？
8. 哪些事情是公司所反对或正在与其对抗的？
9. 哪些是公司内部的关键衡量指标？
10. 公司需要采取哪些重大的变革事项？

## 如何说好一个战略的故事

写好一个故事，是有技巧的。虽然，战略叙事在讲述的是组织或品牌"未来的"故事,但它还是脱离不了故事的本质。创作战略叙事就是在创作一个剧本,除了内容外,也要具备可读性,主要是叙事的结构,以及情境的设计。

关于剧本的撰写,这是一门专门的学科与技巧,本文先向各位介绍一个最简单也最有效的剧本结构,希望有助于各位快速启动你们的战略叙事工作。好莱坞电影最常应用的故事架构,是线性叙事的三幕剧结构(Three-Act Structure,如图6.2所示)。剧本架构就像盖房子的钢筋骨架,能让编剧有清楚的目标与方向。根据悉德·菲尔德(Syd Field)的理论,电影三幕剧包含了以下三个阶段。

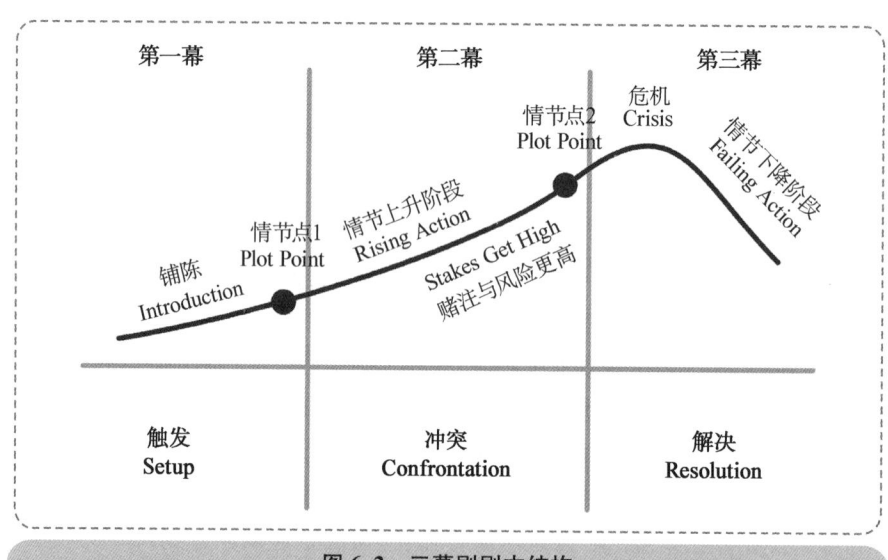

**图 6.2 三幕剧剧本结构**

**第一幕:触发(Setup)**

一开始着手建立故事的时间序、地点、角色人物特质等,接着安排第一段情节(Plot),并埋下角色将要面临的问题,这个部分约占一部两小时长度影片的四分之一。

**第二幕:冲突(Confrontation)**

角色为了达成某一个目标,必须设法突破各种难关和挑战,此时的冲突与对抗也在升级,故事的赌注增加,角色面临更大风险,这部分的情节约占全片时长的一半。

**第三幕:解决(Resolution)**

好的编剧以循序渐进的节奏在第三幕将剧情带向高潮,随即快速地走向结局,充满着张力与吸引力。这一幕将是故事的最高潮,问题最终被解决,角色也重新回到原本的世界展开新生活。这个部分,编剧将以四分之一的篇幅让戏剧事件最终告一段落。

战略叙事的主角是组织或品牌,如同前文所提及,我们必须为我们的组织或品牌赋予人性,才是一个有效的沟通方式。"拟人化""个性化"是我们在撰拟战略叙事时的基本思维。一篇好的战略叙事文本,内容贵精而不在多,比照亚马逊的经验,在6页A4的长度内完成,将是一般的期望水平。

如同本文一开头让各位清楚知道"叙事"和"故事"是有差别的。而战略叙事所叙述的是未来要发生的故事,具有未知性,它未必像童话故事会有一个快乐的结局。战略叙事的目的在于让读者,也就是我们的员工、投资方或其他的利益相关人,能够理解我们过去到现在的发展情境、认同我们的愿景及战略,并且积极地投入未来的战略实践。如果能够达到这个效果,那么,这就是一个优秀的战略剧本。

## 注释

▶ 注1:原文《"战略叙事":沟通组织愿景与战略的好工具》刊登于"经营洞察力论坛"2021-01-20。

▶ 注2:Zappos为一家美国在线鞋类和服装零售商,由美籍华人谢家华于1999年所创立,总部位于美国内华达州拉斯维加斯市。以"提供最好的客户服务"为品牌定位,于2009年,公司创业十周年之际,被亚马逊以12亿美元收购。目前是全美最大鞋类网购平台。

## 思考问题

1. 经过本文的介绍,您是否对战略叙事产生了基本的兴趣呢?建议您花点时间,去搜集一些知名品牌,诸如IBM、P&G的战略叙事,是否符合我们所提及的人性、共享目的等原则呢?
2. 我们都知道星巴克(Starbucks)的品牌目的是提供都市消费者一个"第三空间",随着外卖的盛行,原先坚持不外卖的星巴克也被突破了,他们是否正在失去了原先的目的?这对星巴克的战略叙事是否产生了冲突并影响到品牌的发展?请分享您的看法。
3. 本文介绍了三幕剧结构,帮助我们来发展战略叙事,若对剧本结构有兴趣,建议您花点时间去搜集其他不同的剧本结构,它们是否都适合于战略叙事的应用呢?

# 二十三、战略执行的挑战与应有思维

许多企业经营者面对环境多变的挑战,莫不汲汲于思索带领企业成长的战略。企业经营往往以成败论英雄,好战略固然重要,然而,再好的前景、再精美的战略,如果无法确保战略的落地,为企业及股东带来获益,终究是一场梦。战略只是一个想法、一个假设,直到它被实现。经营者和高层管理团队面临的最大挑战将是如何帮助他们的组织更好地执行它。

当经理人被问及如何定义"战略执行"(Strategy Execution)的问题时,大多数人的回答是"战略执行就是战略计划被成功实施"或是"战略执行是在实现你的战略"。虽然这些观点不能说不正确,但对于我们想要理解需要有什么作为才能真正推动经营成果的实现这个课题,它的帮助是非常有限的。

战略执行已成为当今管理领域的热门话题,许多针对CEO的调查都指出,他们非常关注战略执行这个课题,并将其列为最具挑战的第一和第二大课题,据估计,超过60%的战略没有被成功实施,对实际负责组织战略的人来说,这一发现应该是不足为奇。虽然,关于战略执行的图书及文章已经琳琅满目,我仍希望借本文与读者分享我在实务上的观察,帮助各位进一步思考战略执行这个课题。

## 关于战略执行的不同观点

要讨论战略执行,就一定会想到由拉里·博西迪(Larry Bossidy)、拉姆·查兰(Ram Charan)和查尔斯·伯克(Charles Burck)合著的《执行:如何完成任务的学问》(*Execution: The Discipline of Getting Things Done*)这本关于战略执行力的畅销书。

博西迪及另两位作者认为战略执行是一个过程(Process)。他们将战略执行作为一门学科或"揭露现实并采取行动的系统性作为",在其书中提出作为执行力核心的三个主要流程(图6.3)。

1. 人员流程(People)：人员流程是战略执行力的第一个关键。从战略规划与执行的角度，不论是规划或执行，其核心均在于人才；因此，人才与人才间的流程、互动与合作是其关键。组织要事先找到人才，并设计流程让人才的战斗力得以发挥。

2. 战略流程(Strategy)：好的执行力要以事先缜密的战略规划为基础。在规划阶段，必须思考后续的执行阶段是否能搭配，这就是"Strategy for Execution"的概念。在战略执行阶段，也必须延续先前的规划产出，保持适时修正计划之弹性。

3. 运营流程(Operations)：运营流程则是战略执行阶段完成任务的步骤。对照生产制造的运营体系，运营流程就好比是在线的制造流程，包括了不同制造单元与制造步骤之间的衔接，上流程为下流程的起点。运营流程的成功关键在于部门与部门间的协调与整合程度。

图6.3　战略执行的三个主要流程

《执行》这本书所提供的信息当然有用，但作者似乎并未完全解释组织如何实施这三个主要流程以帮助战略成功地被实现。不过，该书于2002年出版以来，学术界及实务界在战略执行这个领域取得了重大进展。哈佛商学院教授罗伯特·卡普兰(Robert S. Kaplan)和他的同事戴维·诺顿(David P. Norton)于2008年撰写了《平衡计分卡战略实践》(*The Execution Premium: Linking Strategy to Operations for Competitive Advantage*)一书，他们认为，战略执行是一套系统,并在这本书中展示了他们的战略执行管理系统,主要是围绕着一套综合完整的战略制定、规划和运营执行的管理系统中的六个阶段,旨在帮助组织获得他们所谓的"卓越执行力"(Execution Premium),并成功执行战略以带来企业的价值增长。

**1. 制定战略(Develop the Strategy)**:要能清楚而具体地说明所从事的业务内容,以及理想的战略。

**2. 规划战略(Plan the Strategy)**:利用工具制定架构分明的评量指标和方案,用以作为行动和资源配置的圭臬。

**3. 整合组织(Align the Organization)**:使组织能配合你所选定的战略。

**4. 规划运营(Plan Operations)**:使日常运营和长期战略能互相吻合。

**5. 追踪和学习(Monitor and Learn)**:定期确认战略是否确实实施,并在必要时能加以导正。

**6. 测试和修正(Test and Adapt)**:持续挑战战略假设,并在必要时进行调整。

前述两套模型,我觉得都很受用,只要是认真对待战略执行的经理人,都应该要熟悉它们。然而,在实务上,可能会出现来自**流程的视角**,却无法囊括足够的细节来帮助管理人员构建组织内的三个流程;反过来,从**系统的视角**,可能包含太多子步骤,以至于管理人员可能会不知所措。

这就如同《三只小熊》故事里的那个闯入三只小熊窝的金发女孩,在三只小熊返回熊窝前,她偷喝了三碗粥、偷睡了三张床,不是粥太热了或床太硬了,就是粥太凉了,或是床太软了;比较之后,第三个选项才接近于她心中那种"恰到好处"的感觉。可见得,让人满意且恰到好处的解决方案在真实世界中不太容易获得(注2)。

我们如何才能找到"恰到好处"的战略执行方式?当然,这没有简单的答案,分享以下的五项战略执行可能遇到的重大挑战及建议,希望能帮助各位洞察可能的关键要素,让战略执行更有效。这五项挑战分别是:①缺乏战略校准作为;②缺乏系统性地培养领导力及建立人才库;③应对变局的敏捷性不足;④未能落实当责文化与授权赋能;⑤低效的体系结构。接着,我们一起来检视这些挑战的内涵。

## 挑战一:缺乏战略校准作为

战略执行阶段若没有围绕核心战略,也就是所谓的校准(Alignment),

组织就会面临走偏、分心和擅自改动方向的风险,进而导致优先事项失焦和资源错置;这也是说,当组织关于战略方向的理解出现上下不一致的情况,将造成领导者的注意力自关键任务的目的和战略性投资上偏移。

例如:快餐业巨头麦当劳(McDonald's)试图吸引注重健康的顾客(他们几乎从不会光临麦当劳)以扩大其客户群,公司在2016年决定于菜单中引入色拉和卷饼之类的健康料理,之后因为一门心思都被这个餐饮行业最新的趋势所吸引,反而逐渐减少对核心任务(例如:做出超赞的汉堡)的关注。结果,在五年内亏损5亿美元,直到行业新进者以更好的美味汉堡抢占市场,麦当劳才回过神来,于2020年宣布重新拥抱其作为快餐连锁店的身份,并不再忧心那些他可能永远无法赢得的客户。

一家企业或品牌缺乏战略校准,组织将会忽视长期优先事项,一旦组织开始失去前进的动力,员工可能会感到沮丧并开始脱离工作。领导者必须对组织成员传递一个看似简单的概念,就是"执行力取决于每个人为实现同一目标而共同努力的程度"。如何与战略进行校准并保持一致性,是战略执行阶段最重要的挑战,也是提高绩效需要优先解决的问题。没有做好这件事,其他一切都不重要。

在大型复杂的组织中,管理人员和员工经常在孤岛中工作,他们的注意力变得分散,或者更确切地说,陷入"部门细分化"的陷阱,导致他们对战略要求的理解与他们自己的工作之间存在很大差距,"错位"成为常态。因此,高层领导如何明确战略意图?与组织成员澄清他们负责的工作如何导致战略成果?明确传达整体成功如何可以归因于他们?如何整合组织并在整个企业范围内努力实现这些成果?这些课题将是有效战略执行的持续挑战。

## 挑战二:缺乏系统性地培养领导力及建立人才库

无论是商业、体育还是艺术,出色的执行力都需要高超的技巧;作曲家再优秀,配乐再优美,表演的优质取决于不同领域艺术家们的精湛技艺,才能共同为音乐带来生命。

当萨提亚·纳德拉(Satya Nadella)于2014年接下微软(Microsoft)的CEO职位时,他知道公司的未来取决于如何基于"行动第一、云端至上"(mobile first, cloud first)这个战略,于"后后PC时代"(Post-Post-PC era)开发新功能和新工作方式(自2017起,微软又提出"everything AI"的新战略)。虽然,人才和人力资本一直是微软成功的核心,但纳德拉也明白需要建立一个领导团队,才可以重新配置及建立微软在围绕创新和协作文化的人才库,从而将公司带入新市场、新服务和新技术。

战略执行的重要挑战之一,就在于组织如何充分利用"人力资本"(Human Capital)？这不仅是关于生产力的课题,组织还必须关注于如何吸引、开发和部署最优秀的人力资本？如何提高他们的技能水平？以及如何确保知识、技能和能力的类型适合关键任务等几个重要课题。最高管理团队发起战略计划,将战略意图转化为运营指令,并对最终的战略执行结果负责。因此,指派合适的人在不同阶段担任合适的角色通常是一个挑战,这需要业务知识、职能知识和团队协作能力,其中,"团队协作能力"(Team Collaboration)对于战略执行至关重要。

提高团队协作能力对于实现卓越执行力至关重要。我们可以从三个层面来检视影响团队协作的因素。首先是**结构性(Structural)因素**。组织结构可以让人们聚集在一起合作,也可以使得团队协作变得更加困难,这些都需要被识别出来并解决。其次是**认知(Cognitive)因素**,团队的共同认知强则可以创造相互理解和知识共享,否则会在团队中制造出智力鸿沟。最后是**性情或情感(Dispositional or Affection)因素**,团队成员若不产生信任和互惠,就会引起办公室政治和分裂的趋势,后者必须要使其浮出水面并加以解决。团队协作必须列为最高管理阶层的首要任务,如果缺乏,请优先解决,组织可指派最信任、最有前途的组织成员担任新的延伸性角色,接着围绕他们建立一个有效的支持团队,并引入具有互补技能的其他人员来平衡团队。

虽然高层领导团队对战略执行至关重要,然而,真正推动战略落地的人其实是委身于组织的深层之处,组织真正的吸引力其实是发生在中层管理人员和普通员工身上。因此,在整个公司内建立一个强大的人才引擎是至关重要的任务。我们必须要思考,组织的人才管理系统是否如我们所需要的那样有效？我们组织是否依据关键任务所需的技术人才存量和流动性进行能力建设与人才召募？领导力、团队协作文化、人才库的建设,将是组织在战略执行所需要思考及克服的重要挑战。

## 挑战三：应对变局的敏捷性不足

所谓"敏捷性"(Agility),简单地说,就是指灵活快速适应变化的能力。

以微软为例，微软自1980年代就称霸于桌机领域，其中，在2000年至2014年间，微软的利润从94.2亿美元增长到超过220亿美元。尽管微软在财务上取得了成功，在从台式机/笔记本电脑转向至行动装置和云端服务方面却进展缓慢而失去先机。微软不是没有看到这个趋势发展，却因优先考虑其他因素而无法像竞争对手那样迅速采取行动，长达十年的延迟，导致微软在云端业务落后于亚马逊（Amazon）71％的市场占有率。这是组织敏捷性不足的最佳案例。

在当今多变的商业环境中，长期的战略执行能力需要具备短期的敏捷性、创新和组织学习才能充分发挥。在高速变化的环境中，有关增长、盈利能力、创新和执行力的课题可能保持不变，但关于如何实现这些目标的答案正在迅速产生变化。在这样一个动态的环境中，回应速度和适应能力对于实现组织目标至关重要。然而，组织提升敏捷性最常见的障碍，却是我们既有的执行方法，这种现象称为"执行悖论"（Execution Paradox），来自组织为了推动更好的绩效和最大化效率所创造出的一种难以改变和调整的处境。这代表组织成员平时工作愈卖力，他们就愈难看到变革的必要性，更不要说适时进行调整与适应。

要提高组织的敏捷性，可以由培养**情境意识（Situational Awareness）**着手。所谓的情境意识指的是对周围环境保持警惕以应对环境潜在变化的意识能力；组织学习则是提高情境意识与洞察力的关键作为，这涉及组织成员看待变化与挑战的**心智模式（Mindset）**；第三个方向则是强化组织面对变化以重新配置组织资源（资金、人员、技术）以协调快速变化的能力，又称之为**动态能力（Dynamic Capacity）**，动态能力的建立则有赖于情境意识与组织学习的进展与成熟度。敏捷性已是现代企业必备的核心能力，更是战略执行的关键及必将面临的重大挑战。

## 挑战四：未能落实当责文化与授权赋能

组织的流程力是战略成功执行的保证，当责文化则是流程力的基石。当责（Accountability）是指承担某项任务者，对该项任务具有归属感或是主人翁意识的内化认知，勇于面对与承担任务成功或失败的后果。个人的当责心态，更多来自一种自我感觉，实务上，我们很难量化某人的当责状态或程度。

"当责"与"负责"(Responsibility)是有差异的,前者为结果负责,遇困难追求解决方案并寻求资源与支持;后者着重在过程中是否尽力而为,遇困难会替自己找理由,是一种为执行过程负责的心态。虽然,当责是一种个人心态与行为的表现,却会受到领导者日常的行为与组织文化的影响,有时,强求却不可得。不过,若领导者了解何谓当责,能够以身作则,这是一个好的开始,也是一种自我领导力的挑战。

要提升组织的当责文化,可以由"当责与信任管理循环"着手(图 6.4),这包括如何建构一个互信(Trust)的工作环境,挑选具潜力的对象实施赋能与授权的养成,在授权赋能(Empowerment)的基础下全面落实当责文化,进而促进全员当责并提升组织的流程力。

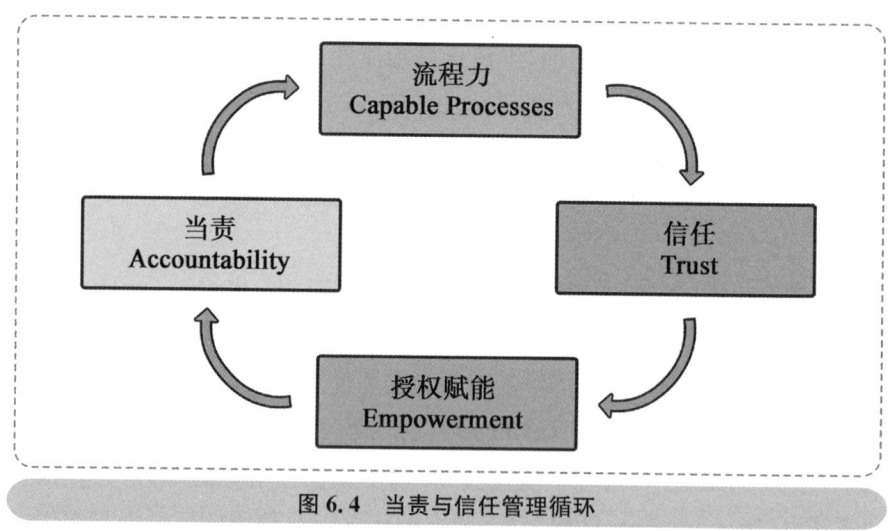

图 6.4　当责与信任管理循环

在这个循环中,信任感是实施授权赋能的基础,一个有着高度互信的团队,将会表现在高效的沟通与团队协作上。领导人可基于以下六项要素来建立组织的互信,它们分别是:避免紊乱的信息、充分沟通并谨慎推进工作目标、停止责难的游戏、以信任银行(Trust Bank)为基础沟通授权、过程与成果同等重视、及时地沟通双方的困扰并主动寻求支持。这六项要素也可视为组织在建立并强化互信所要克服的挑战。

在互信的基础上实施授权赋能(Empowerment)能事半功倍,不过,授权赋能并非一蹴而就的作业,它需要参与者的意愿,同时,领导者必须正确认知到授权(Authority)的本质为何。没有搭配赋能(Enabling)的授权行为,就如同闭着眼睛让小孩玩大车。妥善地实施授权赋能,将能帮助组织培养出更多具潜力的接班梯队，ARCI法则（注3）可以是组织在实施授权赋能的一个好工具，成功落实授权赋能也是一项领导力的自我挑战。当责与信任管理循环是组织推动当责文化的蓝图，如果组织缺乏当责与授权赋能，将导致执行力的低落，再好的战略，将如昙花一现，虽美好却不长久。

## 挑战五：低效的体系结构

组织的"体系结构"（Architecture），包括底层基础架构、作业流程、管理制度和控制机制。在战略执行阶段，体系结构对于管理资源流动、信息可用性、决策和推动组织的前进至关重要。有动力和有才华的人可以在短期内弥补糟糕的组织体系结构所造成的问题，但不会长久，因为体系结构最终决定了人们工作完成的方式。一个正确设计的系统架构，在确保良好的战略校准和组织能力下，可以帮助组织的转型并带来突破性的绩效。

管理大师威廉·爱德华兹·戴明（W. Edwards Deming）曾提及："94%的绩效问题是来自系统的问题，而不是来自人的问题。"他也说过："一个糟糕的系统，每次都会打败一个好人。"这足以说明，体系结构在战略执行所扮演的角色。组织的设计是组织行为的重要决定因素之一，组织的体系结构有助于提高运营效率、作业清晰度和流程易用性。糟糕的体系结构将带来负面的影响，包括官僚主义、低效率的流程和繁琐的系统。

分享一个正面的案例：当汤姆·莫纳汉（Tom Monaghan）创建达美乐比萨（Domino's Pizza）时，有一个明确的战略意图：保证在30分钟内送出比萨，否则就免费。他非常清楚自己的运营模式，因此，他不让厨师手工揉制比萨面团，而是采用流水线来大规模和快速地准备比萨面饼；他没有使用燃木烤箱，而是采用输送带技术将烘烤时间减少到6分钟内；更重要地，他不开设实体餐厅，却设计让司机将比萨送到顾客家门口。莫纳汉彻底改变了这个行业。

当高阶团队阐明组织的运营模式后，就有了一个可行的战略蓝图，可以用于优化组织体系结构及用于桥接组织战略并产生绩效。随着时间的推移，当公司追求新兴机会时，他们的战略会发生变化，但他们通常不会同时调整他们的体系结构。众所周知，组织架构、作业流程和制度的调整不容易处理，并且在组织寻求新机会时，会导致组织固守于现况。许多时候，虽然战略已经顺应环境而调整了，往往体系结构还没有到位，更不用说，体系结构的调整或简化还常常会遇到组织惯性(Inertia)的打击。我们都知道,资料和流程是互补的资产,而且愈来愈密不可分,因为信息系统支撑着作业流程的改进。因此,信息化,甚至是智能化的导入与变革,将是强化体系结构、提升运营效率的另一个挑战。

## 善用成长性思维强化战略执行力

本文所列出的五大挑战,是领导团队在思考组织如何落实战略、强化战略执行时,所需要思考及面对的课题,也是组织在规划成长战略的同时,不能忽视的一个现实问题。面对已然到来的 VUCA(注 4)世界,面对环境的多变,必然会对原先所设定好的战略假设及经营环境,带来执行力的质与量之挑战。面对现实,除了要随时检视前述的五大策略执行的挑战课题外,同时,也要善用心智模式(Mindset)的力量,提升团队面对挑战的韧性。

当初,微软 CEO 纳德拉即强调组织敏捷性的重要性,并强调好奇心、不断学习、时时接受反馈的**成长型思维模式(Growth Mindset)** 的重要性,具成长型思维的领导人,乐于拥抱模棱两可的现实,并且认可错误也是个人与组织学习的一种投资。相对于成长型思维,具**固定型思维模式(Fixed Mindset)** 的经理人,倾向于认为事物与作业是一成不变的,人们也是很难被改变的,聪明人受限于既有的聪明才智,思考问题也受限于现有的方法,面对学习,会想方设法地将所有已知方法学会,而不考虑背后的多变性及未来性。

微软营收与获利好转的关键,与一个全新的、更敏捷的运营流程有关,因为该流程采用成长型思维,以假设检验(Hypothesis Testing)为基础,适时检视各种既定战略假设,帮助组织从错误中学习并不断改进作业流程与运营体系。因此,面对 VUCA 时代,经理人应该更要掌握成长型思维的力量,乐于面对挫折,把克服战略执行的五大挑战,视为个人与组织学习的一个成长的过程。

## 注释

▶ 注 1:原文《战略执行的挑战与应有思维》刊登于"经营洞察力论坛",于 2021-07-28 及 2021-09-01,分成上下两篇刊出。

- 注2：出自罗伯特·骚塞（Robert Southey）著名童话故事"Goldilocks and the Three Bears"被运用到经济学里，称为"金发姑娘问题"（Goldilocks Problem），又称"金发女孩效应"。文章在此处所引申的意义是"凡事都必须有度，而不能超越极限"。当然，故事最后的发展，直到三只熊回来的那一天，小姑娘才发现这间房子原来属于三只熊，金发女孩的幸福生活便一去不复返。
- 注3："ARCI"是4个英文单词的缩写，分别是Accountable(当责者)、Responsible(负责者)、Consulted(事先咨询者)及Informed(事后告知者)。领导者在对干部进行培养时，可以运用ARCI法则来进行，除了用于授权赋能的过程，ARCI也适用于项目管理，当这4种角色各司其职时，可以有效且顺利地完成工作任务。
- 注4：VUCA由四个英文单词的字首组成，分别是：Volatility(波动性)、Uncertainty(不确定性)、Complexity(复杂性)、Ambiguity(模糊性)。

### 思考问题

1. 经过本文的说明后，关于战略校准，是否有助于您的理解？如果要着手克服这项挑战，您会如何着手，以及要事先准备好哪些资源呢？
2. 是否可以花点时间去搜集微软CEO于2014年提出的"mobile first, cloud first"，以及2017年提出的"everything AI"的相关内涵，并且进一步了解微软如何基于这个愿景去培养组织人才库？欢迎分享您的心得给团队。
3. 当责是一种组织文化，您是否认同？本文提到了信任及授权赋能为实现当责的基础，如果对这个主题有兴趣，是否可以再花点心思去搜集各种关于当责的论述，并且比较一下，中、日、美三国文化中关于当责的认知有何差异？

# 二十四、落实日常管理以提升战略执行力

面对经营环境的不确定性,企业领导人经常强调如何才能发展出足以带领企业突破竞争的好战略;好战略虽然难寻,但是,为何许多组织有了令人激赏的创新或差异化战略,却无法真正落实？或是,为何与对手雷同的战略,最终获得的绩效却大不相同？追根究底,其关键就在于组织执行力的差别。

"三流的战略加上一流的执行力,永远比一流的
战略加上三流的执行力有更好的结果。"

所谓执行力,就是员工在日常工作的每一个阶段都能一丝不苟地切实执行,因为,没有执行就无所谓实现,只有彻底贯彻实行工作任务,才能有效达成预期目标。提高组织执行力的理论或方法论很多,例如:精益管理、六西格玛、变革管理、WCM(世界级制造),以及像是 DBS(Danaher Business System,丹纳赫精益管理体系)这种世界级企业所发展出的卓越运营体系,不一而足。他们的目的都是希望通过完善的管理制度,将目标、人员、团队、作业、资源、生产力、领导力整合在一起,有效地促进组织战略的实现。

以上的体系或方法论,各有擅长之处,企业组织也可以依自身的需求而选择实施。要说它们有什么共通之处,依我的浅见,"日常管理"(DM: Daily Management)可能会是众多组织在提升执行力的一个聚焦之处吧！

## 为何组织需要重视日常管理

组织的管理工作本就包括了突破性目标(BTO: Breakthrough Objectives)的规划、作业与制度的创建与改善,以及日常作业稳定与产出的保证。这三大部分的工作,依层级的不同而有比重之分,日常管理的工作,

更多的是倚靠基层主管与员工的执行力(图6.5)。

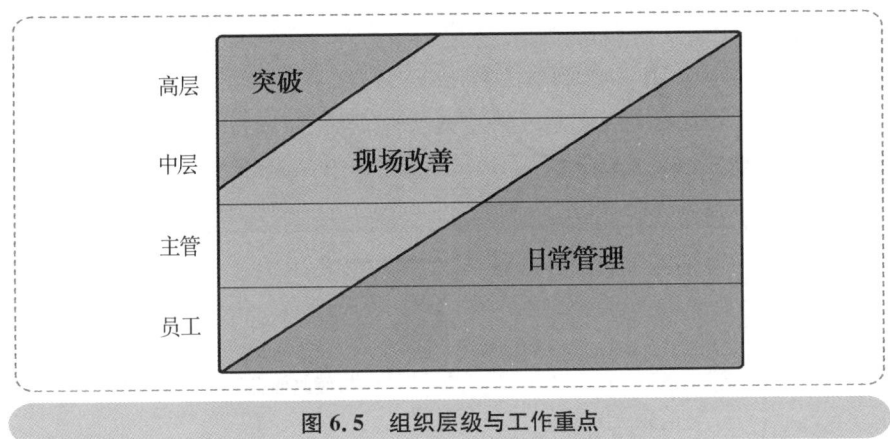

图 6.5　组织层级与工作重点

许多组织试图通过简单地将目标和期望放到不同的业务领域和组织层级上来实现其战略,赋予这些部门及干部的唯一责任,就是去产生数字(结果),并监督他们实行那些被期望要采取的行动。使用这种方式,成就常常低于预期也就不足为奇。加上这些高阶管理者通常利用每月召开一次的会议来检查进度(经常是进度不足),致使会议常常演变成问责大会,失去一次让大家一起讨论那些令人失望的数字并寻求纠正措施的机会。若为了扑灭那些看似在组织中各处冒出的大火,他们通常会做出仓促的决定,却使局势更加恶化。

为什么结果无法实现?为什么战略计划不起作用?公司虽有非常复杂的IT系统(有着所有数据的数据库),却无法掌握实时的状况,导致决策制定为时已晚。这种情况下,谁能期望实现年度目标?现代品管大师约瑟夫·朱兰博士(Dr. Joseph M. Juran)曾说过:"一个被良好管理的流程至少有85%的问题是存在于流程中——仅有少于15%的问题可被归因于一些特定的个人身上。"可见得,良好的流程管理才能保证如质如量的产出。

一个流程管理不当的组织,无法获得持续改善的效益。同时,不断地往复于现况与改善目标间,不仅组织不能如期实现目标以获得绩效,也对人员士气、团队协作,以及企业文化造成了严重的伤害。这种"眨眼睫毛式的学习曲线"(Eyelash Learning Curve),是造成流程管理能力不良的主因,也成为许多组织现场管理的常态(图6.6)。

为了避免出现这些问题,组织需要采取一种新的方式来监督行动方案以落实方针计划并取得成果,确保战略被适当地实施,以及对偏差做出更

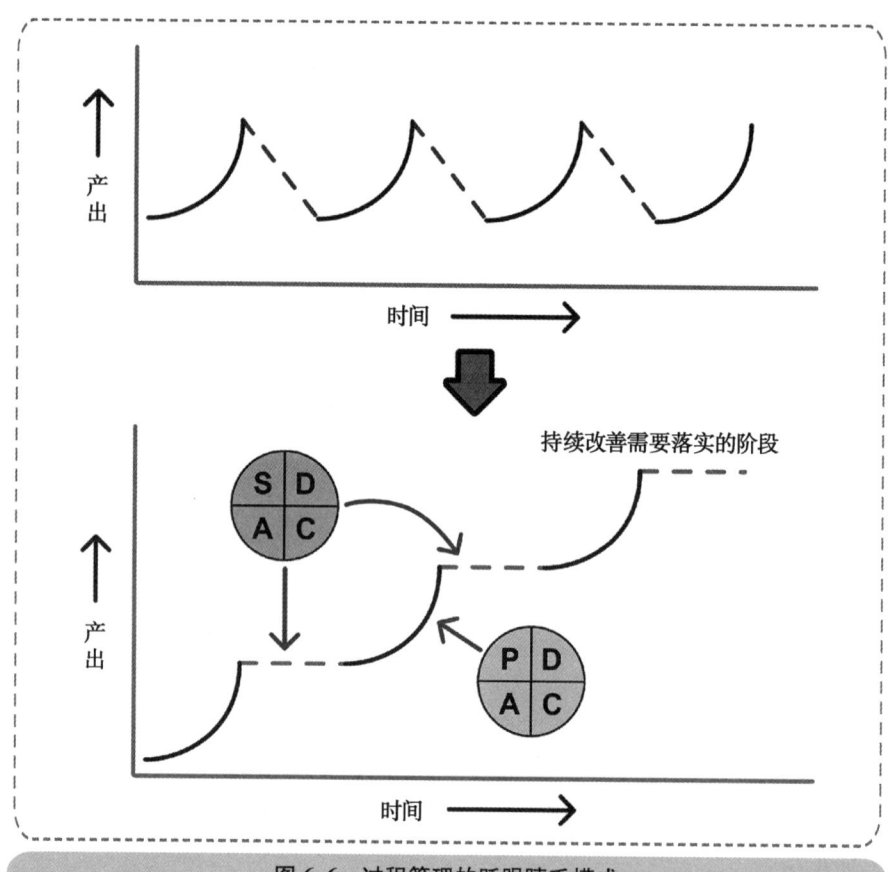

图 6.6　过程管理的眨眼睫毛模式

快、更有效的反应。组织所需要的,正是我们所谓的日常管理。日常管理工作的主要目的是在支持方针管理的落地及有效性,它是一种有规律的,每天都重复在做的活动,主要是持续现有的作业绩效,它结合了绩效衡量指标(Metric)、作业流程(Process)和流程拥有者(Process Owner)等在一起协作。"标准化"是日常管理的基础,通过对 KPI 的表现进行监控来了解绩效的进度及是否存在着偏差,通常,各层级的日常管理不存在太多的跨部门活动。

良好实施的日常管理系统能使组织各级别的人员可以清楚地以目视看到任何一天(如有必要,甚至每小时、每周或每月)绩效的好坏。目前,较常被人们所运用的日常管理,就是源自丰田生产体系(TPS: Toyota Production System)的"精益日常管理"(Lean Daily Management,本文简称为 LDM)系统,主要由四大部分组成,分别是:"领导者标准作业"(Leader Standard

Work)、"可视化管理"(Visual Control)、"日常当责作业"(Daily Accountability Process)及"日常纪律"(Discipline)。以下重点介绍这四个管理工具。

## 日常管理的启动——领导者标准作业

"领导者标准作业"又称"管理者标准作业",英文简写为 LSW(Leader Standard Work)。LSW 的作用在于为一个以精益管理为核心的现场管理系统的持续性提供基础。通过 LSW 的实施,让上级的目标得以由上而下地展开至个人层级,同时,以书面呈现的管理考核表,保证了各层级人员的活动步骤与焦点得以如期推进,让组织管理更贴近于现场,也强化了工作标准化的落实。

实施 LSW,就必须把各层级主管,包括重要岗位的工作人员,将他们日常工作的管理作业,依实施周期/频率、战略目标与管理指标,结合管理目标的任务要求,定期执行管理工作与行动,并予以记录。不同层级(Tier)与不同职能的任务管理人员,所期待的时间分配均有所不同,各层级运用于 LSW 的时间分配,建议请参考图 6.7。

| 层级 | 实施频率 | 标准作业占时比例 |
| --- | --- | --- |
| 组员 | 每个工作循环/节拍(Takt) | 接近100% |
| 领班 | 班次 | 80% |
| 组长 | 日间 | 50% |
| 课长 | 日间/周间 | 25%~30% |
| 部/厂长 | 周间 | 15%~20% |
| 总经理 | 周或月间 | 10%~15% |

图 6.7 LSW 的时间分配建议

LSW 可以让日常作业和任务直接与战略保持一致,最重要的是各级领导者及重要成员得以参与其中。由于团队成员具有与战略执行相关的关键技能，为了利用这些独特的技能，某些成员的日常工作有可能与其他成员不同。例如：人力资源部可能被指派技能开发相关的日常任务；工程部门可能需要定期分享关键运营知识。领导者标准作业的好处是，他们可以每天参与"价值流"（Value Stream），以创造实现战略目标所需的动力。

## 直观管理——可视化管理

在 LDM 的架构中，"可视化管理"的作为是借由管理看板或其他可视化的工具实现，包括数字显示看板、安灯系统（ANDON）等方式，对管理指标与现场的异常与问题实时侦测知晓，这种做法容易对管理指标的预期结果与实际状况进行比较，创造将领导者标准作业（LSW）转化成流程改善的机会。

正确设计且每日实时展示的努力，是战略执行的核心。这些现场展示可以实时显示有用的信息，可以做到项目按时进行、促进项目控制、启用预防措施、发现根本原因，以及通过价值流团队的协作以制定来自客户驱动的决策。在设计可视化看板内容前，必须由上而下地，将来自高阶战略层级所定义的绩效指标逐层展开，并将优先的目标及可用来考核的绩效指标，设计在合适的可视化工具上，并需确认系统是否存在可行的数据搜集系统。在指标的设计和选择上，应以领先型指标（Leading Indicator）为优先。指标层级（Tier）展开示意图可以参考图 6.8。

除了来自战略目标的展开，现场主管亦可将现场管理的例行工作重点，例如：SQDIP（安全 S、质量 Q、交付 D、库存 I、生产力 P），同步以可视化工具进行展示及监控（图 6.9）。这些可视化工具与设备的使用，关键在其展示的位置，一般习惯将这些图表、显示器、绩效报表集中放置在诸如"作战室"或"改善室"的房间。除非它们并非作为实时使用与阅读，否则，这会让价值流上的员工觉得自己不是这些努力的一部分。可视化管理工具/设备的展示，必须放至流程中能够产生增值的地方，例如：产线旁、办公室的墙壁上……这样才能为主管的领导力提供动力，成为促进、教导和促进团队努力相关行为的发生处所。

可视化状态的展示必须简单易见，容易理解。例如："达到目标"＝ 绿色、"偏离目标"＝ 红色。在数据与图表的展示上，可善用趋势图、折线图或

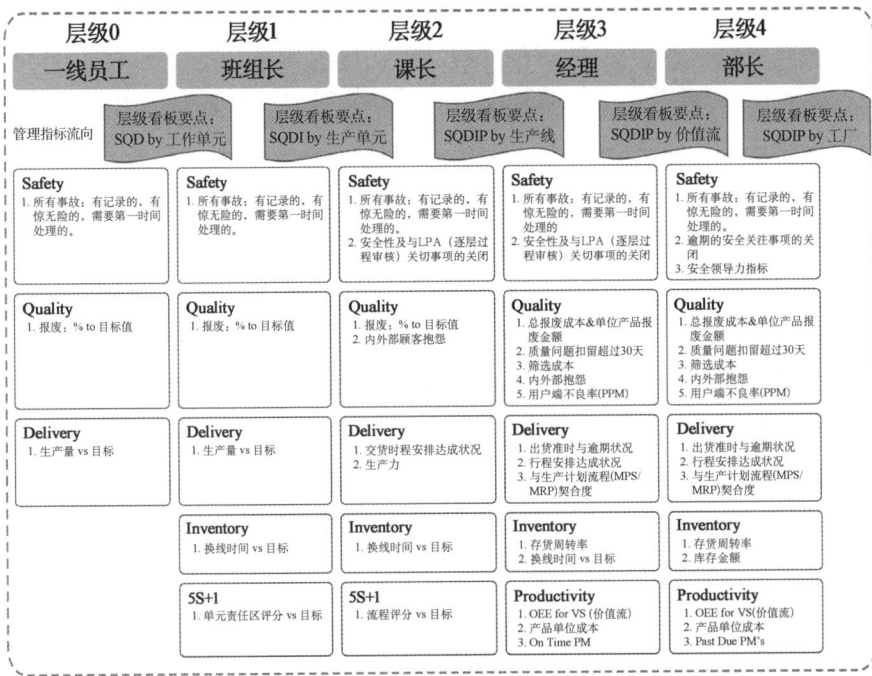

图 6.8　日常管理指标层级展开示意图

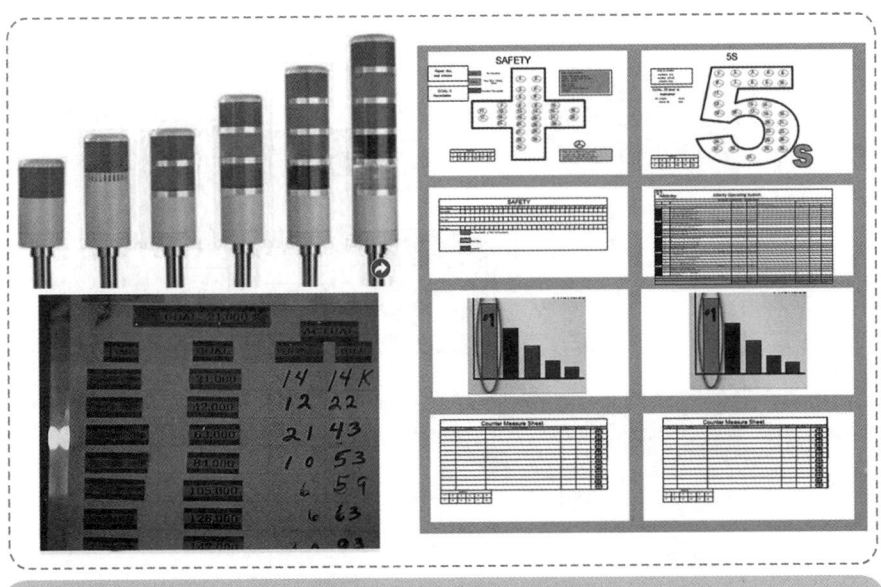

图 6.9　现场可视化看板

管制图，以显示管理对象的变动趋势及管制重点的现况（参考图6.9）。绩效指标更新频率必须与LSW相结合，并配合"层级会议"的设计，原则上以每日更新为主，视需求及任务的特性，可以每周或每月更新（有的电子化程度较高的企业，已可做到现场生产进度与质量状况实时更新的境地）。

## 有节奏的会议——日常当责作业

对于每个部门、区域或现场工作小组，应要求他们以固定的节奏，一天一次或合适的频率，并且总是在同一时间举行会议，会议的重点在于团队的现况与所期望的目标进行比较，我们又称其为"层级会议"（Tiered Meetings）。

仅仅在可视化看板上揭露数字是不够的，日常管理要求团队合作、始终进行坦率的讨论，以了解进度与情况；相关人员在现场进行分析，并确定在当前绩效与预期绩效之间出现差距时需要采取什么措施。层级会议应由各层级（或指定）的负责人主持，这些层级会议的时间必须够短（例如：现场的层级会议只需5~10分钟、工厂经理层级约需15分钟、跨部门的周会最多也只需30分钟）（图6.10）；为求会议效率，许多层级会议是集合团队成员在可视化看板前，以站立的方式举行。

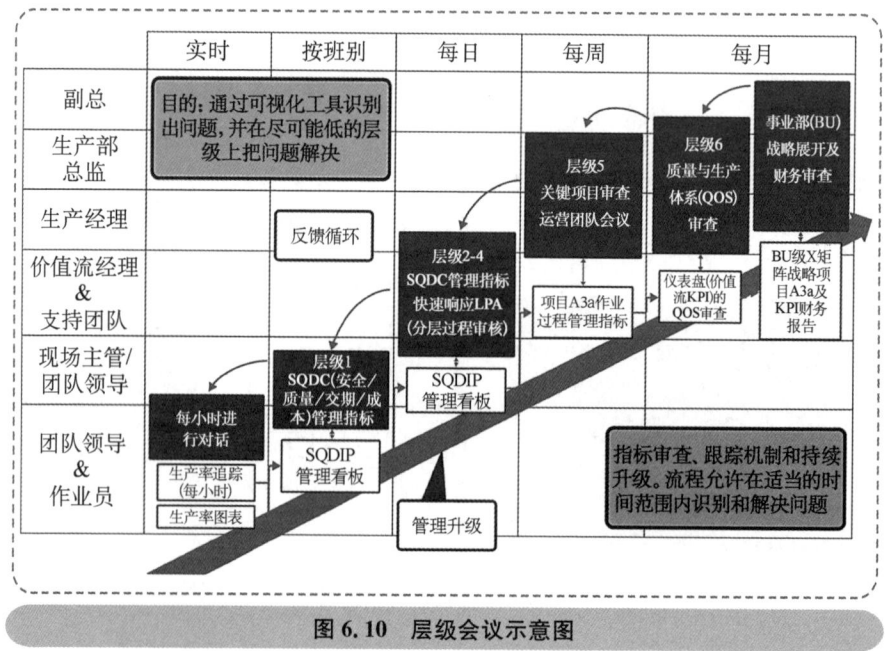

图6.10 层级会议示意图

层级会议讨论的重点应聚焦在问题出现的地方,并寻求初步的对策。因此,主持人最重要的工作是要正确的提问,例如:"我们是否在对的数量和对的时间做了对的事情吗?""目前的结果与预期结果相比如何?""大家看到了什么问题?""我们为什么偏离了计划的目标?""关于这个偏差,根本的原因是什么?""我们需要进行哪些改进?""谁能负责?""需要什么帮助才能完成改进?"等等。

在正式的层级会议进行时,不应期望对问题的根本原因和潜在对策可以在当场进行深入分析。任何参与者不应该在会议中提供肤浅或既定的答案,领导者自己也应该避免给出直接答案。若层级会议管理得当,有更大的机会可以发展员工的能力并改变员工问题解决和团队合作的方式。成功的层级会议有赖于完善的会议标准操作办法,包括:议题设定、参加者、会议守则、时间控制等。

真正的问题解决作业,应通过指定的个人或工作团队来负责,通过诸如QC-Story(PDCA 的问题解决步骤)、8D 表(8 个问题解决步骤的汇总表)或A3 报告(A3 Report)(图 6.11)等为人们普遍使用的问题解决架构,掌握PDCA 的原则去解决(注 2)。其结果可在可视化看板上展示,或是在层级会议中进行重点提报。对 A3 报告有兴趣的读者可参考索贝克 II(Durward K. Sobek II)及斯莫利(Art Smalley)所著的《A3 思维》(*Understanding A3 Thinking*)一书。

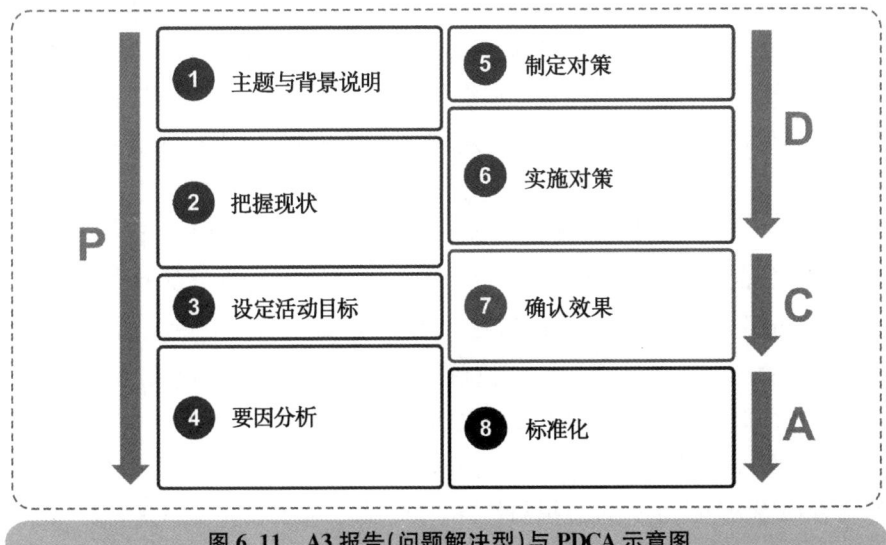

**图 6.11　A3 报告(问题解决型)与 PDCA 示意图**

## 魔鬼藏在细节里——有纪律地执行

在 LDM 的架构中,为了落实日常管理相关作业、掌握价值流现场的细节、深化持续改善的文化,"现场走动管理"(Gemba Walk)将扮演着相当重要的角色。Gemba 是"现场"的日文发音,所谓的 Gemba,指的是组织工作区域产生价值的地方。它们可能是制造现场、库房、进料区,也可能是业务部门办公室、研发办公室、医院急诊室等;对 Gemba 的理解不可局限于生产制造现场。

Gemba Walk,依字面直译,就是现场走动,顾名思义,就是希望主管或价值流重要的利益相关人,离开办公室及会议室走到现场去观察价值流上的实际日常作业、寻找浪费(Wastes),并将潜在的问题可视化,从而协同团队快速地解决每日问题、提升工作效率、杜绝问题再次发生,以及培养下属的能力。所以,Gemba Walk 是一个系统性的现场管理活动,也是落实日常管理不可或缺的活动与管理机制。关于如何操作 Gemba Walk,限于篇幅,在此不便细说,有兴趣的读者可以自己查找相关的资料或图书。

## 执行力四原则与精益日常管理

聚焦于提升组织执行力的畅销书《高效人士的执行 4 原则》(*The 4 Disciplines of Execution*)针对如何培养组织高效的执行力,提出了四个原则,也可视为四种组织纪律,建议组织依序实施、严格实践并内化(图 6.12)。精益日常管理(LDM)的理念也与这四大原则一致,以下简单介绍这四项原则。

**原则一:聚焦最重要目标(Focus on WILDLY IMPORTANT)**

停止同时改进所有目标的尝试,只选择一两个最重要的目标(Wildly Important Goal, WIG),让团队清楚什么是当前最要紧的目标。团队可以区别什么是真正优先的要务、什么是扰乱工作浪费时间的热带气旋(Tropical Cyclone)。聚焦于少数是为了实现更多。

在精益日常管理(LDM)的架构中,管理者标准作业(LSW)就是基于高阶方针而逐级展开的管理目标与任务,由上而下地聚焦重要目标,以及由下而上的实现。

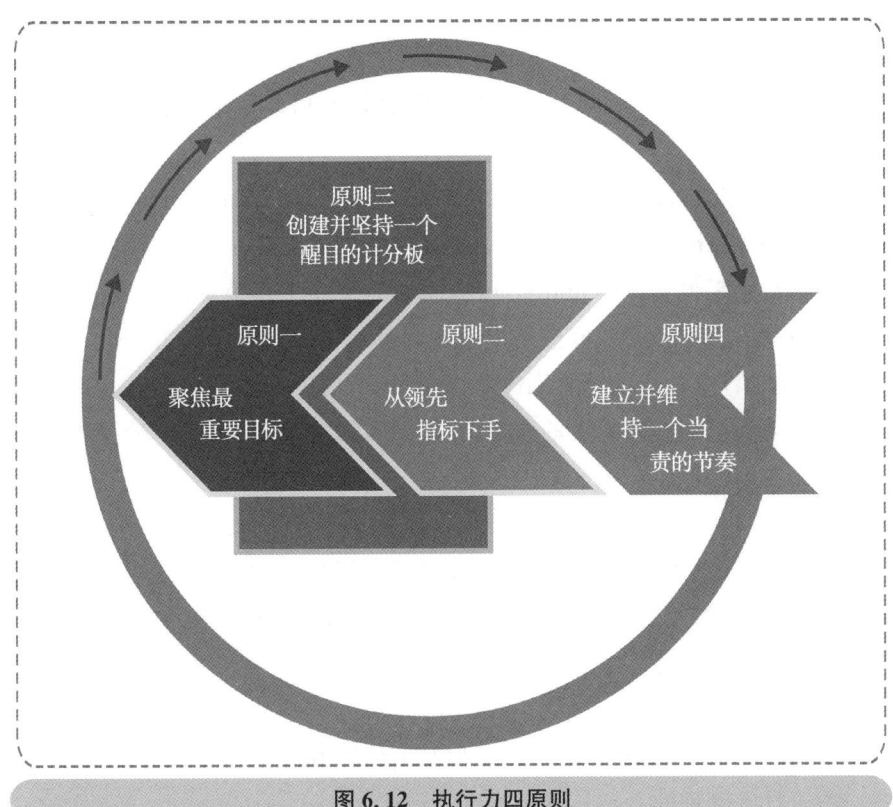

**图 6.12　执行力四原则**

**原则二:从领先指标下手(Act on the LEAD MEASURES)**

所谓"滞后指标"(Lagging Measures)是当你看到绩效数字时已经无法改变的事,它仅是对执行结果的评量。而"领先指标"(Leading Measures)则是那些团队为达成目标所必须做且最有影响力的事。基本上,领先指标具有预测性,对它的评量与管理可以左右滞后指标的成败。领先指标找出实现目标过程中最重要的杠杆作用(Leverage)施力点。

在 LDM 的架构中,领导者标准作业(LSW)的有效性将通过可视化看板的方式进行管理,在设计可视化指标时,重要成果的领先指标将被优先考虑放入可视化看板中,当然,同步呈现部分重要成果的滞后指标有时也是必需的,但这仅有提示的效果,真正的管理重点还是那些领先指标。

**原则三:创建并坚持一个醒目的计分板(Create and Keep a COMPELLING SCOREBOARD)**

一旦对重要目标的进度进行持续追踪,人们的行为就会不一样,如果团队能够自发性地设计重要指标计分板,时时掌握进度(关心彼此比赛得分)、一目了然地知道现况（比赛输赢），则可以驱动团队最高的投入。

LDM 的可视化看板就具有同样效果，关键是 LDM 强调可视化看板要设在产生增值（Value Added）的流程附近，让团队可以定期更新进度并适时检讨改进。

**原则四：建立并维持一个当责的节奏（Create and Maintain a CADENCE OF ACCOUNTABILITY）**

培养对结果当责（Accountability）而非为交办工作负责的态度，是执行力能否持续的关键。团队成员通过会议对目标进度进行检讨并彼此为结果当责，不会拿日常工作的繁重当借口，这就是所谓的当责机制。领导人有序且不急躁地为组织注入当责的养分，让团队成员主动自订承诺，便于他们将这些承诺视为己任。

LDM 架构中的层级会议，便是在贯彻日常当责作业。通过各层级主管定期举行的层级会议，检视目标进度并进行矫正行动，培养各层级人员的当责心，同时搭配着例行性的 Gemba Walk，更能进而提升团队关于价值流持续改善的拥有者心态与组织文化。

希望本文所介绍的精益日常管理（LDM）的各种概念与工具，能够开启各位关于日常管理的兴趣！

## 注释

▶ 注 1：原文刊登于"经营洞察力论坛"2020-11-04。

▶ 注 2：QC-Story、8D Report、A3 Report 都是质量管理常用的问题解决模式，包括问题解决步骤，个人或团队可以依这些步骤去规划问题解决的项目，也可以运用这些步骤完成您的改善项目报告。与其相似概念的还有六西格玛（Six Sigma）的 DMAIC。有兴趣的读者可以很容易地自行上网查阅这些方法，在此就不多做说明。

### 思考问题

1. 如果您想进一步地研究，建议您可以搜集方针管理及 TQC 相关的资料，相信能帮助您对于日常管理与方针管理的关联性，有深入地了解，建议分享您的心得给团队成员。

2. 本文介绍的 LDM 是一个比较结构化的管理架构,有许多介绍日常管理的图书,如您有兴趣更进一步地了解其他学者关于日常管理的不同定义,特别是所涉及的范围,您可以查找并研究他们的异同之处。
3. 一般我们所认知的可视化管理,大都与生产现场有关,然而,LDM 的应用范围不限于生产线,是否可以回到非生产制造的工作环境中,秉持可视化的原则,检视非生产线的可视化应用现况,发现是否有任何可以改进之处?

# 二十五、绩效管理会成为战略执行的绊脚石吗

2007年，日本索尼（SONY）前任常务董事土井利忠先生（笔名"天外伺朗"），发表了一篇关于日本索尼经营洞见的分析文章《绩效主义毁了索尼》（注2）。相信许多阅读过这篇文章的人，会感到震惊，并且，有可能颠覆一些人关于目标管理、绩效考核，甚至于其他目标展开手法习以为常的认知。

文章提到，作为日本第一家导入绩效管理的跨国级企业，因为过于强调目标管理与绩效考核，导致索尼的激情集团文化、勇于面对挑战的精神，以及作为产业创新先锋的能力都消失不见。这个结果都是由于高层主管被讲求合理的目标及公平的绩效考核所绑架，使得过去被人们称作"21世纪型企业"的索尼，在进入21世纪后反而退化成"20世纪型企业"。然而，真的如土井利忠先生所云，日本索尼是被"绩效主义"或是"绩效考核制度"给毁了吗？

## 什么是绩效主义

绩效主义（Performancism）指的是组织完全以绩效考核作为人员管理出发点的一种称呼，绩效主义在管理界，是带有一些贬义的名词。

通常被称为"主义"，就是一种信仰的概念，因此，我们对那些信仰绩效管理，认为所有的绩效都能够得到清晰的量化指标与评估作业，并且，认为通过与绩效结合的考核制度，可以刺激员工按照组织所期待的方向去努力，为组织带来高绩效结果的经理人和组织，就是那群绩效主义的信徒与实践者。

的确，绩效管理是一种容易实施、减少争议、提高公平性的管理方法和工具，但是，在许多绩效主义挂帅的组织中，绩效管理及考核制度以高强度、单一的外在刺激（报酬）替代了员工的内在动力，否定了企业文化中的员工参与价值，以致员工学会的只是算计，却丧失了责任与激情，最终导致员工

只重视个体的绩效指标,更加"专注于"个体的利益,淡漠了对组织和团队的承诺和忠诚。日本索尼(SONY)就是一个活生生的例子。然而,绩效管理制度真的是这么一个充满缺失的管理制度吗?

## 绩效管理源自目标管理

"现代管理学之父"彼得·德鲁克(Peter F. Ducker)有一句名言:"如果你不能衡量它,就不能管理它。"(If you can't measure it, you can't manage it.)还有一句常听到的话,却被误以为德鲁克所言:"你衡量什么,你就会得到什么。"(What you measure is what you get.)这两句话拼凑起来,就得到一句大家耳熟能详的话:"没有衡量就没有绩效,没有绩效就没有管理。"

事实上,德鲁克真正带给现代企业管理的大礼物,是他在20世纪60年代所提出的目标管理(MBO: Management By Objective)概念,并在70年代所掀起的一波新的企业管理革命。虽然,绩效衡量的做法并非由这波新管理浪潮所掀起,但却是目标管理(MBO)的核心及具体化目标管理的关键作为。

关于绩效管理,学者庄文忠在《绩效衡量与指标设计》一文中,曾提出绩效管理的四项特点,摘要如下。

1. 管理的目的是提升组织绩效,若组织可以不重视绩效,则没有管理的必要。

2. 组织需要制定一套评量有限资源的运用,以及成员工作表现的标准(补充:衡量指标+目标),缺乏这一套标准,组织便无从认定绩效水平。

3. 凡是无法衡量的事物,就无法成为组织绩效的一部分,组织的绩效评估偏重组织内可以测量的有形目标,无形的成果(如组织文化、合作精神、组织形象、顾客品牌意识等)很难具体反映在绩效报告上,也很少运用在绩效考核的工作上。

4. 绩效衡量的结果会影响管理者的战略构想,错误或不当的绩效衡量与衡量结果,对管理者容易产生误导,严重时将导致错误的决策后果。

由此可见,绩效管理对于组织管理的重要性。然而,真的只要能衡量工作结果、凡事绩效挂帅,就代表经理人可以完成他们带领组织实现成长与发展战略的使命吗?还是,我们误解了德鲁克关于目标管理的精髓呢?

## 目标管理真的就是绩效管理吗

德鲁克关于目标管理,在他被誉为"管理圣经"《管理:任务、责任和实践》(Management: Tasks, Responsibilities, Practices)一书中,曾经提到三个石匠的例子来解释目标管理的重要性。德鲁克提到,公元前5世纪,有个人经过雅典帕德嫩神庙(Parthenon)旁的一处工地,看到三个石匠辛苦工作着,这个人问他们在干什么?

第一个工匠回答:"我在养家糊口。"
第二个石匠回答:"我是全城最好的石匠。"
第三个石匠回答:"我在盖一座最伟大的教堂。"

德鲁克认为,大部分的工作者是第一个石匠的心态,只是在做一份工作。许多的管理者只是第二个石匠,仅具备专业职能心态。只有第三个石匠才是真正的"管理者",因为他才能真正体悟出"目标"的精髓,掌握到经营管理的目的。因此,德鲁克解释他所谓的"目标管理",是给定员工一个明确目标,而主管不需经常介入员工的工作,让员工在工作时有较多的自主性,之后,再以达成目标与否进行考核。

基于德鲁克的见解,目标管理就不只是绩效考核,因为绩效的衡量只是实现目标的手段,一个具挑战性、能够激发员工积极性,并且能够帮助组织实现突破性目标,才是德鲁克目标管理的精髓。我们真的清楚目标管理的真义?还是甘于让"绩效主义"成为我们懒于主管职责的借口呢?

## OKR与目标管理

德鲁克认为的目标,重点在于如何带领组织的长期发展,必定具备差异化、挑战性,以及符合企业长期发展方向的性质。套用现代众多管理方法的观点,就是源自组织愿景、使命,以及为了实现愿景与使命的长期战略。这种由上而下的企业目标,肩负着企业发展的目的,突破性(Breakthrough)是它的本质。

德鲁克认为,组织必须要对企业目标进行分解、让员工参与决策、设定实现的期限,并且要能对于成果进行评价与绩效考核;对于这种影响企业发展而逐层展开的目标进行衡量,才是绩效管理的本质。不求甚解地误用绩效管理及考核制度,正是造成"绩效主义"弥漫于众多组织的根本原因。于1987~1998年担任著名半导体企业英特尔公司(Intel)总裁的安迪·格鲁夫(Andrew S. Grove)于《葛鲁夫给经理人的第一课》(*High Output Management*)曾经提到英特尔的战略规划工作:

"在英特尔,我们所谓的年度远程战略规划通常涵盖未来五年。但事实上,真正被影响到的只是接下来的一年。因为,到了明年的年度远程战略规划时,我们又有机会对未来五年重做规划。你真正能实现的只是计划的一部分,以时间而言,便是你决定在这次会议到下次会议之间所必须采取的行动,其他的部分都还可以再改。但也不要因此而提高了规划的频率,我们应该留点时间判断决策效力以及它的正确与否。换句话说,我们希望能在这段时间内获得反馈,以作为下次规划时的依据。"

葛鲁夫非常重视战略规划与战略执行的工作。由于当时许多企业出现目标管理的误用及绩效考核的形式化,已无法帮助他带领团队面对挑战并实现目标。所以,葛洛夫对目标管理进行改良,开创了一套结合定性化目标(O: Objective)及量化关键成果指标(KR: Key Result)的目标管理系统,又称作"目标与关键成果法"(OKR: Objective & Key Results)。由于OKR源自目标管理,请各位关注以下几个主要差异点。

1. 传统的目标管理或是绩效管理的做法,在许多时候,员工的目标来自上级主管强制将他们的目标分解并分配给下属。然而,在OKR体系中,目标是一个沟通的工具,员工根据目标,可以自行定义能够被衡量的关键成果(也可视为工作绩效),同时,也鼓励公开个人的OKR,达到上下之间,以及跨团队间的沟通效果。

2. OKR对于关键成果,不以100%实现为期望,OKR鼓励设立自我挑战性质的关键成果,充分符合"取乎上、得其中;取乎中、得其下"的规律,引领个人与团队的进步。

3. 在英特尔,OKR的结果不与绩效考核联动,避免落入绩效考核的陷阱。同时,OKR的周期也不限于一年,可以更短,充满弹性与快速反应的特色。

OKR虽然在许多著名企业,例如:谷歌(Google)、领英(LinkedIn)、推特(Twitter)……有着良好的实施成效,但也因为受限于员工需具备自我挑战的特质,且较适合于环境变化快速的企业环境,以及较好的员工素质,以致未能得到很好的普及。

不过,由 OKR 的例子可以发现,影响组织战略落地的关键,不在于组织实施何种目标管理制度,而在于如何通过目标管理制度,鼓励创新、挑战、合作的行为;更重要地,要避免落入假公平的绩效考核制度、为薪酬保障而设立保守性目标,以及因绩效主义而卸责的高层管理人员的陷阱;否则,对组织造成伤害却不自知。

## 天下无难行的战略

战略规划不易,要能真正让想要的战略在组织实现与落地,更难!哈佛大学的学者唐纳德·苏(Donald Sull)在他与另两位学者所发表的文章《天下无难行的战略》(*Strategy Execution Unravels - and What to Do About It*)中,公布了他们对 400 多位全球企业 CEO 所做的调查,发现"如何有效地执行战略"是这些受调查的 CEO 们,心中认为最大的挑战,优先于创新与地缘政治不稳定。甚至,超过四分之三的受访企业,表示难以落实他们所定的战略。经过唐纳德·苏这些学者的继续研究,为我们指出关于如何正确执行战略的观念中,众人普遍存在的五项迷思。

迷思一:上下一致等于战略执行

在组织中,由上而下的目标展开是战略执行的必要条件,但不能保证战略能被充分执行。究其原因,跨部门的协调与行动的支援,才真正地影响到组织目标与战略的执行。如何在目标展开的阶段,取得跨部门的参与及彼此的互信,是经理人必须要优先处理的课题。

迷思二:坚守计划等于战略执行

执行战略的纪律很重要,然而,企业环境总是不断在改变,如同战略大师亨利·明茨伯格(Henry Mintzberg)所提出的战略五个面向(参考第四章图 4.3),没人可以保证年度开始时制定的战略(Intended Strategy)能够面临变化的环境挑战而不需调整,这包括资源与战略。因此,如何适当地授权中阶经理人,同时,保持对于突现战略(Emerging Strategy)的应对弹性及资源配置,才是正确的态度。

迷思三:无法掌握真正的战略沟通

沟通的有效性并非来自足够多的量与频率,关键在于高阶主管是否真正掌握沟通的内容,也就是战略的本质与内涵。如果高阶主管无法让员工干部清楚知道企业优先要务(Corporate Priority)与战略计划(Strategic Initiative)之间的优先度,将妨碍他们对组织战略计划的理解。

**迷思四:迷信绩效考核可以驱动执行**

如本文前面所探讨的,衡量决定绩效,然而,不当的衡量及绩效考核制度将阻碍组织成员面对挑战的精神。真正的"好战略"是具有突破与差异化的特性,也代表着实现这些战略必然会遭遇挑战,需要投注心力及发挥创意。正确地实施OKR或是方针管理(Hoshin Planning),聚焦于突破性目标,同时不与绩效评比的考核制度混为一谈,方可避免绩效主义的陷阱出现在我们的组织中。

**迷思五:执着于单一面向的高层推动**

高层的强力支持与推动,的确是战略执行的保证,但是,当组织依赖强而有力的高层去保证战略的落地,一旦高层变动,许多组织就会出现战略倒退的现象。例如:杰克·韦尔奇(Jack Welch)退休后的通用电气(GE),以及张忠谋第一次交棒而退居幕后时的台积电(TSMC);因此,如何让中阶层领导人了解战略,并且肩负着战略执行与跨部门合作的重责大任,让分布式领导在高层管理者的指导下,成为组织战略落地的主力,才能保证组织战略的实现。

## 注释

▶ 注1:原文《绩效管理会成为战略执行的绊脚石吗?》刊登于"经营洞察力论坛"2019-06-26。

▶ 注2:原文刊登于日本《文艺春秋》2007年1月刊,作者天外伺郎为索尼公司前常务董事、作家。

## 思考问题

1. 关于"绩效主义"的说明,是否让您对于绩效考核制度在组织中被过度使用而感到无奈?请您花点时间审视您所处组织的绩效考核系统,是否出现这种危机?
2. OKR近来常被人们讨论,本文并未深入介绍OKR系统,如果您对OKR感到兴趣,请您花时间去搜集OKR相关的图书与文章,然后回过头来对照本文关于OKR的说明,并分享您关于OKR的心得。
3. 对于学者唐纳德·苏(Donald Sull)所提出的五项关于战略执行的迷思,是否对您如何有效落实战略有所帮助?请与同事分享您关于五项迷思,或是其中的一两项迷思的看法。

# 二十六、人才战略——组织战略发展与落地的关键

科技再发达、市场机会再好,一个组织要能发展出独特的战略并如期实现,靠的是领导者与团队的远见及洞察力,以及组织中"人才"的存量与质量,人才量与质不足的组织,仅能获得一时的成功,不易持久;特别是处于当下国际政治、金融、经济、产业结构的巨大变化之风口,对我们的影响,将至少以十年起算。

2020年可说是这个时代的代表,在这个混沌的一年里,美国股票市场由五大科技尖牙股独领风骚(注2),细看这五家科技巨头,均汇聚了众多人才而堆栈出他们的技术与竞争力。

关于这些成功企业的相关著作有很多,其中,由网飞(Netflix)创办人里德·哈斯廷斯(Reed Hastings)与知名学者艾琳·迈耶(Erin Meyer)所著的《不拘一格》(*No Rules Rules: Netflix and the Culture of Reinvention*),则是一本少见的、深入介绍企业人才战略的管理专著,本文也将基于网飞的人才战略,来和各位一起探讨组织战略发展与落地的关键之处。

## 如何理解人才

关于人才,富士康的郭台铭总裁语录有一句话非常贴切,那就是:"企业人生三部曲:人材、人才、人财。"据《成就未来的你》一书,在富士康的企业文化认知中,"人材"指的是态度好但现在胜任力不足的人,企业可以视其为一种有机会雕刻的材料,存在着各种可能,可以经过打磨与历练后方能崭露头角,并成为人才;而"人才"则是指那些经过打磨后,能够展现出才华,并经过一定工作磨炼后的人才,他们工作能力强,具有一定的专业知识或专门技能,进行创造性工作并对公司作出贡献,是人力资源中,能力和素质较高的劳动者。

最后的"人财",则是指工作能力强、工作意愿高、态度好的人,他们的特点是积极主动工作、能够创新地完成职务工作、为企业创造价值与财富、具备工作上的影响力及独特性、在组织工作中起到核心和主导作用,以及能为公司创造高的综合效益,对公司来说,就如同是财宝一样。"人财"是所有企业积极争取及保护的资产,因为他们是公司创造价值的原动力。

"人材""人才""人财"的中文读音一模一样,对企业的贡献却大不相同。以 80/20 法则的角度,企业若有 20% 的从业人员可被归属于"人才"或"人财",则足以支持企业正常的运营与发展;然而,若要追求突破,以及重大战略的发展与落实,那么,"人才密度"(Talent Density)将是企业面临的最大挑战。除了"人材""人才""人财",还有人提出"人裁"的概念,指的是企业中那些态度不好、能力一般、不具潜能,还喜欢抱怨的人。所谓"人裁",可能是因为他们将是最容易成为被裁员的对象吧!

## 网飞的人才管理战略

网飞公司成立于 1997 年,初期的业务是以邮寄形式出租影音光盘(DVD/Blu-ray Disc)给美国当地消费者,当时的影音出租市场龙头是百视达(Blockbuster LLC)。那时,如果百视达的消费者逾期未还片,将被收取逾期滞纳金,而网飞通过在线租片并"将影音光盘送货到家",同时也取消逾期罚金规定,通过此种创新且贴心的服务,得以在竞争激烈的市场上立足。

网飞在成立的差不多时间,也推出了在线影音随选 OTT 服务(Over-The-Top Media Services),经过不断地创新与战略挑战,于公司成立的 23 年期间,在重要时刻做出许多艰难和雄心勃勃的业务决策,在关键地方进行了创新。他们从网络催生出的 DVD 出租业务发家,由零开始,开发出全新的流媒体业务,近年投资于原创内容(影集、纪录片、剧情长片)创作,如今,网飞已成为全球最大的电视和电影制片厂商之一。

2013 年:网飞凭借自制政治美剧《纸牌屋》(*House of Cards*)一炮而红,率先抢占自制内容市场,并创出"追剧"(Binge-watch)的时髦动词,网飞自此开始意识到其作为一家影音平台,提供原创内容的一站式服务的雄心壮志。

2016 年:网飞正式进入国际市场,几乎在一夜之间扩张到所有主要的国际娱乐市场。自该年起,网飞的节目开始获得了无数奖项和荣誉,其中包括第 68 届艾美奖的 54 项提名。

2017 年：网飞实现了以前看起来不可能实现的目标，该公司订阅户的数量超越了美国六家主要有线电视订阅户的总数。

2019 年：由知名导演阿方索·卡隆（Alfonso Cuarón Orozco）执导的网飞原创电影《罗马》（*Roma*），在第 91 届奥斯卡夺下最佳外语、最佳摄影及最佳导演 3 项大奖，这同时也是网飞首次以原创作品打入奥斯卡颁奖典礼。

2020 年：因为 COVID-19，网飞的营收与股价一飞冲天，截至 2020 年 12 月 31 日，该公司 2020 年全年营收达到 250 亿美元，全球付费订阅用户数达到 2.037 亿户，股票收盘价为 543.73 美元，市值达到 2 432 亿美元。

如今的网飞，作为全球串流影音媒体（Streaming Media）的龙头，成功的关键因素很多，我认为，"人才"绝对是重中之重。关于网飞的人才管理战略的文章与书籍不太多，《不拘一格》这本书却有深入探讨，在此摘录几个值得分享的概念与方法，帮助我们思考己身的人才管理战略。

《不拘一格》一书主要在论及网飞的企业文化，围绕着创办人哈斯廷斯与共同作者迈耶所提出的"自由与责任"（Freedom ＋ Responsibility）的三大运作原则：

## "高人才密度"×"完全透明"×"最低管控"

其中，"人才"是第一个原则。关于人才管理，哈斯廷斯经过 2001 年的企业裁员危机及其后的转机，他发现：

1. 优秀的人才，一个人的绩效可抵得上十个一般人才。
2. 一群优秀的员工一起做事，会帮助彼此进步更快。
3. 普通的人才将会耗费管理人员的时间并拉低他人的表现。
4. 有顶尖的同事，才有一流的工作环境。

哈斯廷斯认为，网飞要成功，"人才密度"是最核心的要素，因此，累积人才密度，并进而提高、最大化人才密度，是网飞人才管理的最优先的战略作为。然而，要实现最大化人才密度，首先要确认各级领导者的角色和首要目标，就是必须要负责打造一个全由优异同事构成的工作环境。网飞为了最大化人才密度，有以下几项作为，值得我们参考及借鉴。

1. 取消传统的绩效考核制度，改为鼓励主管与员工的对话与工作反馈，并且实施非正式的 360 度反馈，以获取来自其他相关人员的评价与改进意见。

2. 只召募优秀人才，并搭配业界顶尖薪酬，甚至鼓励其自行与猎头公司或参与挖角面谈，不吝以更优沃待遇留住顶尖人才。

3. 随着业务的调整，无法符合公司发展需要或潜能不足的人才，公司将主动给予丰厚的资遣费，以协助离职员工从容地寻求下一份工作。

4. 为了组织的发展与业务的需要，主管必须定期地对属下进行"留任测试"，以识别出关键人才，并适时地进行人员的调整，以便开出空缺召募新的适任人才。

5. 为了确认个人是否在主管的留任名单内，员工也可以主动与主管进行"反留任测试"，便于个人了解工作的表现，以及未来的改进方向，甚或是避免突然的离职通知。

6. 为了打造出一流的工作环境，建构信息透明及最低管控程度的工作环境，是网飞得以让人才成功发挥的关键要素，相关的措施包括：没有休假制度（限制）、费用与合约的签核授权至负责人、所有信息对内完全透明等。

由以上的重点摘要，我们可以看到，哈斯廷斯想要打造的是一个以高人才密度为竞争核心的一流企业，他的作为与人才管理战略不是来自教科书或流于形式的网络新创企业，而是基于他的信念与企业竞争所需。这也代表传统的人力资源或是教科书的知识无法帮助他实现，这也让人才管理成为网飞的致胜战略。

前任网飞人才长帕蒂·麦考德（Patty McCord）在《重编人资剧本》（*How Netflix Reinvented HR*）一文中提到，网飞系基于"你能为员工做的最好的事，比手足球设备或免费寿司更好的额外福利，就是只雇用一流的A级人才和他们一起工作；有优秀的同事胜过其他任何福利"以及"如果我们只想网罗最优秀的人才，就必须舍得让那些不再胜任工作的人离开，无论他们过去的贡献有多卓越"这两个信念，搭配以下五个原则的实践，来帮助网飞吸引、留住及管理人才。

原则1：只雇用、奖励、容忍心理成熟的大人。

原则2：诚实面对绩效。

原则3：经理人的任务，在于建立优秀的团队。

原则4：领导人必须创造企业文化。

原则5：优秀的人才经理必须先像个企业家与创新者那样思考，最后才从人资角度思考。

# 由"人才九宫格"看组织人才

面对混沌世界的挑战,企业必须找到合适的人登上"人才巴士",让不合适的人下车,尽可能让每个人坐在合适的位置上。然而,许多公司误以为他们已拥有人才管理战略,实际上所具备的只是高阶职位替换的应急应变计划。要规划人才战略,首先得进行人才盘点,以便敏捷地进行组织的优化。

组织可以每年1~2次,或是遇到重大变动时,对现有人才的数量与质量进行诊断与盘点;其中,在人才质量的诊断上,有的企业会运用"人才九宫格"(或称"人才地图")进行评估。人才九宫格运用两个维度:工作绩效(横轴)与发展潜力(纵轴),将现有人才分为九个类别(1~9),如图6.13所示。

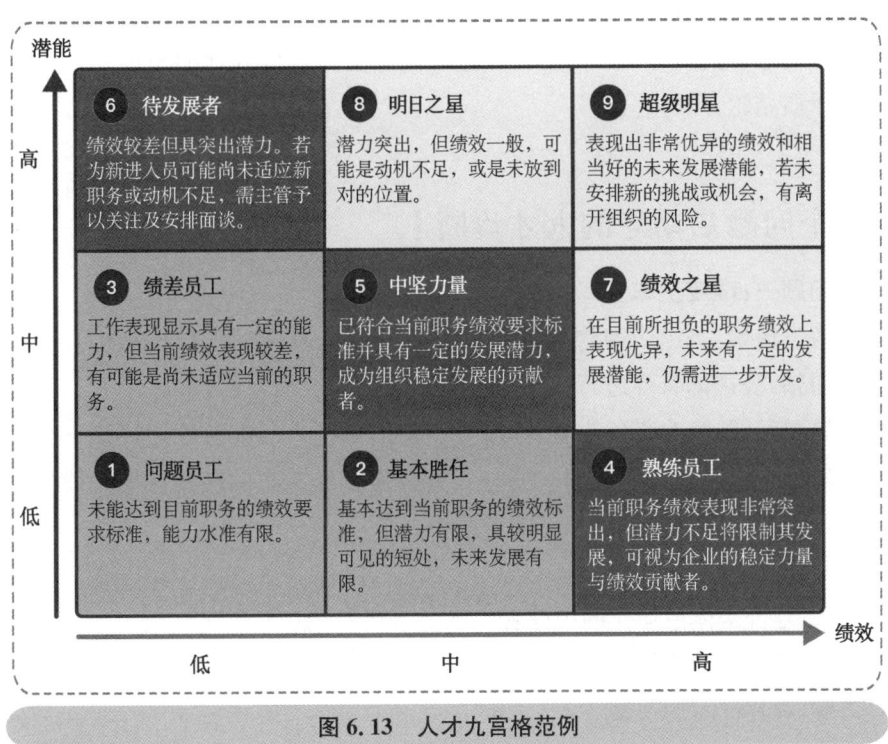

图6.13 人才九宫格范例

评估的范围,包括受评估者的长期全面绩效(包含年度绩效和行为)、目前的能力,和未来的发展潜力。一般我们会以"**低:表现不符期望**""**中:表现符合期望**""**高:表现超出期望**"来进行评估,当然,若能做更明确的定义,将有助于诊断的精确性,人才九宫格在许多知名企业已被广泛运用。

运用人才九宫格的管理在于识别出高潜能的人才(位于7~9的网格

内),特别是被归入第 9 格的"高绩效、高潜能人才";针对这类人才,组织必须提供明确且符合个人需求的发展计划,包括因人而异、适才适任的技术路径发展或是领导路径发展。这类型的"超级明星"不仅可以承担更大的挑战与责任,也存在着因缺乏挑战或未来发展而动念离开组织的潜在风险。

最后,在运用人才九宫格时,要特别清楚所谓的**"绩效"** 指的是个人在目前角色或职务的工作表现,系着眼于过去以何种态度及行为交付了何种成果?而**"潜能"** 指的是对于未来领导能力或技术能力成长的可能性(包括核心职能与管理职能),系着眼于将来有潜力发展到什么程度?

除了绩效与潜能的评估,仍必须考虑**"成熟度"**,指的是个人能够胜任特定职务或工作的能力。组织在进行人才盘点时,忽略成熟度这个维度,将有可能出现能够高效执行某个任务的人不一定能够胜任更高层级的工作,或是属于高潜力的人才,能力上不一定足以担任更具挑战性的角色和工作的这种矛盾结论。

## 三个问题启动您的人才诊断

### 问题一:谁应上车?

假设情境:当组织即将面临前所未有的冲击时,作为部门领导人,你已接获通知,公司即将要进行一场重大的经营转型。

首要问题:身为部门主管,你需要识别出哪些人已准备好迎接接下来的组织转型?以及您的组织内有哪些人员必须参与这次的转型计划?请将以下关于人选的四件事项纳入您的考虑中。

1. 与目标的一致性。
2. 是否是体系运作的关键者?
3. 所具备的技能。
4. 对其行为的观察。

### 问题二:他们在正确的位子上吗?

假设情境:与问题一相同。

在问题二里,需要思考的问题如下。

1. 如果应该参与的人都已加入,那么,他们目前已被安排在正确的位置上吗?
2. 他们能在目前的位置上给予接下来的组织转型计划适当且必要的助力吗?

3. 是否有更适切的位置能让他发挥更大的贡献？
4. 若有，是否可采用晋升、平行调动等方式，让他发挥更大功效？

**问题三：谁要登上您的救生艇？**

假设情境：组织已处于危险状态，您担负主要变革的责任，但无法兼顾每一位成员，事实上，我们组织面临的不仅仅是转型课题，真正面对的是生存课题。

请深思下列问题。

1. 身为部门主管，您需要识别出哪些人已准备好迎接接下来的转型，同时要辨识出哪些人需要您的支援去迎接转型？
2. 如果您明天要裁减50%的人力，您需要留任哪些关键的人员？
3. 那些关键人员是谁？
4. 他或他们为何那么重要？

一名称职的领导人，可以依据上述三个问题所得到的答案（人选），作为后续组织人才诊断（Talent Assessment）作业，以及发展人才战略的第一步。总之，有好的人才战略及合适的人才，方能支持战略的执行与落地。

## 注释

▶ 注1：原文刊登于"经营洞察力论坛"2021-03-10。
▶ 注2：所谓"尖牙股"，原先是取自脸书（Facebook）、亚马逊（Amazon）、网飞（Netflix）、谷歌（Google）四个科技巨头的第一个英文字合写为FANG，英文的尖牙之意，后来加入了苹果（Apple），变成FAANG，仍被称为五大尖牙股。

**思考问题**

1. 是否花点时间去下载网飞的《文化手册》（*Netflix Culture Deck*）来与本篇文章所提到的网飞"自由与责任"（Freedom + Responsibility）三个管理原则进行相互对照，并与团队分享您的看法？
2. 是否与您公司的人资一起，运用本文所提供人才九宫格模板，对您部门内的人才进行一次诊断？
3. 本文最后一段所建议的三个提问，是否有兴趣试试？对于您的人才诊断与人才发展是否有所帮助？

# 二十七、"战略"与"结构"孰先孰后

企业或组织在进行战略规划的工作前,是否会被以下几个问题所困扰呢?

面对激烈的产业竞争,依照现在的组织架构及团队,对于要产生足以突破现状的战略,没有太大的信心。

我们公司想要请顾问指导战略规划工作,但需等等,等到新任的高阶主管到任后再开始吧!

战略规划很重要,等我们先完成组织重整,新主管上任后再展开,是否会比较好呢?

过去在进行战略及突破性目标的规划时,往往受限于主管及组织现有的执行力,不得不挑选出比较安全的选项。

我们曾经大胆地推出一些创新的战略,但是,在执行时,往往又受限于现有的部门能力与繁忙的日常事务,使得这些战略的成效打了大大的折扣。

当初创业时,人少好办事;如今公司成长,有了一定规模,也成立了许多部门,却面临创新动能不足,部门主管各行其事,就算是再好的战略,都无法顺利推动!

……

无论是新创企业、成长中的企业,或是面临转型的企业,相信或多或少都曾经面临过上述的困扰。

其实,组织结构与战略的关系,本就是纠缠难解,最常见的命题就是:究竟是"结构支援战略",还是"战略依循着结构"呢?这两项命题,由管理学界来看,其实简单易解,当然是"结构支援战略"或是"战略驱动结构"。然而,当我们回归实务面,结论似乎并非这么绝对。这也是本文想要探讨的课题。

## 鸡生蛋、蛋生鸡，谁先出来

所谓"结构"（Structure），就是组织结构，指的是组织各部分组合在一起以实现共同目标的方式。结构不仅仅是组织架构图，它也包括人员、职位、程序、流程、文化、技术和所有组织运作所需的相关元素。结构定义了所有元素、组成部件和流程如何地协同工作（或是在某些情况下无法协同工作）。

近代管理学领域最早关于"战略"与"结构"的研究，是被称为史上首位企业史学家的哈佛商学院历史学家，艾尔弗雷德·钱德勒（Alfred D. Chandler, Jr., 1918—2007）于 1962 年所出版的《战略与结构》（*Strategy and Structure*）所提出的创见。钱德勒研究 1850 到 1920 年间的美国主要企业，其中又聚焦四家顶尖企业——杜邦（DuPont）、通用汽车（GM）、新泽西标准石油（Standard Oil）、西尔斯百货（Sears）——的组织创新。它们由原本的"中央集权式组织"在本质上转换为分权式、多部门结构的"事业部组织"，成功支援这四家企业的多角化战略。钱德勒的这本书，在当时成为迫切需要推动分权组织企业的"事业部组织教科书"，要推动多角化战略，就必须转换为事业部组织，因此，钱德勒主张**"结构追随战略"**（Structure Follows Strategy）。

彼得·德鲁克（Peter F. Drucker）在《管理的实践》（*The Practice of Management*）一书中也主张："企业存在的目的不在企业本身，而在企业的外部，也就是要创造和满足顾客。"他同时清楚回答了一个重要课题："组织结构应该追随战略，为什么组织结构要追随战略？因为组织的目的即在满足企业的战略目标。因此，组织结构当然必须追随战略。"

当企业或组织，不论是因自我成长的目的，或是顺应外界环境的改变，经过事业定位、战略洞见，以及战略分析所产生出来的事业战略，于战略执行阶段，均应先检视现有的组织结构，是否能与战略相匹配？是否能够支持战略的实现？否则，因为结构的限制，将导致企业或组织的失败。

事业层级的战略规划也是如此，就以迈克尔·波特（Michael E. Porter）所提出的三种基本事业竞争战略——成本领导（Cost Leadership Strategy）、差异化（Differentiation Strategy）、集中化（Focus Strategy）——为例，当组织完成事业定位分析、产业五力分析、价值链分析后，顺应市场的发展趋势，决定事业组织的核心发展战略，此时，是否就应基于所选择的战略，检视既有的组织结构及管理控制体系，能否支持该战略的实现？若组织决定采用成本领导战略(Cost Leadership Strategy),则以简单且精益的功能性组织结构较能发挥效率及实现成本降低的目的。若组织是采用过于强调创新、允许失败或是复杂的矩阵式结构,将无法回应成本领导战略的目标要求。

我曾于1998年被当时所服务的公司委任为一个遇到运营危机的事业处主管,当时的业务状况是存在着超过十个的产品线,有的正处于研发阶段、有的正在进行市场开发、有的是处于成熟阶段,每个产品线的市场差异甚大,彼此的综效化程度很低。经过与管理团队进行完整运营现况分析、产业分析,并且完成事业定位后,决定只挑选其中三个产品线作为事业处的发展聚焦之处。这三条产品线均有不同的特色,其中有高质量及具技术含量的利基市场代工生产、高单价产品的寿期维修服务、交通载具的自动化测试平台销售及应用软件发展。顺应三条产品线的发展战略,我们为其设计及调整了相应的组织结构与资源配置;此时,团队所秉持的概念即是"**战略驱动结构、结构支援战略**"。如果结构不能支援战略会如何?分享一个我听过的例子。

假设科学家已经弄清楚如何创建一个手臂活体组织(不仅是机器手臂)来代替现有的人体手臂。该超级手臂的强度、反应能力和灵巧性可以提高300%的效能。这里的策略是使用此超级手臂重组身体,使置换此活体手臂的人可以做更多事情。而科学家也成功地完成了这个超级手臂移植手术,如果身体的其余部分保持不变,接下来会发生什么事呢?

因为位于人体内的心脏、循环系统、神经系统和大脑仍然被既有结构的身体设计用来支撑常规手臂。只不过,这只新手臂需要更多、更快的血液流动,以及大脑中更快的神经元反应等,才能支持新超级手臂发挥功能。如果科学家没有在置换新手臂的同时,对人体结构做任何调整,由于身体的其余部分无法支援新增强的手臂功能,这条超级手臂最终将随着时间的流逝,演变为常规手臂。

因此,为了使这个科幻小说式的策略起作用,科学家应该要做的,是需要配合新手臂而重组整个人体结构及功能,不仅仅是其中的一小部分(与手臂连结处)。

如果组织决定开发新产品并销售给新的目标客户时会发生什么情况?也许公司现在就有一支销售队伍,可以销售给小型企业和大型组织中的低阶管理人员。当他们新增了一项针对企业高阶主管的新产品,结果,现有的销售队伍/销售渠道无法有效地向新的目标客户销售产品,这种情况在企业是屡见不鲜,如果组织在大力提升其质量和服务的同时,又不思顺应战略的需要而改进组织内支援其产品和服务的所有层面,会发生什么事呢? 不言而喻,它就是灾难。

## 战略遵循结构的真实世界

相信各位已经清楚,如果组织更改其战略,则必须更改其结构以支援新战略。如果不是这样,则该结构就像高空弹跳的橡皮绳一样,将组织拉回至原来的战略。组织所做的决定定义了战略,改变战略意味着改变组织中每个人的行为。结构依据战略而设计,然而,真实世界真的是如此在运作的吗? 分享一个发生在大自然的例子。

在自然界中,早期无骨的无脊椎动物(如水母、蜗牛、蚯蚓等),身体具有极大的柔韧性,可以适应许多不同的环境。即使在今天,95%的动物物种都属于这一类。

经过演化,早期的过渡性物种必须发育出一个小的脊柱。它又小又柔韧,足以使它们在陆地上蹒跚而行。如果该物种要能在陆地上顺利地寻找食物,演化上的策略则是需要一个不断发展及强化的脊柱结构。

随着顺应更多和更广泛的任务需要而演化,新的物种需要一种坚硬的、柱状的结构型脊椎。它可以使这些物种长得更大、可以直立并快速跑动。随着演化,所有高级物种都依赖于这种坚硬的脊椎而发展得更兴旺。

虽然这种脊椎对于让高级物种能够做到其必须做的事情至关重要,例如:能够到达更高的位置、奔跑等。然而,由于目前的硬度使得它们在许多其他方面也受到限制,例如:大型动物不再具有足够的柔软度穿越小洞得以遁逃。演化至今,脊椎的结构限制了这些物种想要发展出诸如早期物种与生俱来所具有的一些能力的策略。

难道,"战略追随结构"才是我们的真实世界吗? 让我们来回顾柯达公司(Eastman Kodak Company)的案例。当年,柯达的底片虽然广受消费者欢迎,但公司并未看清消费者购买底片的原因,其实是为了"拥有可以留住记忆的媒介",而非为了"拥有底片及相片"。因此,只要能达到目的,消费者其实并不在意媒介为何,更何况数码影像可以实时同步无远弗届地分享、保存、编辑。柯达正因为既有结构的限制,无法洞悉其产品与服务的独特价值,才会在自己所发明的数码照相技术中迷失方向,最终决定仍固守原本的底片产销策略以保护当时高度的市场份额,等到回神过来再想要发展数码产品,已失去市场先机,导致它最后的衰亡。

已故创新大师克莱顿·克里斯坦森(Clayton M. Christensen)也提过,组织若要提高破坏式创新战略的实现机会,最好的方式是为创新战略安排一个不同于既有的组织结构,才能摆脱流程、文化及成本结构的限制。想要在既有的结构中发想出根本性的创新战略,包括破坏式创新,有其难度,因此,有些企业会借助"臭鼬工厂"(Skunk Works)的设计,在不大幅变动既有结构的条件下,产生突破性的战略(注2)。

事实上,由于组织结构不容易改变,许多组织会迁就现有的结构而进行例行性的战略规划,受限于既有的思维、资源的限制,以及绩效考核制度,据此而发想出的战略,较多的会偏向于延续性发展或渐进式创新(Incremental Innovation)等类型。所以,**"结构限制战略"**,是否可以得到这个结论呢?

## 苹果公司在结构上的变与不变

众所周知,苹果公司(Apple)以硬件、软件和服务方面的创新而闻名,也借此推动公司成长,史蒂夫·乔布斯(Steve Jobs)于1997年回归苹果,从那一年的8千名员工和70亿美元营收,成长至2019年度的13.7万名员工和2 600亿美元营收(2022年度的总营收更成长至3 943亿美元)。

在我们的认知里,以苹果公司的规模,在20年内成长了40倍,业务范畴也变得更复杂的发展下,它的组织结构应该要由原来的职能性结构转型为事业部结构,才是合理的演变。然而,事实上苹果公司的组织结构从乔布斯于1998年解雇了所有事业单元的总经理,将组织改组成职能式结构后,就沿用至今。

学者乔尔·波多尔尼(Joel M. Podolny)及莫滕·T. 汉森(Morten T. Hansen)在他们于2020年发表于《哈佛商业评论》的文章《苹果如何运作组织实现创新》(*How Apple is Organized for Innovation*)里解构了苹果公司为何能坚持职能结构的关键。

首先,他们揭示了苹果公司的主要目的,是创造能丰富人们日常生活的产品。这不仅需要开发全新的产品类别,如iPhone和Apple Watch,还要在这些类别中不断创新。为了创造出上述的创新结果,苹果公司必须依赖很懂得破坏性技术人才的判断和直觉,在变化快速的创新技术市场中竞争,才能及早对技术和设计押注。同时,苹果公司也不会根据特定产品的成本和营收来评价主管的绩效,因此,研发主管并不会把价格目标和总成本视为固定不变的参数,并在这个范围内做出设计和工程方案的选择与决定,而是根据这些选择可以带给使用者的好处,与各项成本因素放在一起进行权衡考虑。

其次,由于苹果公司实行的是职能式结构,所以决策的控管就有赖于个人和团队的声誉。由于做决策的主管都是在本身领域具有深厚专业知识的人,而不是那些主要负责达成数字目标的总经理,就会更容易在"关注成本"和"增加用户体验的价值"之间取得恰当的平衡。不同于传统事业单位结构,职能式组织的基本原则是让专业知识和决策权协调一致。

因此,苹果公司的组织结构与它产生的创新类型之间有着清楚的连结。其实也和钱德勒"结构跟随战略"精神是一致的,虽然,苹果公司并没有使用如钱德勒所预期,大型多国籍公司会采用的多事业结构。

波多尔尼及汉森还提及了苹果公司领导人所具备的三项关键领导特质,成为支援结构的运作,以及创新策略的创建与落实的基础。这三项领导特质分别是:

1. 各层级主管均具备深厚的专业知识,让他们能够有意义地参与所属个别职能内部进行的所有工作。

2. 乐于浸润于这些职能的各项细节中,领导人被期望至少要清楚自己以下三个层级的细节。

3. 领导人愿意在集体决策过程中,与其他职能一起辩论。

当主管具备这些特质时,就会由最有资格做决策的人,以协调良好的方式做出决策。当然,人不是万能的,在这篇文章中,波多尔尼及汉森也提到了苹果主管的学习与时间运用的方式。

苹果公司坚持实行职能式组织结构,并不表示它的结构一直保持不变。随着人工智能和其他新领域的重要性增加,这种结构也已产生了部分变化与演进(图6.14)。

由于苹果公司的职能式组织在超大型企业中很少见,而且与主流的管理理论背道而驰。既然苹果这么成功,为何其他同类型的企业或组织不向苹果公司进行最佳实务的学习呢?波多尔尼及汉森总结出一个主要的原因,那就是:"改变既有的结构是非常困难的,因为要克服惯性,重新分配各

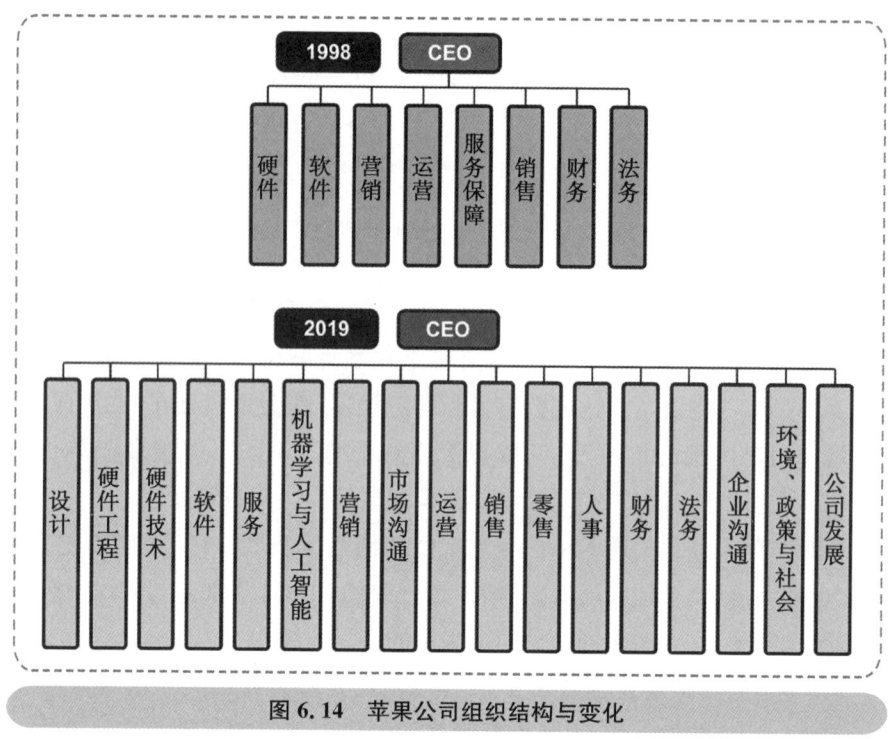

图 6.14　苹果公司组织结构与变化

取材自 *How Apple is Organized for Innovation* 一文

个主管的权力,改变个人导向的激励制度,并学习新的协作方式。"

## 战略与结构的探戈之舞

回到钱德勒的研究,其实,当初杜邦公司会成为全球首间采用多事业结构的企业,还是杜邦在第一次世界大战期间,因为战时需求而扩产,战后迫于现实要活用员工及多出来的资源,而产生出来多角化战略,才进而创建出多事业结构。日本佳能(Canon)采用多角化经营战略也是出于相同的情况,由于 20 世纪 70 年代佳能推出的薄型唱盘、同步发声装置(Synchronized Reader)、和桌上型电子计算机等电子商品一败涂地而停止研发,为了活用那些产品开发的电子工程师团队,便开始尝试各种新事业。

是否,有时候"战略追随环境、结构遵循战略",或是"结构先行、战略随后"两种概念都也说得过、行得通呢? 最后,我想借用战略界老顽童、管理大师亨利·明茨伯格(Henry Mintzberg)在《战略历程》(*Strategy Safari*)关于战略与结构的观点,作为本篇文章的结语:

"组织结构或许多少具有可塑性,但是它无法只因为组织领导人刚刚构想出一项新战略,就随心所欲地被改变。很多组织就因为有这种思维而失败。光是坐在办公室里凭空构想战略,而非实地与顾客进行充分沟通,有时是一件相当危险的事。因此,我们的结论是,组织结构必须跟随战略而调整,就跟走路时,左脚跟随右脚的道理一样,事实上,战略的发展和结构的设计,二者不仅支撑着组织,也彼此相辅相成。一个总是领先另一个,同时也跟随另一个,除非两者同时移动,若是如此,就是组织改变定位的时候了。"

## 注释

▶ 注1:原文《剖析"战略"与"结构"的复杂关系》刊登于"经营洞察力论坛"2020-12-09。

▶ 注2:这是一种创新的模式,又被称为"臭鼬工厂模式",指的是在既有的组织结构外,为了创新而新设立的部门,通常是远离公司总部、离开既有工作环境、流程与体系,有着高度自治的管理模式;避免组织内部的想法创意等由于官僚主义而被限制,让成员得以自由追求激进式的创新。臭鼬工厂源于1943年美国的洛克希德·马丁公司的F-80战机研制计划,后来也应用于许多非军工领域的公司,例如:帕罗奥图实验室(Palo Alto Labs)、贝尔实验室(Bell Labs)、IBM的"国际象棋项目"、苹果公司的第一台麦金塔计算机(Macintosh)等。

## 思考问题

1. 基于本文所提及的观点,请试着思考,如果是一家新创企业,应该先战略再结构,还是先结构再战略呢?
2. 如果有兴趣,请上网将苹果的那一篇文章找到(中文版或英文版),是否可以与您的团队或同伴共同举办一次小型的读书分享会,分享你们的心得与想法呢?
3. 由于大多数组织均是基于现有结构的人员与思维在进行组织的战略规划,除了本文所提及的"臭鼬工厂",您是否还有其他的创见?请试着与您的团队分享。

*note*

# 第七章
# 变革管理与战略执行

要实现任何改变,就必须打破那些保持社会自我调节在既定水平的各种力量之间的平衡。

——库尔特·勒温(Kurt Lewin, *Resolving Social Conflicts*, 1948)

二十八、"变革"与"转型"是同样一回事吗

二十九、解构力场分析

三十、掌握情绪周期以促进变革成功

三十一、如何成功领导变革

# 二十八、"变革"与"转型"是同样一回事吗

自 20 世纪 90 年代以来,变革一直是企业领导最热衷的话题,因为,任何新的管理理论在进行应用与实施时,都免不了要进行一些改变,范围小至做事的方法、员工的行为、个人职位与工作、作业流程的更动与变化,大至组织结构、产品创新、事业定位、商业模式、组织战略等企业整体的改造与竞争力;个人或组织常常面临改善、提升或开创新局的因应与挑战;因此,才会有一句耳熟能详的话语:"这个世界唯一不变的真理就是'变'。"

"变革"来自英文"Change",在学术界,关于变革的研究也是汗牛充栋,除了变革之外,有时我们会使用"转型"(Transformation)这个词,甚至在许多时候,因为中文翻译的关系,也会把 Transformation 翻译为"变革",以至于许多人已经无法辨别"变革"与"转型",更遑论它们所代表的管理意义,以及如何正确地运用相关的方法,来帮助我们成功。因此,本文要和各位一起来探讨"变革"与"转型"的异同处。

## "变革"与"转型"的基本认知

变革成为一门显学,变革管理大师约翰·科特(John P. Kotter)于 1995 在《哈佛商业评论》所发表的经典文章《领导变革:为何转型未竟其功?》(Leading Change: Why Transformation Efforts Fail?)功不可没。虽然他基于实务经验提炼出来的八步变革管理模型简单易懂,也容易实施,但是,为何一直以来关于大型企业的变革计划成功率仍未见起色,长期仅维持在 30% 左右? 究其因,这与企业界因不理解何谓"变革"及何谓"转型"有关,由于人们常常将这两种观念混为一谈,以致未能提出适当的策略及项目管理方法以减少失败的概率。

在《剑桥词典》中查找 Change,它被描述为"改变、变化、替代或替换某物";而 Transformation 被定义为:"一个完整的变化,通常是外观或实用性

得到了改善；彻底改观、大变样。"由《剑桥词典》的解释，二者虽然都代表了变化的意思，但似乎在程度上有着明确的区别。这也可作为我们探讨这两个主题的起点。在此，先抛出几个例子。

例子一：在新冠疫情（COVID-19）期间，许多公司都开放员工居家办公（Work From Home），这种工作方式的改变，公司及员工都要适应，这是属于变革还是转型呢？

例子二：某些公司由于观察到居家办公的效果也还不错，认为这是未来的趋势，故决定要配合在家工作（Work From Home，简称 WFH），重新调整组织与作业流程，甚至有可能移除显得大而无当的总部结构，请问，这种改变是属于变革还是转型呢？

例子三：为了提升居住环境而着手进行房屋粉刷，我们会更改房屋的颜色，但是不对房屋进行任何其他结构性的更动，未来可能想换其他颜色或是恢复原状，这一种更动，虽然房屋内外的颜色变得更赏心悦目了，但是，屋子还是原来那个屋子，这是属于变革还是转型呢？

例子四：我们拿出一张木桌子，用它的顶部创建一扇门，然后用它的腿创建门框，多余的材料变成木柴，这意味着我们将桌子变成了门、门框和木柴。这时，我们对这张木桌子所采取的作为是变革还是转型呢？

相信各位心中已隐隐约约有了想法，接下来，就让我们更深入地探讨"变革"与"转型"的内涵。

## 唯一比变革更可怕的事是后悔

冬季到来，熊会改变皮毛；夏天到来，熊会再次换毛。它们仍然是同一只动物，但皮毛已经改变，身体的所有其他部分保持原样，仍然是两条腿、两条手臂等。就如候鸟改变了它们在不同季节停留的位置，它们遇到不同的环境要适应，但是，它们的本质仍然是一样的，它们的特殊能力或局限性不会仅仅因为迁移到另一个地方而改变。

组织的变革活动，指的是评估过去，将其与现况进行比较，并根据当前的业务状态确定理想的未来状态，进而采取行动进行转变。因此，衡量变革成功与否的标准是："未来状态比当前状态好多少？"

进一步说明，"变革管理"代表组织（或团队）实施有限的活动，可能会或可能不会贯穿整个组织,重点是,执行某个定义清楚、改变工作方式的方案。虽然方案不容易成功,但与过去比较起来,如今的我们已经更加了解如何执行并能实现预期的收益。举例来说,某家大型科技公司想让特殊专业工程师加入地区销售团队,于是,无论在角色、客户关系、报酬、目标设定及团队合作方面都将有所改变,影响了数百位员工。但该公司通过应用知名的变革管理原则和工具(包括:解释变革的原因、建立领导者联盟、吸引利益相关者参与、取得早期成果,以及有纪律地执行),成功推动了新的销售方法,取得更佳的成果。其他公司执行变革方案的类似成功案例还有很多,如引进新的绩效管理制度、从分散式改为集中式的营销支持、导入 ERP 系统、运用新的个人化生产工具,等等。

变革是检视过去、比较现况、设定未来,目的是让现况变成"更好的"(Better)未来,重点在于,这些变革活动的范围、做法及目的都已有合理且良好定义,只要以执行为重即可。变革的结果:"我还是我,只是更好(或是变革失败而变回原样)。"变革的成功系于行为的改变及财务绩效的提升。在前面列出的四个例子中,例子一及例子三均属于变革的范围。

## 变革解决过去的问题,转型创造出未来

有一位专家这样解释变革与转型,他说:"除非变成一条狗,否则不能称为'转型'。"这个概念可以参考图 7.1。

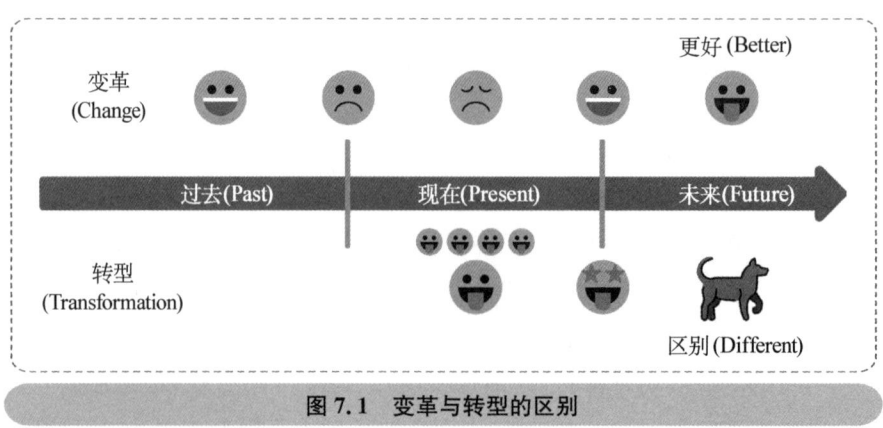

图 7.1 变革与转型的区别

组织转型涉及本质的改变,是基于旧的部分(现况)创建出新的东西(未来),这是关于如何以不同的方式利用潜力和能力。因此,转型是在重新定

义事物的本质，它首先要诊断当前的状况，然后评估期望的未来。企业转型的成功与否，是根据初始愿景和组织战略定义，并根据转变后的未来状态与当前状态有多大差异决定。

当处于变革模式时，渴望改善过去的愿望指导着我们的工作（我们做什么？）在转型模式下，未来将指引我们的行动，只有我们想象力和勇气的局限性，才能限制未来的可能性。话虽如此，变革是转型所必须的，所有的转型都涉及变革，但并非所有变革都是转型。

变革的成功，来自未来是否比现在**更好（Better）**；然而，转型的成功，则是由未来是否和现在有明显的**区别（Different）**来判断，并希望能借此带来创新的效益。

将人员从一个部门转移到另一个部门，在组织结构中增加或移除一个层级、指派一名新的经理、招募一些新人员或是精简组织，这些都与变革有关。因为它们的本质仍然是相同的，原始组件没有创造出任何新的东西。这就是为什么许多经历过变革的组织，很容易地就回复到变革前的状态。就像用原始颜色重新粉刷房屋一样，许多经理人喜欢根据以前的经验导入最佳实践，这也是变革容易失败的原因。

为了有效进行组织转型，需要对我们的现况有深刻的了解，才能从中创造出新的未来。此时，使用最佳实践（Best Practice）的方案并不是很有帮助，因为组织转型在某种程度上是独一无二的；向过去学习很重要，但是，如果我们要从过去成功的经验中专注于最佳实践，那么，这将限制我们未来的可能性，而转型就是关于未来。

泰坦尼克号（Titanic）的灾难就由最佳实践（做法）的观念引起。泰坦尼克号曾经号称是"永不会成为沉船的伟大创新"，但是，当船员们在接近冰山时的行为，就如操作一条普通的船舶一样，他们将引擎倒转，方向舵向左急转。为什么如此处理？因为，这是他们过去经验中的最佳实践！

某个案例，一家大型科技公司随着竞争对手开发出成本更低廉的新产品，公司 CEO 决定推动一项企业转型方案，希望找出更能永续经营的商业模式。该方案有许多重大的"必办事项"，包括：从现有产品更快取得直接收益、精简支持性活动、把产品研发重点从内部改为将部分移转至与外部资源合作、积极寻找购并及进入关联性市场的机会等。同时，为了符合前述各项新措施，公司也必须创建一套新的文化准则，以及修订绩效管理模式。

前述转型计划，里面列出的每一项工作都需要应用到变革管理的原则，除了变革管理工具与技巧外，所有主管都还需要学习更全面的"转型领导力"(Transformational Leadership)，例如：要更灵活及动态地协调各种资源、在各部门或领域间驱动更强大的合作，以及要能在前景模糊不清时加强沟通。对许多员工来说，变革都是日常工作之外的额外负担，因此，主管也必须能够判断事务的优先级，放下低价值的活动。该公司的150位高层主管，在这个转型过程中，多半都是在未知的领域摸索，虽然知道转型方案的目标是要让公司看起来变得完全不同，但没有人真正知道最后的结果。

转型的整体目标并不是要执行某项明确的变革活动，而是要重新再创组织，依据未来愿景改造组织或是找出新的商业模式。相较于变革活动，组织转型的前景比较难以预测，需要反复操作，具有实验性质，同时风险也高得多。

成功所需的关键要素，包括：对最终结果的清晰愿景，利益相关者的良好参与，以及根据早期活动的反馈来适应工作计划的灵活性。最终愿景可能不会改变，但成功之路将需要不断适应调整，以克服障碍并抓住机遇。

转型很难成功的部分原因，是需要改变人们的信仰、思维方式、行为、态度和文化。转型从一开始就需要强大且协调的领导力，在踏上通常很艰难的旅程之前，必须向组织成员清楚提出明确的目标。转型还依赖于多个同时进行的变革项目，然而，就算整个转型方案已经有部分通过成功的变革活动达成，整体转型方案仍然有可能失败。毛毛虫结蛹后羽化成蝴蝶就好比一次组织转型的结果，因为羽化后，它就不是一只更好的毛毛虫(图7.2)。

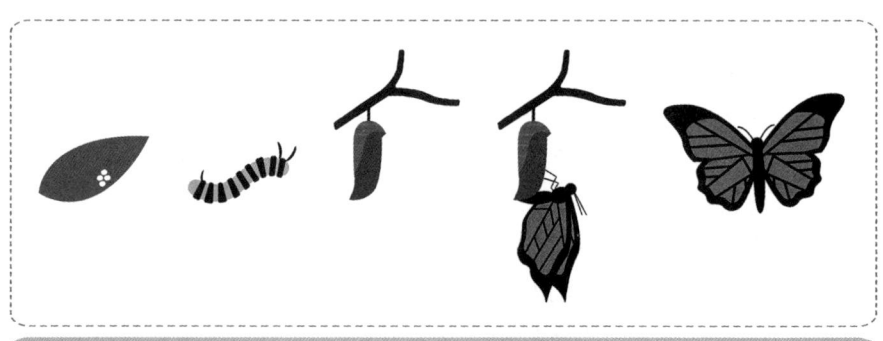

**图7.2　毛毛虫的羽化转型**

在例子四中，我们拿一张桌子，用它的顶部创建门，然后用它的腿创建门框，多余的变成木柴。这意味着我们将桌子变成了门、门框和木柴；对桌子而言,这就是一种转型。在毛毛虫的羽化及桌子变门框的示例中,有一件事很明显,就是它没有回头路,蝴蝶不能再变回毛毛虫、桌子只能成为记忆。原始部件已用于创建出一些新内容,这些内容与原来的内容不同,并且将用于不同的目的。这就是所谓"转型"!

## 变革与转型的关键差异比较

接下来,我们通过几个面向的差异比较,帮助各位对于"变革"与"转型"能有更深刻的认识。

**1. 计划和项目执行上的差异**

当确认一个提升或改进的机会时,变革即被确定并付诸执行。与期望的结束状态相比,变革的时机取决于"发现一个不太理想的当前状态"。一个变革活动的时间表会是非常谨慎的,组织的变革活动具有明确的起点和终点。这些定义好的起点和终点是必要的,因为一个变革活动的启动几乎总是依赖于一个里程碑的实现或前一个单独变革行动结束时。

一旦组织达到一个稳定的现状,其实就揭示出转型的机会。当组织准备启动正式转型工程时,在时间表的管理上,必须保持相对灵活性,资源配置与进度的安排不可以太过僵化,同时,组织也应对最初参与的各层级领导赋予相对应的期望。这是由于组织转型初期存在着许多"未知数"(Unknowns);所以,转型进度与时间表必须阶段性地设计,我们称之为增量进展或是渐进式的阶段规划。为了安定利益相关人的预期心理,主导人员应该强而有力地设计与细分前四分之一期间的进度里程碑与时间表。

**2. 在依存关系上的差异**

某项变革活动的推动,靠的是一个或多个变革项目,而转型方案则有赖于多种变革活动的推行。因此,变革活动或是个别的存在,而转型方案的实现则完全取决于变革活动的进展,变革活动与组织转型的关联性可参考图7.3。在这种关系的大层级结构中,有时候,平时在组织内推行的一系列变革活动会为经营转型方案的倡议做好了准备。

**3. 组织战略深度上的差异**

在战略发展阶段,组织将依现况与愿景需求规划出所需要的变革或转型战略。然而,一旦决定要实行变革或转型,那么,二者在愿景及战略的定义上就大不相同了。

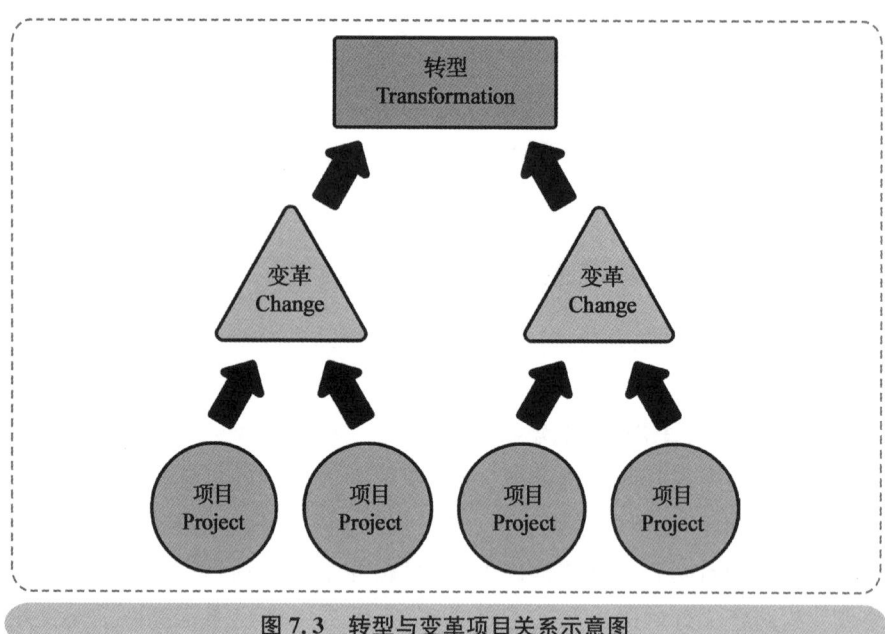

图 7.3　转型与变革项目关系示意图

围绕变革的战略，其定义偏重有形的、立即可测量的、谨慎的（一个明确定义的开始和结束），以及能够立即实行战术的。围绕业务或经营转型的战略，其定义偏重无形的、较深入的现况探讨，并且必须在开始时保持更多的灵活性，这是由于未来存在着太多的未知数。转型计划的"僵化不知变通"将是转型方案失败的主因。

组织转型存在着许多未知数，尽管随着阶段性的进展，使得转型方案的可操作性变得逐渐提高，但仍需要注意保持时间表的灵活性。由于高阶领导者习惯于变革管理计划的严谨性，因此，对于保持转型计划灵活性的要求，特别难以掌握。

### 4. 在需求起源上的差异

企业转型和组织变革的启动通常来自企业的不同层级。组织的最高层考虑组织的愿景、目标、规模、时机和预算范围，决定是否倡议及启动组织的转型工程；转型无法由部门级别或工作团队来启动，这是因为该层级的组织战略、流程和人才资源无法长期持续推进这种转型工程。

如果真的要对某一个部门推动业务转型，也就等同是完全重新定义了这个部门，很可能会使该部门偏离当前的组织结构。不过，大型部门若获得来自组织最高层级的直接支持，那就另当别论。总之，组织转型的根本支持力量必须来自最高层,才能有效。

至于变革活动,则可以起源于组织的任何部分。变革成功的关键是确保与整体经营战略保持一致,在倡议变革活动的前后,应该随时确认没有其他既有的变革活动与你计划中的变革有所重叠或冲突。一般而言,单独的变革活动不会由组织最高层级来启动,然而,所有的变革活动仍然需要来自最高经营领导层的认同。

### 5. 目标和过程管理上的差异

变革的必要性是通过对过去和现在的标准化评估来确定的。是否需要启动一次变革,其实是我们在对过去的状态或绩效与当前状态的表现所做的诊断而决定。在确定某些事物必须改变之前,这一过程会不断地在日常管理中反复进行着。从组织的观点来看,变革项目的成功衡量标准是投资报酬率(ROI)与项目进度,或许会更无形些,但仍必须可以被测量与监控。

变革目标的关注重点,是如何让"你"(组织、领导、团队或个人)能够更好。无论是何种变革目标,最终,你仍然是"你",只是经过变革活动后,"你"处于不同的状态。万一在变革的过程中遇上了麻烦,"你"仍有可能会变回过去的样态。至于转型,则是由现况的诊断开始,很少或根本不考虑过去的表现,转型的评估结果为组织定义出一个完全不同的未来。

变革与转型在目标上的不同并不意味着在转型过程中可以忘记组织经营在过去的重要教训。整个的转型过程中,仍需要持续对当前和未来进行评估,并通过过程中间的里程碑达成与否,来衡量转型工程的进展和成功。相对于变革,转型的目标与结果将是转化成与现在完全不同的"你"(组织、领导者、团队或个人)。因此,经过转型,"你"所做的事,和做事的方式,将和今天的"你"完全不同。未来与现在是否完全不同,也是转型工程是否成功的一种衡量。回到图 7.1,经过转型工程,一个人将变成一条狗,很写实地说明了"转型"与"变革"的区别。当然,一条狗是否真的比一个人来得好,就不是本文讨论的重点。

## 变革与转型都是组织成长的重要元素

经过本文的说明,相信各位都清楚,变革是组织检视过去与现况,并对外部变化与影响的回应。其中,组织通过变革调整日常行为可以达到预期的效果。转型则是关于如何调整核心信念和长期行为以实现期望的未来。

掌握外界变化可以使公司跟上快速变化的顾客及市场的期望；但是，深思熟虑的、有计划的转型，通常能够重新定义组织成功的面貌以及如何实现长期的目标。

许多领导人因为无法清楚辨别"变革"和"转型"的差异，往往受制于过去的管理思维，擅于经由规划流程，以**演绎(Deductive)**的方式，规划出有条理的改善型组织战略。然而，许多时候，组织的愿景与战略，需要领导人搜集广泛的资料，寻觅有助于解释这些事情的模式、关系和联结，以**归纳(Inductive)**的方式，创造出一个新的未来，这也是领导人及其团队必须学习与具备的"转型领导力"（Transformational Leadership）。

最后，无论是变革或转型，对于任何组织的整体健康、成功和可持续性，都是不可少的作为。虽然，变革和转型在本质上是不同的，然而，二者在推动组织的持续成长与成功，扮演着不同的角色，相辅相成，也都至关重要。

## 注释

▶ 注1：原文刊登于"经营洞察力论坛"2021-04-14及2021-05-19，分上、下两篇。

### 思考问题

1. 本文对于变革与转型二者间的差异做了许多说明，如果对这一主题有兴趣，建议您花些时间去搜集更多关于变革与转型的差异比较，或是自行分析比较它们的异同点，并且分享心得给朋友或团队成员。
2. 许多组织都会进行精益管理（Lean）的改善活动，在精益的价值链分析中，也会提到 Future State。请问，一般而言，精益的 Future State 为我们带来的是偏向于"变革"还是"转型"呢？为什么？
3. 经过本文的介绍，相信您已经对于何谓"变革"有了基本的认识，是否从生活中、工作中、社会上，各举出1~2个符合"变革"定义的例子，并分享给您的团队成员或朋友？
4. 对于"变革是让未来变得比现在更好（Better），而转型是让未来与现在不同（Different）"这个解释，您是否认同？能否搜集更多的例子，以证明或推翻这个解释，并请分享您的见解给朋友。

# 二十九、解构力场分析

让我们在脑中假想一个情境……

我们坐在一张板凳上,四平八稳,如果没做什么事,你不会跌倒在地上。想想看……是什么力量让你安坐在这张板凳上?

至少有两个答案。第一个是"重力"(Gravity),是的,是重力将你压在板凳上的,前提是你愿意坐在板凳上,对吧?第二个答案想到了吗?

是板凳提供了一种"反作用力",抵抗着重力,由于这两种力量达到平衡,让你不会因为重力而跌落地面。

第一种力量我们可以称之为"驱动力"(Driving Force),第二种力量我们可以称之为"制约力"(Restraining Force,又称为抗拒力或约束力),这两种力量都存在于同一个场域(Field)里,正常状况下,它们达到一种动态平衡。

如果我们想改变这种平衡状态,有几种方法:第一种就是加大重力(驱动力),直到板凳承受不住;另一种方法,就是减弱板凳的支撑力(约束力)。以上两种都可以达到相同的效果。

如果你仔细思考过其中的关键,其实你已经掌握了"力场分析"(Force Field Analysis,简称FFA)的基本概念。这也是本文想要和各位分享的核心内容,"力场分析"是组织在完成战略规划,进入战略执行阶段前,不得不掌握的一个重要概念与工具。

## Kurt Lewin 的变革模型

"力场分析"这个工具的创造者,就是被称作"现代心理学之父"的库尔特·勒温(Kurt Lewin,1890—1947)。勒温是德裔犹太人,出生于现属波兰的普鲁士地区,在柏林拿到博士学位,曾于柏林大学任教,后来因为逃避当局对犹太人的迫害,入籍美国,先后于康奈尔大学(Cornell University)及麻省理工学院(MIT)任教,于美国去世。

勒温的研究,对现代管理学的许多领域有着极大的贡献,他开创了心理学的"场域理论"(Field Theory),以及"团体动力学"(Group Dynamics);虽然各位对上述的心理学领域可能不感兴趣,但绝对要知道,基于前述理论,勒温在变革管理学领域提出了他著名的"三阶段变革理论"(Lewin's Organization Change Theory)及"力场分析法"。

关于"三阶段变革理论"的构思,勒温其实是从团体动力学的组织群体成员心理角度切入,他认为,在组织变革的过程中,人的改变是非常关键的,因此,要有效实现组织变革,首要工作是改变组织成员的态度;分析组织成员态度发展的过程,可以反映出组织变革的基本过程。因此,勒温认为组织变革的过程可被分成三个阶段:现况解冻、改变行为的过程、再冻结。这就是著名的 Lewin 三阶段变革过程模型(图 7.4)。

图 7.4　勒温三阶段变革模型(Kurt Lewin, 1947)

**阶段一:现况的解冻(Unfreezing)**

在这个阶段,组织必须清楚地认知到,对组织相关成员而言,任何一项新策略(行动计划)的实施,就相当于一项变革活动。组织为了实现策略,意味着组织成员将面临有别于目前的环境,必须要愿意挥别过去,面临新的挑战。领导人因此得设法让成员认知到不能再眷念既有的做事方式而必须为组织的变革或转型工程进行改变,同时,领导人也必须认识到,那些组织成员已习惯的既有结构与管理作为,在未来将因变革而被打破并不再发挥作用之前,要他们为了接纳一个新的目标或愿景而愿意主动做出调整,不是一件容易的事。

**阶段二:改变行为的过程(Changing)**

这是勒温变革理论的主旋律,在此阶段,组织领导人必须对干部及组织成员说明变革愿景及策略目标,通过积极的沟通作为及过程,鼓励人们发挥想象力,愿意主动对组织变革的未来发展进行思考与再思考,期望组织成员能理解与认同为实现目标所需要的变革过程及其步骤。同时,组织领导人也必须对变革活动或项目的实施表现出信心、适时提供支持并且坚持到底,说服组织成员逐渐为形成新的态度和行为而改变。

**阶段三：再冻结（Refreezing）**

经过转变期后，组织将成功转变到一个新的状态并初尝果实，然而，此时并不代表最后的成果，很多时候新状态是不稳定的；因此，组织领导人必须和众人一起努力，将这个新状态予以"再冻结"于组织文化及体制中，以保障组织变革后的成果。所谓"再冻结"，就是把组织稳定在一个新的均衡状态，目的是保证新的工作方式不会轻易地被改变或恢复原状，勒温认为，这是支撑及巩固变革成果及新行为最为重要的工作。

勒温变革理论的核心主要是打破过去大家习以为常，将变革的焦点放在变革的过程或是变革项目目标的层面。他希望组织领导人在进行变革项目时，必须关注在如何让组织成员有系统地终结现况并面向未来，这才是变革活动最重要的起始点。此外，勒温也期望领导人不能在一旦达到变革目标时，就终止了所有的努力，忽略了需要时间将变革结果落实于组织文化中；组织文化、氛围、变革意愿，构成了变革的动力，也是影响变革成功的关键。

## 组织动态均衡就是这么一回事

让我们回顾一下本文开头的那个例子。首先，我们知道一个人坐在板凳上不会跌倒，这不是一种静态的平衡，而是一种在重力（驱动力、推力）与板凳的反作用力（制约力、抗拒力、阻力），两种力量抗衡下的动态均衡（Equilibrium），随时有可能因为其他力量的介入或两种力量本身的消长，而改变了这种均衡状态。回到勒温的三阶段变革理论，任何组织在变革前不也是处于一种动态均衡的状态吗？在这个状态下，大家安于现状，各种力量相互平衡。

一旦组织领导人要推动改变，可能是宣示新的愿景、可能是设定挑战的目标、可能是实施新的系统、可能是改变某些作业模式，也可能是希望改变员工的行为；对组织成员而言，这些都是或大或小的变革，也涉及现状的均衡状态即将要被打破的认知。

面对可能要展开的新局，对某些人而言，可能不是一件小事，这将涉及个人利益、权力、能力或认知等，来自这些组织成员的抗拒力必然是存在的；当然，也会有成员因为某些原因，支持这些变革，这些力量就是面对现况改变的驱动力。我们的所作所为，正是要破坏由人员所组成之场域中的力量均衡。这绝非等闲之事，如果我们可以在采取变革前，去分析可能存在的助力或阻力，事先采取合适的策略，便有机会减少潜在的损失及冲击。

勒温理论第三阶段的"再冻结"，其实也是一种改变后的新均衡。这又涉及企业文化、行为、作业、制度等涉及组织成员适应新常态的工作事项。如果我们忽略了这些助力（驱动力）与阻力（抗拒力），想要达成一个新的动态均衡也绝非易事（图7.5）。

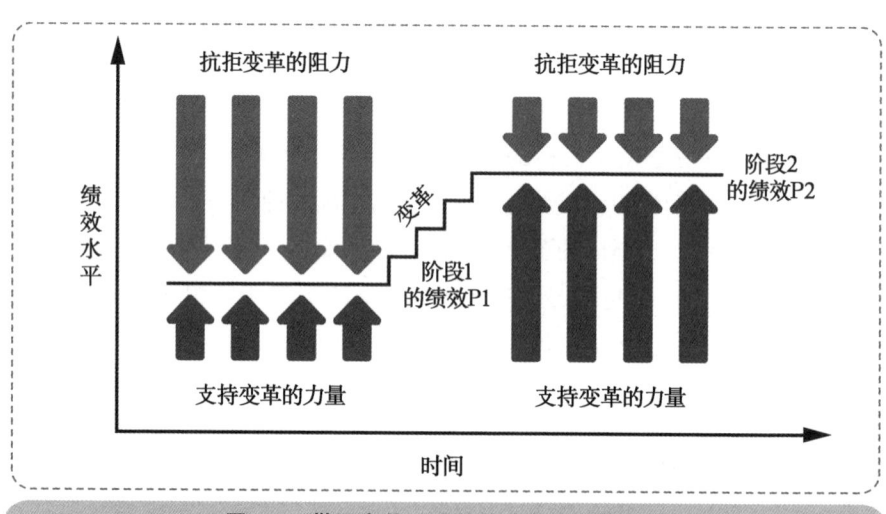

图7.5　勒温变革三阶段的动态均衡示意图

## "力场分析"操作实务

接下来，为各位介绍来自勒温的力场分析（FFA），力场分析的概念很简单，如图7.6所示，驱动力量支持由现况到理想未来的改变，或是帮助实现想要的新状态，而抗拒力的存在则会阻止想要的改变。不论是驱动力或抗拒力，均非某一种力量，不同来源的力量其大小也各不相同，都需要经过团队分析与发现。

基本的概念，一旦抗拒力超过驱动力，不仅现况无法依想法改变，甚至会出现倒退的状况；反过来，当驱动力超过抗拒力时，则有利于新状态的实现，促成有利组织的改变或目标的实现。当然，不同的目的，组织中可能存在的驱动力或抗拒力亦有所不同，这些力量大多与组织文化、员工认知、利益/损失等有关，有时，也会涉及资源的运用及外部环境因素，这些都会影响员工对现况与变革的认知。关于现况存在的驱动力(助力)或是抗拒力(阻力)之分析,以及增强驱动力或减弱抗拒力的策略行动,是领导团队在推动变革的重要课题。

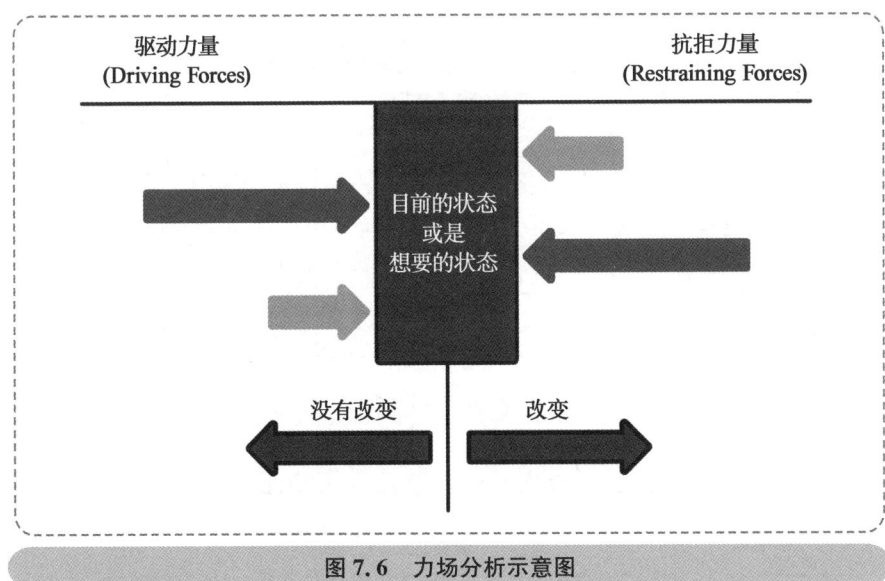

图 7.6　力场分析示意图

力场分析的实务操作不难,可依循下列 9 个步骤及原则进行。

**步骤 1:创建力场分析的模板**

(1) 依据目的组成团队,这是一个头脑风暴的过程,为求大家的参与,通常成员不超过 15 人。

(2) 虽然目前网络上能够获得许多数字化的表格,我仍认为以纸笔进行的效果最好。建议找一个够大的墙面,以白报纸创建分析的模板,模板的架构可参考图 7.7。

**步骤 2:解释工具并描述未来状态的目的及意图**

(1) 主持人或辅导顾问在开始作业前,可简明扼要地介绍力场分析这个工具,以及接下来的操作步骤。

(2) 由于力场分析可以处理各种不同的主题,因此,主持人必须针对此次小组分析的对象,将主题、目的或意图说明清楚,并将它写在模板上,以便随时提醒参与者,不得偏离主题。

**步骤 3:描述现况(Status Quo)**

(1) 关于任何变革、愿景、战略目标,都是要改变目前的均衡状态,因此,团队必须针对与主题相关的现况进行书面的叙述,包括组织氛围、相关绩效的现况、企业文化等。

(2) 内容不必长篇大论,可以条列重点,但是,必须取得共识。

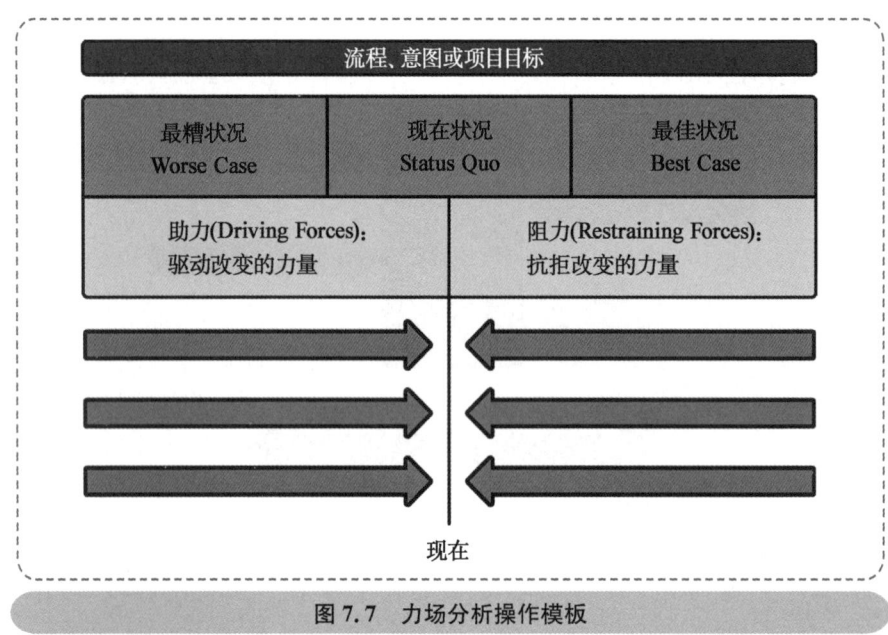

图 7.7　力场分析操作模板

**步骤 4:描述最糟状况(Worse Case)**

(1) 接下来,团队必须思考,如果我们投入了许多资源与精力,万一所追求的目标没有实现,组织内部会发生什么事?组织会变成什么样子?想象出这个假想的状况,并将脑中的景象以文字写出来,记录在"最糟状况"的栏位内。

(2) 虽然大家不愿看到这个情况的发生,但是,这个步骤却非常重要,如果不容易聚焦,可以参考步骤 3 现况描述的各个要项,试想,当目标没有达成时,这些要项或指标会变得如何?

**步骤 5:描述最佳状况(Best Case)**

(1) 相比于步骤 4,这个步骤就是在假想,如果在所有人的努力及资源的投入下,所设定的目标能如预期实现,到那个时候,组织会出现什么样的变化?例如:绩效、行为、氛围、能力、组织形象等要项的转变。团队应共同讨论、形成共识,并将这种状况写下来,当然,也要合理。

(2) 这个步骤很重要,一般的技巧,会鼓励大家在脑中先想象出一个画面,然后再以文字描述出来。

**步骤6：支持未来状况及成果的现有助力（Driving Forces）**

（1）基于对未来状态所产生的憧憬，团队借由头脑风暴整理出目前组织内部存在什么样的驱动力（助力）？

（2）一般常见的助力有：人员的积极行为与态度、组织接受改变的氛围、所具备的核心能力、组织资源的充足性、领导力、上级的支持、大环境的有利因素、过往成功的经验，等等，足以驱动组织成员支持变革。

（3）可以借助头脑风暴法（Brainstorming）、书面头脑风暴法（Brainwriting）、或是亲和图（Affinity Diagram）等工具进行讨论与整理（注2）。此一部分的内容请记录在图7.7的左边，箭头朝向"最佳状况"，表现出驱动力的性质。

**步骤7：阻止未来状况或成果实现的现有阻力（Restraining Forces）**

（1）完成助力的讨论后，接着以同样的方式，进行团队头脑风暴，把组织现况中的抗拒力，也就是阻力，讨论出来，并记录在图7.7的右边，箭头朝向"最糟状况"，代表阻止变革实现的抗拒力量。

（2）如果要避免出现团队讨论的"意见领袖偏差"（注3），可以采用书面头脑风暴法进行个人意见的收集。亲和图可以是一个非常好用的意见汇总工具。

**步骤8：对阻力及助力进行排序**

（1）步骤6及步骤7是一个意见汇集的过程，请勿过早进行评价，对于阻力及助力的评价及排序，请留到本步骤再进行。

（2）排序的技巧有很多种，最常见的是运用"多重投票法"（Multiple Voting）的方式（注4），依据待票选的意见（阻力或助力）数量，采一人多票的方式进行优先排序。视需要，可采用一种以上的评价标准，例如："重要性"之外，也可以增加诸如"合理性"或"可行性"作为不同的评价准则。若有多种评价准则，针对票决结果进行综合的比较及排序。

（3）一般而言，建议先进行阻力（抗拒力）的排序，再进行助力（驱动力）的排序。

**步骤9：针对优选的阻力思考解决对策**

（1）如果是关于变革的主题，此时可以先挑选排序前三名的阻力，团队讨论出接下来的行动，以便于变革初期减弱影响变革的抗拒力。

（2）改变现况均衡的思考方向除了减弱或消除主要的抗拒力外，也可以思考如何强化重要的驱动力。这两种作为，都是在改变均衡状态，有利于变革的实现。

## 力场分析与 SWOT

勒温的心理场域理论及团体动力学认为,组织就是一个由人所组成的场域,个人的态度与行为会彼此相互影响,这些影响是一种矢量力,会驱动或阻止组织的改变(可能是好的方向,也可能是不好的方向)。因此,运用力场分析可以有效地帮助我们判断组织的现况(均衡状态),作为战略调整的主要依据。

力场分析可以运用的地方非常多,在变革项目的实施前,主要是用来侦测组织均衡现况下存在的驱动力及抗拒力,变革项目实施后,也可以用来了解新均衡状态的变化与稳定性,例如:

1. 精益六西格玛项目的展开前后。
2. 在组织推行企业资源规划(ERP)方案的前后。
3. 重要管理制度的实施前后。
4. 重要战略目标实施前后。
5. 组织导入创新项目的前后。
6. 组织进行战略规划时的内部环境分析作业。

在此,针对前述第 6 项,也就是如何运用力场分析于组织战略分析的工作,特别是在 SWOT 分析的作业上。大家都知道,SWOT 分析(严格来说是内外部环境分析的战略议题汇总表),是许多组织用来进行战略分析的重要工具,包括来自内部环境分析的重要议题(组织的优势与劣势),以及来自外部环境分析的重要议题(外部的机会与威胁)。

在进行内部环境分析时,有许多的分析工具可以帮助我们诊断组织的内部能力(与竞争对手比较,或是基于顾客的观点)。然而,通常是聚焦在组织的技术能力、作业能力、独特的管理制度,或是资源的比较与运用能力上。除了头脑风暴外,比较少的工具可以帮助我们诊断出组织的文化、氛围、成员的行为、态度,以及影响组织实现愿景的助力(驱动力)与阻力(抗拒力)。这些助力与阻力,也应该是 SWOT 的内部分析(优势/劣势)的战略议题来源,而且它们很重要。

我们可以借助"力场分析",帮助我们完善内部经营环境分析的诊断作业,以及重要议题的来源。实际的操作方式与前述的九个步骤没有太大差异,需要注意的重点:①在步骤 2,可以设定某个组织中正在推动的重大项目,或是将组织的愿景置于未来状态的目的栏(分析的主题);②在进行到步骤8时,优先排序后的助力及阻力,将是SWOT汇总表中的优势或劣势的战略议题来源;③至于步骤9,于SWOT内部分析作业时可以跳过,然而,若是发现某些阻力值得立刻采取行动,应该毫不犹豫地进行。

## 重大战略的实施,就是在打破均衡

当组织推动新的战略或行动时,就是在打破现况的均衡性。然而,满足于现状的人或是不认同新战略/目标的人,将会成为潜在的抗拒力量来源;因此,在战略推动前,如何及早识别出抗拒力及其来源,将是战略执行的关键作为;所以,在许多世界级组织里,力场分析是战略项目领导人及团队成员必须掌握的好工具。如同本文所介绍的内容,力场分析不仅有助于战略执行或变革项目的实施,也能帮助我们在进行内部环境分析工作时,弥补领导团队在企业文化面的诊断工作。希望本文有助于各位深入了解这个工具的美妙之处,经常使用,相信能在变革项目与战略分析的工作上,收到事半功倍之效。

## 注释

▶ 注1:原文《May the FORCE be with you! 解构"力场分析"》刊登于"经营洞察力论坛"2020-08-26。

▶ 注2:"书面头脑风暴"是一种改进的头脑风暴会议形式,所有成员根据指定主题,先将意见或见解写在纸条上,完成后再进行意见分享与整理,当团队里存在着意见领袖型的人物时,一般会采用此种方法进行意见收集的会议。"亲和图"是一种意见或信息整理的工具,通常用于头脑风暴类型的意见收集会议后,采用同类分组的方式,将那些会议产生的大量信息,经由小分类至大分类的过程,将这些信息分门别类的整理,便于后续的分析作业。

▶ 注3:团体讨论中常见的意见领袖有:有权威的上层主管、主题专家、好主导发言的成员、好批评他人意见的成员等。一旦有意见领袖类型的成员,将会影响其他成员的发言意愿或价值倾向。

▶ 注4:"多重投票法"可以视待决意见的数量,采取一人多票的方式进行票决,若意见数量太多,也可以加入多轮投票的方式,由多而少地筛选出优先的意见。

**思考问题**

1. 完成本文章的阅读后,您是否有兴趣试试这个工具?请邀集您的团队,挑选一个即将要实施的项目,依照本文的9个步骤,试试"力场分析",并且分享使用心得。
2. 本文提到了一些操作工具,诸如书面头脑风暴法、亲和图、多重投票法,如果您不是真正熟悉它们的意义与操作,请花时间去查阅资料,学习消化,并且分享给您的团队。
3. 本文虽然介绍的是一个传统的变革管理工具,但是,却特别强调它在战略分析作业中的贡献,如果您现在正在带领团队进行部门或组织的战略规划,建议利用"力场分析"来诊断组织内部环境,完成后,花点时间分享众人的心得。

# 三十、掌握情绪周期以促进变革成功

成功领导组织变革的关键，其实在于如何有效掌握受到变革活动影响的那部分人其情绪的变化；掌握利益相关人的抗拒心理，并能有效应对处理，正是组织变革成功的关键。本文将教您透析人们关于变革情绪的反应周期及几个非常实用的变革管理模型，让您掌握变革成功之道。

## 变革是一个和"人性"打交道的过程

您是否在面对人生重大挫折或意外时，一开始不能够接受它竟然发生在自己的身上？或是突然听闻至亲之人的噩耗而不敢相信它的发生？相信大多数人都或多或少有过这种导致情绪重大起伏的经验。然而，无论您最后是接受了这个事实而不再虚耗精力去兜圈子，或是知道要面对未来但仍需要别人的协助以帮助自己跳出情绪的低谷；还是，始终跳不出自己低迷情绪上的桎梏，自怨自艾而久久不能自已；这都是真实人生不断在上演的情节，那么，这又和组织变革有着什么样的关系呢？

组织管理内部变革项目的工作，其本质都是在和人性打交道。也就是说，您必须面对及处理人们对于他们将要经历的事物所延伸出来的正面或负面的情绪，特别是那些负向的情绪。因为，大部分的时候，当一场变革的活动即将导入到组织内部时，一开始会有一些人面对新事物而对未来的发展产生憧憬，从而乐观以对，然而，在真正参与后这些人会感觉到现实并非那么的美好，许多困难就会接踵而来。例如：当人们要处理手头上的工作，同时又要面对新的事物与未知的挑战，不可避免地，人们的负面情绪将会应运而生，如果不及时处理或处理不当，就会造成项目的失败。

身为新世纪的管理人员，环境的变化不断在促进组织进行着许多内部调整，包括：流程的改进、新系统的引进，甚至是组织结构的再造……因此，"应变"已经是现代经理人如同家常便饭般的工作内容之一；在许多国际型的企业组织里,"成功领导变革"已成为经理人的核心职能工作;甚至,有些企业已经让"变革代理人"(Change Agent,也可译为"变革推动者")成为干部或经理人的另一项职称。

变革管理的理论既多且广,本文想要向各位介绍几个非常实务且有用的理论,特别是关于人们在面对变革时的情绪反应过程。

## 人们面对冲击的情绪转变

根据心理学家、国际知名生死学大师伊丽莎白·库伯勒-罗斯(Elizabeth Kubler-Ross,1969)的研究发现,一般人在遭遇到生命或生活中的重大冲击或改变时,往往会经历一段悲伤的适应期。他们通常是先**拒绝(Denial)**这个事实,认为不会发生在我身上,或者,这件不幸的事情不应该发生;接着对这件事真的发生在自己身上而感到**生气(Anger)**;再接下来,可能会采取**讨价还价(Bargaining)**的方式去想办法拖延它的发生或继续下去;下一阶段则往往是因为无法改变这个事实而**心情沮丧(Depression)**或自怨自艾;如果当事人自己没有接受到良好的咨询或是来自他人的协助,则这些负面情绪会不断地在 Anger-Bargaining-Depression 之间徘徊,最后他会因无法走出负面循环而造成相当大的伤害或损失,此时,我们称这个负面循环为**情绪的低谷**。

这里所指的生命或生活中的重大冲击,诸如:自己听到得了不治之症、失去重要亲友、或在工作或生活上遭受重大创伤的时候。这就是知名的"库伯勒-罗斯模型"(Kubler-Ross Model),共有五个情绪发展的阶段,她是从认知心理学的角度,对组织领导人识别变革阻力的工作提供了非常实务性的观点。库伯勒-罗斯认为,在未有任何干预的作为时,这五个阶段会依其先后顺序发展,但也不一定完全的依此顺序在进行,如果管理得当,可以直接跳过前面几个阶段而到达后期的第五个阶段,也就是**接受(Acceptance)**阶段。不过,她认为人们一定得经过至少最前面的两个阶段,面对这种负面情绪的挑战,变革领导人必须要思考:"如何避免组织成员无法顺利地跳离 Anger-Bargaining-Depression 所形成的死亡低谷,从而导致变革活动的失败?"

库伯勒-罗斯的这个创见非常重要,因此,它经常被引入变革管理的实际操作中,让经理人在变革活动开展前就能够依据她所提的五阶段模型进

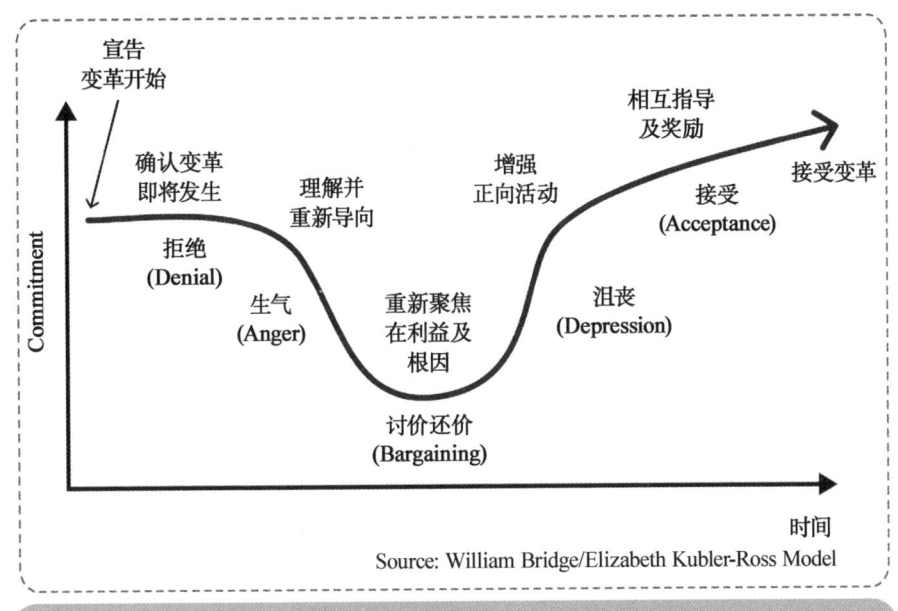

**图 7.8　库伯勒-罗斯模型（Kubler-Ross Model）**

行规划并及早预防,这个研究对于变革管理实务有着非常重大的贡献,如图7.8所示,我们理解到这个过程是绝大部分人面对挑战将会经历的情绪转变,就可以在规划变革的项目时,提前采取一些作为或措施,及时处理人们情绪上的负面反应,避免人们跌落至"死亡低谷"而无法自拔;或是,通过管理性的作为,减轻情绪处理过程中对变革项目所造成的冲击;期望能够提高变革项目的成功率或达到预期的项目成果。

诸如:在变革项目的启动初期,变革领导人可以通过对项目的愿景目标进行说明,让参与者对于未来的变化能先有心理准备;在过程中,经由适当的训练或协助,让面对困难的同仁得到及时的协助而不会打退堂鼓;或是,通过一些成功的案例,以及来自他人的影响,让同仁认清变革项目必须往前推进的事实,以及看到未来的好处,转而拥抱这个项目……图7.8也指出了一些各阶段可以采取的有效做法。

## 回顾 Lewin 三阶段变革理论

其实,库伯勒-罗斯的变革情绪周期模型,与变革管理研究的始祖库尔特·勒温(Kurt Lewin)在1947年所提出的"三阶段变革模型"不谋而合(请参照图 7.4）。勒温在他提出来的理论中，强调人们态度与行为的改变是影响组织变革非常重要的一个部分。如果要有效实现组织变革的成果，让想要的行为出现，首要之务，就是改变组织成员的态度。勒温的变革模型包括：现状的解冻（Unfreezing）—改变行为的过程（Changing）—再冻结（Refreezing），在此简要的帮各位复习一下。

### 第一个阶段：现状的解冻

组织必须在变革活动展开前，让成员认知到不能再眷念既有的做事方式而必须要为变革进行改变，也必须体认到，组织成员在既有习惯下，要完全接纳一个新的目标或愿景而愿意主动做出调整，是一件不容易的事。

### 第二个阶段：改变行为的过程

组织领导人必须与干部及组织成员积极沟通变革愿景或目标，鼓励人们发挥想象力，愿意主动对组织及变革活动的未来发展进行思考并归纳出所需要的变革过程与步骤。组织领导人也必须要对变革的实施表现出信心并且坚持到底，协助组织成员形成新的态度和行为。

### 第三个阶段：再冻结

对于变革后的新状态，组织领导人必须与众人共同努力，将这个新状态予以巩固，目的是保证新的工作方式不会轻易地被改变。勒温认为，这反而是变革管理中最为重要的工作。

## William Bridges 变革管理周期三阶段模型

在变革管理的实务研究上，学者及知名管理顾问威廉·布里奇斯（William Bridges）运用了"勒温三阶段变革模型"，以及"库伯勒-罗斯模型"，综合发展出一个非常务实的变革管理周期三阶段模型，被称为"布里奇斯变革模型"（Bridges Change Model）。在布里奇斯变革模型里，他把组织变革活动概分为三个阶段，分别是："终结目前的状态"（Ending）、"中间模糊地带"（Neutral Zone）、"新起点"（New Beginnings）。

### 阶段一：终结目前的状态

顺应组织成员面临变革的可能情绪反应，布里奇斯认为应该要重视，并有序地让成员一起终结现状。领导者可以通过倾听式的沟通，让成员知道变革不得不为，并愿意与其共同检讨哪些事物不能带到新情境（或新终点），而必须收拾留下？哪些好的部分（经验、成果）可以总结带走？这些作为都可以为即将实施的变革铺好一条道路。

因此,如果企业习惯于为重大项目举办全员参加的启动会议(Kick-off Meeting),应该思考如何引导组织成员向过去的成就致敬而不是只对大家强调新方法的好处,却贬低现有方法曾经的贡献。相比于传统上习惯于去否定旧事物来肯定新事物的做法,员工在心态上将更能认同向过去致敬的态度。

**阶段二:中间模糊地带**

在新旧情境(例如:工作模式、管理方法、作业系统)转变的过程中,对于大部分的成员来说都是难受的,因为存在着太多的未知与不熟悉,以及由此而产生的恐惧。这也是组织出现变革抗拒态度的主要形成因素;就好比人们身处于严冬季节,前面一片茫然白雪大地,大家会出现不知所措的反应。

因此,领导者要保持不断地沟通,运用同理心去感同身受成员的恐惧与惶恐,鼓励成员发挥创造力去看待新的变化,甚至寻求外部的资源(诸如管理顾问或外部专家)以协助组织成员渡过难关。

**阶段三:新起点**

经过团队共同的努力,虽然已初步达到了变革项目所设定的目标,或是见到了初期的成果,此时的变革领导人一定要非常清楚,对于看似出现成果的变革活动,千万不能太快宣布成功。要通过宣传短期的成功让其他未参与的成员愿意改变自己的意愿而参与变革项目(行为的表现),也要不断地邀请既有的加入者继续完善初步得到的成果。

这是因为项目初期目标的达成只不过是整体变革的新起点,必须不断地落实新做法,才能改变组织成员的行为,进而在文化层面发生改变。只有当组织文化发生根本上的转变,才能真正固化变革的成果,这是需要时间的一段过程。

组织变革的起因非常多样,可能是组织面临经营危机而不得不改变;或是组织要挑战新目标而需要在方法或结构上做出改变;抑或是面对新的机会而必须要实施新方法进而在管理上做出重大调整。然而,我们必须要认识到,组织变革通常会经历一段不算短的旅程,过程中的各阶段都需要不同型式的管理沟通。因此,布里奇斯的理论因为其务实性,而被许多知名企业广泛运用在经理人关于变革领导力的养成,并成为企业组织在设计变革管理作为的重要参考。

相信许多人曾经欣赏过由实力派男星杰克·尼科尔森（Jack Nicholson）与摩根·弗里曼（Morgan Freeman）于2007年主演的《遗愿清单》(The Bucket List)，这是一部既感人又充满奇妙旅程的喜剧片，电影中主角面对人生重大变故，因为学习接受而成就了精彩人生下半场。这是一部述说着永远不嫌晚的美好人生故事，虽是电影，但也具有警世的效果，并与我们今天所介绍的模型能够相互对照。

您是否被组织指派负责一个重大的项目，正在着手规划如何成立团队及与利益相关人沟通？

您是否已完成了年度目标，正在规划后续重大战略的实施？

您是否已决定要导入精益六西格玛系统，正在着手一个中长期的实施计划？

您是否因为员工对于新措施的实施，已由初期的热情支持，而因为遇到不适，产生了抗拒态度？

如果您面临到上述的管理挑战，都可以参考本文所介绍到的管理模型，作为下一步实施对策时的思考方向。

## 注释

▶ 注：原文《掌握组织变革的门道——理解人们情绪周期》刊登于"经营洞察力论坛" 2017-10-18。

## 思考问题

1. 各位可以参考文中所介绍的三个模型，回顾自己曾参与过的变革项目，是否符合这些模型所提出的见解？如果有差异，请试着指出并与团队成员讨论。

2. Kubler-Ross模型比较着重在成员的情绪反应，关于本文各个阶段可采取的建议作为之外，是否可以与您的团队讨论，就您对所处组织特性的了解，有哪些在未来变革项目的规划时，可以预先采取的作为？

3. William Bridges的三阶段模型与Lewin三阶段模型，其实都有着异曲同工之效，两人的研究都非常强调固化变革成果的重要性，各位是否可以回顾过去所参与或主导过的变革项目，在固化阶段的作为中，特别是人们情绪的反应处理上，有哪些还不够到位的地方？可以与团队成员共同提出并作为未来规划变革项目时的参考。

# 三十一、如何成功领导变革

组织发展其成长战略就是在实施一种组织转型工程,组织转型的成功,有赖于好的战略与具竞争力的战略执行力;战略的执行必然会面临许多挑战,领导人的首要挑战就是如何规划变革活动及如何成功领导变革以实现战略。

对变革管理有兴趣的读者,应该对变革管理大师约翰·科特(John P. Kotter)的"八步变革管理模型"(Kotter's 8-Step Change Model)不会陌生。相较于其他的变革管理模型,科特所提出的"八步变革管理模型",由于简单易懂,兼具理论与实务,一直广受学术界及顾问讲师的喜爱。基本上,只要听过变革管理的课程,就或多或少均接触过这套模型。本文就让我们从不同的角度来剖析科特的变革管理模型,帮助大家能更深入地理解,并且作为日后运用此模型时的参考。

## 变革管理模型的基本分类

学界许多研究变革管理理论的大师,基于研究的目的,会由不同的观点将许多过去的知名理论进行分类,通过分类进行理论的探讨与学习,这样的做法有其益处,能有助于我们掌握理论的核心并将其进行实务应用。以下为学者伯纳德·伯恩斯(Bernard Burnes, 1996)从企业如何实施变革的角度,将众多变革管理模型按照其实施的方式归纳成四个学派,帮助我们面对变革管理建构出一个较为全面的观点。

**1. 规划性变革学派(Planned Approach)**

此学派强调,当一个组织想要从不理想的状态改变到想要的理想状态时,必须认清不同状态的重要性。这个变革类型肇始于学者库尔特·勒温(Kurt Lewin)1947年所提出的三阶段变革模型(也就是解冻现在的水平、前进至新的水平、然后重新冻结在新的水平上)。因此,被归类到此学派的变革模型强调在成功地采用新的方法前，必须舍弃旧行为、旧结构、旧流程及旧文化。

**2. 突现性变革学派（Emergent Approach）**

突现性变革学派是相对于规划性变革的一种变革模型类别。突现性变革学派强调：变革本身就具有不可预测的本质，因此，变革不可以被认知为在一定期间内的一系列线性事件，但可以被视为一个连续且开放的调整适应作为，以改变经营状况与环境。除了仅仅作为一种改变组织运营与组织结构的方法，此学派的学者认为变革也应该被认知为一段组织学习的过程。

**3. 权变性变革学派（Contingent Approach）**

被归类于此学派的研究里，他们主张经理人及管理顾问需要一种变革模型，其为一种情境式（Situational）的或权变式（Contingency）的模式，为企业组织指引出不同的变革策略，以达成与持续改变的环境之最佳适配（Optimum Fit）。他们支持一种能反映出组织在经常多变环境中的变革方法，也包含该方法适用范围的改变；因此，他们支持每一个组织必然有一组属于该组织的最佳变革管理的方法与步骤。不过，此学派的陈义过高但却较难执行。

**4. 选择性变革学派（Choice Approach）**

此学派的研究里，认为组织不必然一定要自我调适以应对外界环境的多变，他们支持一种自我选择性的方法。因此，他们期望组织去维持或提升独有的组织管理风格，并具备能力选择运用组织这个既有的风格去影响内外情境变化以实现组织变革的要求。

## 科特的八步变革管理模型

简单了解上述的四种变革分类之后，那么，我们今天所要探讨的科特八步变革管理模型又是属于哪一个类别呢？其实，约翰·科特（John P. Kotter）一开始并未提出明确的八个变革管理步骤，而是在1995年发表了一篇批判"规划性变革"学派的文章《领导变革：为何转型未竟其功？》（*Leading Change: Why Transformation Efforts Fail*）。他指出了一般变革常出现的八个错误。

1. 没有形成足够的紧迫感。
2. 没有建立起一个强而有力的领导同盟。

3. 缺乏变革愿景。

4. 缺乏对利益相关人进行关于愿景的沟通。

5. 没有适时地移除新愿景的障碍。

6. 没有系统性地规划短期胜利。

7. 太快宣布胜利。

8. 没有将变革落实到企业文化。

基于这篇文章的观点，接着，科特就发展出他那著名的变革管理八大步骤，这八个步骤与前述八个变革常见错误息息相关。

### 步骤一：建立危机意识或形成紧迫感(Create Sense of Urgency)

组织必须研究及了解市场与其外部竞争情势，找出并积极讨论目前组织所面临的挑战、潜在危机或是重要的发展机会，同时虚心检讨组织内部所发生的问题，提出适当的顺应计划，并激发组织成员关于变革的紧迫感。

### 步骤二：组成强而有力的领导同盟(Build Guiding Coalition)

组织在决定变革计划后，必须优先从现有组织的优秀人才内遴选并组成一个具有高度执行力的项目小组，来负责领导组织变革活动，发挥责任担当(当责)的精神，并促进项目小组成员相互合作。

### 步骤三：提出变革愿景(Develop the Strategic Vision)

组织变革的项目小组须积极创造出变革项目的愿景(或目的)，引导整个变革行动的执行，同时须拟定达成愿景的具体可行战略与目标，作为未来执行的方针。

### 步骤四：沟通愿景(Communicate for Buy-in)

变革项目小组须运用所有可能的渠道与沟通技巧，持续向组织内部(尤其是与变革有关的利益关系人)传达关于变革项目的新愿景及相关策略，以期建立组织内部成员的信心；同时，变革领导团队亦须以身作则引导员工观念与行为的改变。

### 步骤五：授权员工参与并适时地排除障碍(Empower Action by Removing Barriers)

变革项目小组应克服重重障碍，识别会影响组织变革的阻力及抗拒力量，改善破坏变革愿景的体制及结构，进而鼓励员工从事冒险且富创新的想法和行动，将可行措施授权于员工，让其负责执行。

### 步骤六：创造短期战果(Create Short-term Wins)

组织变革项目小组必须规划出清楚的绩效目标，实施改善行动，并积极地在短期内创造战果;同时思考如何将上述阶段性的改善战果公开,安排表扬及鼓励对组织绩效改善之有功人员,达到激励员工士气的目的。

### 步骤七:巩固成果并深化变革(Sustain Acceleration)

短期战果是变革项目的阶段性成果,并不等于达成最终的变革目标。组织应借机运用内部逐渐形成的公信力与信任感,配合短期或阶段性绩效改善所激励出来的组织动能,进一步改变之前所有未能配合或不符变革愿景的人员(态度与行为)、系统、结构与政策,一鼓作气地改革陋习或达成变革项目的最终目标。

### 步骤八:制度化变革成果深植企业文化(Institute Change)

组织必须驱动创造顾客及生产力导向的行为、落实更有效的领导与管理模式,以及适时且明确地向组织成员指出新做法与组织成功之间的关系;并适时地制定办法,落实改变后的成果于组织文化,将其体现在员工的新做法及新的行为上。同时,也必须确保未来领导者的培养与接班动作的同步展开。

上述八个步骤,如果依其属性,可以分成两个阶段。前四个步骤可以视为**"校准领导团队"**(Align Leaders)阶段,而后四个步骤可以被视为**"驱动行为改变"**(Drive Behaviors)阶段(图7.9)。

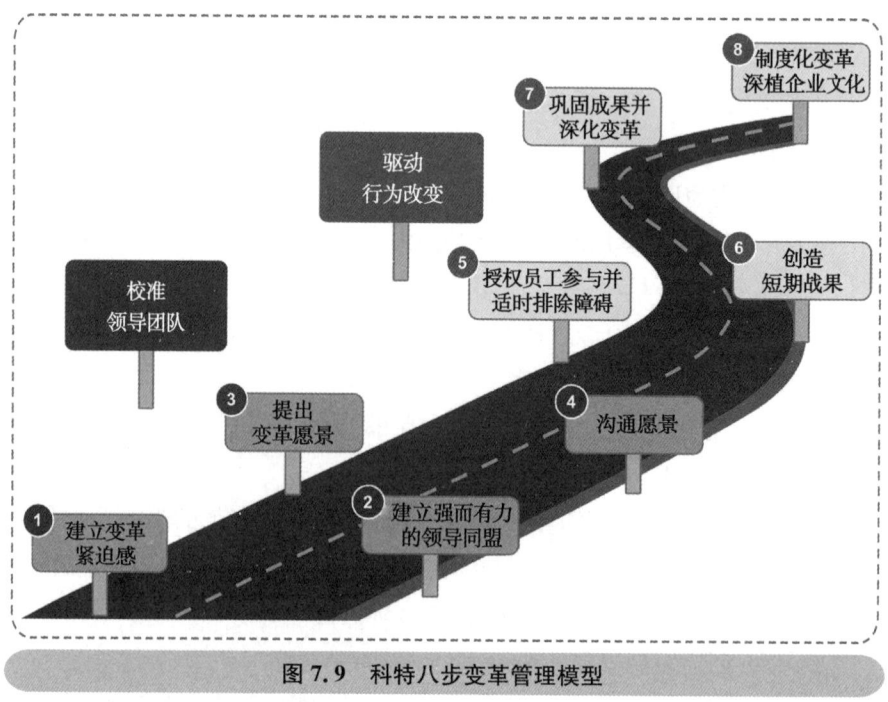

图7.9　科特八步变革管理模型

## 剖析科特的变革模型

首先,为何科特的变革管理模型受到实务界这么普遍欢迎?(事实上,他的研究受到一些学者的批评,在后面会有所说明。)因为科特的研究是许多实际案例所汇集而成的架构,可以说具有非常高的实操性,相较于其他学者的变革管理模型,要不就是太过于简单,或是概念复杂而不容易操作,科特的八步变革管理模型可说非常地接地气。

科特的变革模型还具备一个明显的特质,那就是关于领导者在发展及沟通变革愿景时的角色。他认为,强化变革领导力,对于在一个大型组织里管理变革是一个非常关键的工作。

虽然科特提出八个错误来批判"规划性变革"学派的基本思维,但科特在说明这八个步骤时,仍然去对比了勒温的三阶段变革过程模型:解冻(Unfreezing)、改变(Changing)、再冻结(Refreezing)。科特表示,在他的八步变革管理模型中,前四个步骤的主要目的是在协助松弛组织的现状(勒温模型的"解冻阶段"),第五至第七个步骤则是建立新的管理实践(勒温模型的"改变阶段"),而最后一个步骤则是协助巩固变革成果并深化到组织文化(勒温模型的"再冻结阶段")。如果进一步地分析科特的八个步骤,我们可以发现,科特所提出的这些步骤,其实是提供要导入变革活动的组织及领导团队一个指引。以"如何容易地传递变革的信息并真正地改变人们的行为"以及"如何能让组织及领导人具备变革之心以顺遂其变革管理作为"为基本核心。

科特相信:为了使组织变革得以顺利进行,组织必须要依序采取这八个简单的变革步骤以实现组织变革。

**第一个步骤,创造变革的急迫感**。这也是最重要的一步。因为他相信,75%的变革成功案例里,公司的管理阶层均须先认同组织必须实施这些变革计划。

**第二个步骤,组成领导同盟**。让对的人一起参与变革项目的领导团队内,带领公司进行变革活动,同时继续创造关于变革的紧迫感。

**第三个步骤,建立一个变革愿景**。要做到这件事,管理阶层必须要决定关于变革活动的核心价值观与目的,建立变革愿景(包括目标)可以帮助到为变革所做的各种努力以及发展出达成愿景的战略。

**第四个步骤,也就是沟通变革的愿景**。是关于"尽可能地运用各种不同的渠道与方式去沟通新愿景及战略";在进行这个步骤时,非常重要的一件事,是要记得通过领导者亲自示范以教育成员学习新的行为。

**第五个步骤,授权并赋予人们能力去采取必要的行动**。这个步骤强调将横阻在变革活动前的障碍移除,并且改造阻碍变革的管理体系。例如:在这个阶段里,一家公司可以运用来自工作场合的激励人心或亲身经历的故事去建立团队成员乐观的态度,或是对不同人员的项目达标而提供奖励。

**第六个步骤要能够成功,也就是必须想办法创造短期战果**。一个公司必须要为阶段性的预期成果或绩效事先制定可行的计划,并且要认可及奖励这些成就,以鼓励人们将这些成果分享到工作及日常生活中。

科特主张,许多变革项目会失败,可以归因于太早宣布胜利,因此,第七个步骤就非常重要,变革领导人总是要分析哪些事情是正确的,以及哪些事情需要改正,并在公司前一阶段成功所带出的动能上持续设立更多的阶段性目标。**第七个步骤强调变革事件的发生并非一次就能搞定,必须要通过更多的改进才能真正地实现**。

**第八个步骤,涉及如何巩固变革的成果或让人们牢记在心**。这可以通过在新行为和企业成功结果之间形成联系,科特相信如此一来变革将会深入人心。

科特的八个步骤,每个阶段都会确认一个与"人们对变革的反应及应对方法"相关的核心原则,让组织内的人们见到、感觉到,然后做出改变。这八个步骤必须要逐项经历以确保变革的发生并内化到组织文化内。

依科特自己的分析,这八个步骤又可以区别为三大部分。第一、第二及第三个步骤,其目的是希望能**"塑造适于变革的组织氛围"**;第四、第五及第六个步骤,其目的是在**"吸引并使人们有能力进行变革"**;第七及第八个步骤,则是**"落实并内化变革"**。从这个角度,可以更清楚地了解科特的变革模型架构(请参见图 7.10)。

在该变革模型的执行重点中,当领导人庆祝第一次的绩效被达成时,这个行动有可能会扼杀原有的动能并开始衰退,重大的改变要成为组织文化之一部分,科特认为可能需要花上 5～10 年,新的做事方法总是脆弱且容易被削弱。随着阶段性目标的实现,变革紧迫感的程度将不会较刚开始时那么强烈,万一领导同盟又不够强而有力,加上愿景不够清楚时,变革的动能很容易丧失。

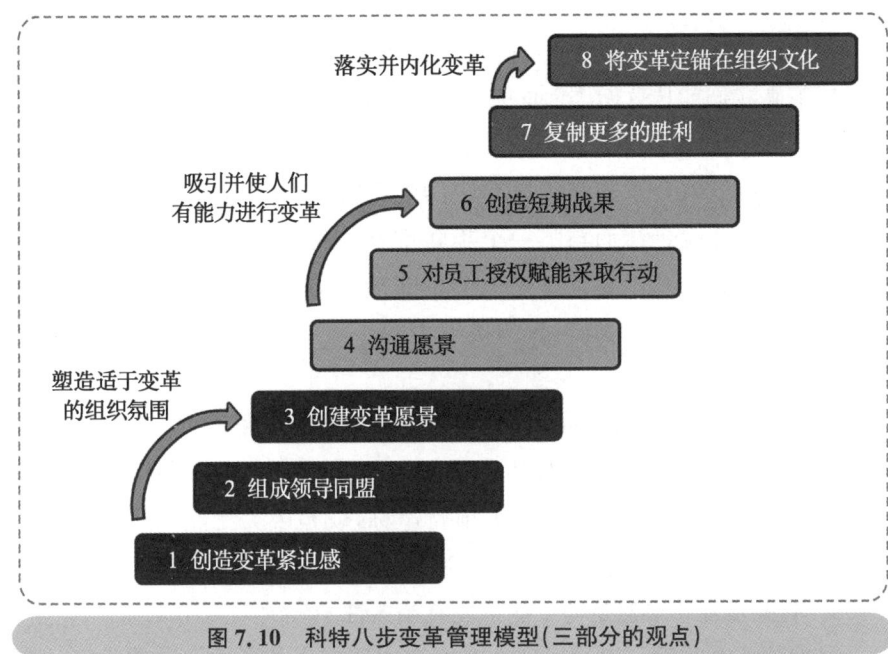

图 7.10　科特八步变革管理模型（三部分的观点）

## 关于科特变革模型的批判性意见

虽然科特的变革管理模型非常务实且接地气，不过，本文既然是在深入剖析他的经典理论，自然免不了要提出一些批判性的意见，让各位能够由不同的面向去理解科特理论的限制，作为未来使用时的参考。

有许多学者主张："变革永不会停止而不应受限于这有始有终的八个步骤，同时认为科特的变革模型缺乏缜密的原理支撑。"对此，科特曾表示，他并不期望将他的模型用在所有型态的变革活动上，他认为这个模型只被设计在"企业为了应付一个新的且具更多挑战的市场环境里，如何导入新战略之根本性变革"。换句话说，并非所有的变革活动都可以完全套用他的变革管理模型。

因此，有一些学者在科特的变革模型发表 15 年后，提出科特变革模型的四个限制性面向（注 2）。

（1）一个严谨而无法变通的执行方法。

（2）有些步骤不必然与一些情境是攸关的。

（3）在变革管理过程里必须要与某些困难点打交道但模型却偏重于行

为面。

（4）研究显示符合科特变革阶段来管理变革项目的困难度很高。

接下来我们就从这四个面向来一一检视科特模型的限制性。

**1. 科特的模型过于严谨而不知变通**

科特主张这八个步骤必须以明定的顺序被执行。他认为，如果这些步骤因为前一个步骤延缓而与下一个步骤重叠，则会损害到变革的成功。意谓这些步骤设计的基本要件就是一个步骤接一个步骤地展开。例如：如果没有实行第一个步骤，则会对实施接下来的步骤以实现想要的结果造成困难或甚至不可行。

事实上，就有许多人反映，这么强烈的一套预先安排好的实施方法，在许多组织实施变革活动时是不太可行的，是否可以依循既有的组织文化而选择实施步骤？这也造成许多变革项目声称，就是因为无能的经理人依循著文献所提供的成功变革处方，最后却导致失败的下场。

**2. 有些步骤不必然是与一些情境具相关性**

虽然这八个步骤可以为经理人在组织内实施变革形成一个非常好的始点并似乎可增加变革成功的机会，但也有分析认为，如此一个好的起始点并不能被视为可以招来最后的成功。在实务上，这也可以说明为何情境会影响到变革的推行，并显示出适当调整变革模型的必要性。

因此，有学者认为：可以在考虑组织特性及想要实施变革的企图下，将科特的模型结合其他的变革模型，从而找到最佳的混合型变革策略，这将更具有建设性。

在这里我们所看到的是，一些学者相信科特的模型是严谨的，并且无法被改变，而其他人则相信科特的模型可以与其他的模型一起混用，如此一来则可以很好的适配组织文化。

**3. 变革管理的过程中，不仅限于行为面改变，尚需与其他困难点打交道**

科特所提出来的八个步骤着重在改变人们的行为，而不是战略、管理系统，也不是企业文化。然而，这些因素在组织的变革都是非常重要的元素。但是，科特的核心议题却是放在"改变行为"的层面，也就是人们做了些什么？以及需要他们如何对改变的事物做出明显的反应（行为表现）？

因此，有研究认为科特的模型如同勒温的三阶段模型，都有过于简单的现象，而不能反映真实世界运作的景象。的确，有些企业转型的工作并不需要或不能够经由某些明确的步骤去完成。例如：关于企业运营软件系统的更换,或是制造现场更换设备等变革项目,这些改变较常是属于不可逆转的过程。所以,在这些例子里,科特变革模型内的步骤七及步骤八可能无关或不适用,其他的例子也可能包括需要有强大保密特性的变革活动。

有研究认为,企业实施变革会遭遇到许多困难,依据科特的变革模型规划进行变革作业,可以局限住所有可能遇到的路障,但这个模型也未能对所有的情境掌握到足够的细节。例如:变革的阻力及对于变革的承诺是变革管理的主要面向,也是科特变革模型之外的重要补充元素。如同来自员工的承诺对于变革也是非常的重要,并非仅限于高阶主管。这也是为何科特在后续的研究文章中,特别强调所谓的"领导同盟"并非仅限于经理人团队的缘故。

**4. 不容易获得完整的研究以证明科特的变革模型**

研究变革项目具有先天上的困难,主因完全是因为这些变革项目的复杂特性,这可能也是为何我们仅发现非常少量关于正式运用科特变革管理模型的书面案例。在实务上,关于变革案例的研究障碍如下:

① 要完整实施这八个步骤是相当困难。

② 需要对变革项目进行长期的观察与追踪,才能完整涵盖这八个变革步骤。而组织变革通常需要历时多年才能成形,研究起来非常费时,特别是,要验证步骤七及步骤八的有效性,也因此变得非常复杂且难以进行评估。

③ 在评估这些步骤的实施效果时,也会遭遇到困难。特别是在对于衡量团队协作的执行水平上遇到挑战。

尽管关于这套理论的有效性存在着不少的缺口,不过,并不会减低这套模型受欢迎的程度。真正的原因可能是这套模型非常直观,从而相对较易为人所接受,也因为这是基于科特的实际人生经验,以及它可以被很好地举例说明。当然,身为畅销书作者而在众多变革经理人及利益相关人的读者群中具有大的影响力,也是科特的理论受欢迎的原因,虽然它不完全符合学术界依赖于假设与检验的原则。

## 培养转型领导力成功领导变革

熟悉组织变革模型可以帮助组织面对变革的挑战。然而,具备领导变革所需的领导力,才是成功的核心要件。在许多关于领导力的讨论中,"转型领导力"(Transformational Leadership,又称为变革领导力)在组织转型或变革活动中,是最常被联系到管理绩效的讨论课题中,特别是关于转型领导人特质的探讨上。

转型领导理论最早是由学者詹姆斯·伯恩斯(James M. Burns, 1978)经由分析政治领导力的范畴而发展出来的。在此之前,关于领导学的关注点大都聚焦那些成功带领组织变革或转型的领导人,对于他们所采用的领导方法的检验上。转型领导理论的主要前提是指领导人必须具有某种能力,能够激励他的追随者去实现超过追随者他们自己本身原先所具有的事务实现的能力。依据领导力大师伯纳德·巴斯(Bernard M. Bass, 1985)的研究,他归纳出一位优秀的转型领导人应该具有以下四项特质。

**1. 魅力影响(Idealized Influence)**:能够吸引追随者,让他们面向自己,对领导人表现出尊敬并且愿意追随他以完成某项任务。

**2. 动机激励(Inspirational Motivation)**:追随者在与领导人共事的过程,会因为他们可以一起实现单独个人能力范围以外的成就,令人感到兴奋,同时也激励成员愿意付出。

**3. 智识激发(Intellectual Stimulation)**:领导人会适时赋能所属成员,引导他们不以他们既有的能力为满足,认同团队使命及价值观,有效地提升成员的能力并授予适配的权柄。

**4. 个别关怀(Individualized Consideration)**:领导人会秉持同理心,随时关心着成员的现况及需求,让追随者在团队中感受到温暖。

具备转型领导力的领导人必定是有能力给下属提供个别关怀与智力的激励、本身又拥有领袖魅力的领导人,他也是具有带领人们行动并注重培养和发展下属能力,使其成为推动改革动力的领导人。转型领导人更是一位善于利用权力与情境等有利因素,激发出员工求新求变的意愿与能力,使得组织面对正在快速变化的内外部环境时,能够适时地调整运作方式的领导人。因此,称职的转型领导人应该是"**能激励我们去做出超越我们原有能力所能展现水平的领导人**"。

因为转型领导力的特质正是在目前的变动环境,组织面临环境变动而必须实施转型战略的当下,最需要的领导能力;因此,所有的经理人均应当以提升自己的转型领导力,作为面对未来环境变化挑战的核心能力之一。

## 以变革关键因素的新观点来看待变革模型

如何成功领导变革?这其实是一个大哉问,放诸四海,并无一个标准答案。本文会介绍科特的变革八步模型，正是因为它的实务性，可以作为我们预先规划变革项目的基础，同时，也可以用来在战略执行阶段时，用来检核变革活动是否顺利实施，以减少变革失败的参考。

虽然科特模型存在着一些限制，例如：无法明确地依照八个步骤的先后顺序实施。然而，依我多年带领及辅导不同类型的管理变革项目的经验，以及曾做过的学术研究发现，我们其实可以将这八个步骤视为成功领导变革活动的八个关键要素，结合图 7.10 三个部分（阶段）的观点，在变革活动展开前、执行期间，以及固化变革成果的不同期间，用这八个关键要素来检核整体变革活动的进展，适时地进行管理措施的校验与调整，可以避免陷入"科特模型限制性"的困扰（注 3）。

变革管理是确保战略执行与落地的关键作为，领导人如果无法掌握成功领导变革的知识与关键领导力，并且清楚认知到影响变革的关键不是技术而是人性，将因为那些来自个人或团体的抗拒力而失败。本文作为本书的最后一个主题，也是希望能帮助读者有效地实现组织战略。

## 注释

▶ 注 1：原文《当企业面临经营环境的挑战时，Kotter 教你如何让变革持续而有力地进行》刊登于"经营洞察力论坛"2017-11-29。

▶ 注 2：这个单元主要是参考来自学者 Steven H. Appelbaum, Sally Habashy, Jean-Luc Malo 及 Hisham Shafiq 等四位学者在《管理发展期刊》所发表关于科特八步变革模型的综述性研究 "*Back to the Future: Revisiting Kotter's 1996 Change Model*"。

▶ 注 3：对这个研究有兴趣的读者可以参考我与东海大学王本正教授发表于《2014 管理科学与决策国际研讨会》的论文 *Factors Affecting Organizational Culture Change: An Empirical Study of China Government-Owned Enterprise* 以及我与南开大学白长虹教授发表于《现代管理科学》的论文《我国企业变革管理的关键影响因素研究》。

### 思考问题

1. 在科特的八步变革管理模型中，第一个步骤是"塑造变革紧迫感"，请您思考，在过去曾实施过的变革活动中，对于紧迫感的议题，我们是否做得够好?还有哪些可以改进的部分?
2. 除了科特的八步变革管理模型,是否由自己或是和团队成员一起,通过上网或是阅读相关图书,再去搜集1~2种变革管理模型?请拿来与科特的八步骤进行比较,看看有哪些观点是一致的?又有哪些步骤或观点有所差异?
3. 企业面临外界环境的挑战,随时要应变,可否回顾过去曾推行过或目前正在推行的变革项目,是否符合科特八步法的精神?除了实施步骤外,是否也同时将这八个步骤以成功关键因素的方式来检核,有哪些发现或心得可以分享?
4. 本文提到的转型领导人应具备的四项特质,请思考,我们要如何学习?以及会遇到什么样的障碍?请与团队成员分享您的观点。

*note*

note

# 参考书目与延伸阅读

1. 白长弘,孙旭群,2016,我国企业变革管理的关键影响因素研究,现代管理科学,2016 年第七期。
2. 何则文,2020,成就未来的你:36 堂精准职涯课,创造非你不可的人生!悦知文化。
3. 庄文忠,2008,绩效衡量与指标设计:方法论上的讨论,公共行政学报,29 期,页 61—91。
4. Ansoff, H. Igor. 1966. *Corporate strategy: An analytic approach to business policy for growth and expansion*. New York: McGraw-Hill.
5. Appelbaum, Steven H., Sally Habashy, Jean-Luc Malo, and Hisham Shafiq. 2012. Back to the future: revisiting Kotter's 1996 change model. *Journal of Management Development*, Vol. 31 Iss: 8 pp. 764-782.
6. Bass, Bernard M. 1985. *Leadership and performance beyond expectations*. New York: The Free Press.
7. Berger, Warren. 2014. *A More beautiful question: The power of inquiry to spark breakthrough ideas*. Bloomsbury USA. 中文版书名:《绝佳提问》,浙江人民出版社,2015 年出版。
8. Bonchek, Mark. 2016. How to build a strategic narrative. *Harvard Business Review: March*.
9. Bossidy, Larry, Ram Charan, and Charles Burck. 2002. *Execution: The discipline of getting things done*. Currency. 中文版书名:《执行:如何完成任务的学问》,机械工业出版社,2011 年出版。
10. Browne, M. Neil. 2016. *Asking the right questions: A guide to critical thinking* (11th ed). Stuart M. Keeley. 中文版书名:《学会提问》,中国轻工业出版社,2016 年出版。
11. Burnes, Bernard. 1996. No such thing as ... a 'One best way' to manage organizational change. *Management Decision*, Vol. 34 No. 10, pp. 11-18.
12. Burns, James M. 1978. *Leadership*. New York: Harper & Row.
13. Chandler, Alfred D. Jr. 1969. *Strategy and structure: Chapters in the history of*

*the American industrial enterprise*. MIT Press.

14. Christensen, Clayton M. 1997. *The innovator's dilemma: The revolutionary book that will change the way you do business*. Harvard Business Review Press. 中文版书名:《创新者的窘境》,中信出版社,2014 年出版。

15. Christensen, Clayton M., James Allworth, and Karen Dillon. 2012. *How will you measure your life?*. Harper Business. 中文版书名:《你要如何衡量你的人生?》,吉林出版集团,2013 年出版。

16. Christensen, Clayton M., Teddy Hall, Karen Dillon, and David S. Duncan. 2016. *Competing Against Luck*. Harper Business. 中文版书名:《与运气竞争》,中信出版社,2018 年出版。

17. Drucker, Peter F. 1974. *Management: Tasks, responsibilities, practices*. Big Apple Tuttle-Mori Agency Inc. 中文版书名:《管理:任务、责任和实践》,华夏出版社,2008 年出版。

18. Drucker, Peter F. 2001. *Management challenges for the 21st century*. Harper Business. 中文版书名:《21 世纪的管理挑战》,机械工业出版社,2006 年出版。

19. Drucker, Peter F. 2006. *The practice of management*. Harper Business Reissue. 中文版书名:《管理的实践》,机械工业出版社,2006 年出版。

20. Eisenmann, Thomas R. 1997. *Structure and strategy: Explaining consolidation patterns in the US cable television industry*. Harvard University: Graduate School.

21. Field, Syd. 2005. *Screenplay: The foundations of screenwriting*. Delta: Revised edition. 中文版书名:《电影剧本写作基础》,中国电影出版社,2002 年出版。

22. Fifield, Paul. 2008. *Marketing strategy masterclass: Making marketing strategy happen*. Butterworth-Heinemann.

23. Freedman, Lawrence. 2015. *Strategy: A history*. Oxford University Press. 中文版书名:《战略:一部历史》,社会科学文献出版社,2016 年出版。

24. Grove, Andrew S. 1995. *High Output Management*. Vintage: 2nd version. 中文版书名:《葛鲁夫给经理人的第一课(新版)》,中信出版社,2011 年出版。

25. Harari, Yuval Noah. 2014. *Sapiens: A brief history of humankind*. Harper Perennial. 中文版书名:《人类简史》,中信出版社,2014 年出版。

26. Hastings, Reed, and Erin Meyer. 2020. *No rules rules: Netflix and the culture of reinvention*. Penguin Press. 中文版书名:《不拘一格》,中信出版社,2021 年出版。

27. Hummel, Charles E. 1994 (Revised). *Tyranny of the urgent*. InterVarsity Press.

28. Kaplan, Robert S., and David P. Norton. 2008. *The execution premium: Linking strategy to operations for competitive advantage*. Harvard Business School Press. 中文版书名:《平衡计分卡战略实践》,中国人民大学出版社,2009 年出版。

29. Kim, W. Chan, and Renee Mauborgne. 2015. *Blue ocean strategy, expanded edition: How to create uncontested market space and make the competition irrelevant*. Harvard Business Review Pres. 中文版书名:《蓝海策略》,商务印书馆,2010 年出版。

30. Kim, W. Chan, and Renee Mauborgne. 2015. Red ocean traps. *Harvard Business Review: March*.

31. Kotter, John P. 1995. Leading change: Why transformation efforts fail. *Harvard Business Review: March-April*.

32. Kübler-Ross, Elizabeth. 1969. *On death and dying*. New York: Collier Books.

33. Kübler-Ross, Elisabeth. 2014. *On death and dying: What the dying have to teach doctors, nurses, clergy and their own families*(Reissued). Scribner Book Company.

34. Lanning, Michael J. and Edward G. Michaels, 1988. *A business is a value delivery system*. McKinsey Staff Paper: June No. 41.

35. Levitt, Theodore. 1960. Marketing myopia. *Harvard Business Review*.

36. Lewin, Kurt. 1947. Frontiers in group dynamics: Concept, method and reality in social science, social equilibria and social change. *Human Relations*, Vol. 1.

37. Lewin, Kurt. 1948. *Resolving social conflicts; selected papers on group dynamics*(1935-1946). New York: Harper.

38. Martin, Roger. 2007. *The opposable mind: How successful leaders win through integrative thinking*. Harvard Business Review Press. 中文版书名:《整合思维》,浙江人民出版社,2019 年出版。

39. Maurya, Ash. 2012. *Running lean*. O'Reilly Media. 中文版书名:《精益创业实践》,图灵文化,2013 年出版。

40. McChesney, Chris, Sean Covey, and Jim Huling. 2012. *The 4 disciplines of execution: Achieving your wildly important goals*. Free Press. 中文版书名:《高效人士的执行 4 原则》,中国青年出版社,2013 年出版。

41. McCord, Patty. 2014. How Netflix reinvented HR. *Harvard Business Review: January-February*.

42. Mintzberg, Henry, James A. Waters. 1985. Of Strategies, Deliberate and Emergent. Strategic *Management Journal*, Vol. 6, 257-272.

43. Mintzberg, Henry. 1994a. The fall and rise of strategic planning. *Harvard Business Review: Jan-Feb*.

44. Mintzberg, Henry. 1994b. *The rise & fall of strategic planning*. Free Press.

45. Mintzberg, Henry, Richard T. Pascale, Michael Goold, and Richard P. Rumelt.

1996. The "Honda Effect" Revisited. *California Management Review*, 38(4), 77-117.

46. Mintzberg, Henry, Joseph Lampel, and Bruce Ahlstrand. 1998. *Strategy safari: A guided tour through the wilds of strategic management*. The Free Press. 中文版书名:《战略历程》,机械工业出版社,2012年出版。

47. Munger, Charles T. 2005. *Poor Charlie's almanack: The wit and wisdom of Charles T. Munger*. 3$^{rd}$ edition, Walsworth Publishing Company. 中文版书名:《穷查理宝典》,上海人民出版社,2010年出版。

48. Ohmae, Kenichi. 1991. *The mind of the strategist: The art of Japanese business*. McGraw Hill. 中文版书名:《策略家的智慧》,长河,1983年出版。

49. Osterwalder, Alexander. 2010. *Business model generation*. John Wiley and Sons. 中文版书名:《商业模式新生代》,机械工业出版社,2011年出版。

50. Osterwalder, Alexander. 2014. *Value proposition design: How to create products and services customers want*. Wiley. 中文版书名:《价值主张设计》,机械工业出版社,2015年出版。

51. Parrish, Shane. 2018. *The great mental models*. Latticework Publishing Inc. 中文版书名:《思考的框架》,中信出版社,2023年出版。

52. Pascale, Richard T. 1984. Perspectives on Strategy: The Real Story behind Honda's Success. *California Management Review*, 26(3), 47-72.

53. Peters, Thomas J., and Robert H. Jr. Waterman. Jr. *In Search of Excellence: Lessons from America's Best-Run Companies*. New York: Harper & Row, 1982.

54. Podolny, Joel M., and Morten T. Hansen. 2020. How Apple is organized for innovation. *Harvard Business Review: November-December*.

55. Porter, Michael E. 1996. What is strategy? *Harvard Business Review: November-December*.

56. *Raynor, Michael E. 2007. The Strategy Paradox: Why committing to success leads to failure (and what to do about it)*. Currency. 中文版书名:《战略的悖论》,机械工业出版社,2009年出版。

57. Ries, Al, and Jack Trout. 1981. *Positioning: The battle for your mind*. McGraw-Hill Inc. 中文版书名:《定位》,中国财政经济出版社,2002年出版。

58. Sinek, Simon. 2009. *Start with why: how great leaders inspire everyone to take action*. Portfolio. 中文版书名:《从"为什么"开始》,海天出版社,2011年出版。

59. Sobek Ⅱ, Durward K., and Art Smalley. 2008. *Understanding A3 thinking: A critical component of Toyota's PDCA management system*. Productivity Press. 中文版书名:《A3思维》,人民邮电出版社,2011年出版。

60. Stone, Brad. 2013. *The everything store: Jeff Bezos and the age of Amazon*. Little Brown and Company. 中文版书名:《一网打尽》,中信出版社,2014 年出版。

61. Sull, Donald, Rebecca Homkes, and Charles Sull. 2015. Why strategy execution unravels-and what to do about It. *Harvard Business Review: March*.

62. Sun, Hsu-Chun and Wang, Ben-Jeng. 2014. Factors Affecting Organizational Culture Change: An Empirical Study of China Government-Owned Enterprise. *Proceedings of 2014 International Conference in Management Sciences and Decision Making*.

63. Treacy, Michael, and Fred Wiersema. 1993. Customer intimacy and other value disciplines. *Harvard Business Review: January-February*.

64. Ulwick, Anthony W. 2016. *Jobs to be done: Theory to practice*. IDEA BITE PRESS.

65. Wallas, Graham. 2014. *The art of though*. Solis Press. (原版于 1926 年由 Jonathan Cape 出版。)

66. Watts, Duncan J. 2012. *Everything is obvious: How common sense fails Us*. Crown Business. 中文版书名:《反常识》,湛庐文化,2019 年出版。

67. Weihrich, Heinz. 1982. The TOWS Matrix – A Tool for Situational Analysis. *Long Range Planning: April*. Vol 15, No. 2, pp. 54-66.

# 《企业战略规划与管理实务》
# 读书会操作建议

**目的**

经由一个具结构性设计的读书会,帮助参加者掌握本书相关知识,实现共同学习与成长。

**参加者**

1. 同一企业或部门的干部。

2. 有兴趣于"战略思维""战略分析""战略规划""战略执行""变革管理"等主题的学习性团体。

**主题与分工**

1. 会议主题

建议每次会议于事前挑选一篇文章,最多不超过两篇;文章不必依照书本所列顺序挑选,依团体的需要选定主题是一个比较好的安排。

2. 角色任务

(1) 主持人:负责会议任务安排、会议进行、时间控制、确认下次主题。

(2) 补充材料分享人:每篇文章可事先指定1~2位,先行完成文章阅读,并针对文章中所提及的概念、关键知识、参考文献,自行选定课题或范围(可能是该篇文章所提及的某一个专业术语、某一个理论、某一本书、某一个案例、可能有疑问的某几个点等等),自行判断有助于其他会议参与人扩展其学习深度与广度的课题均可。分享人必须于会议前完成补充材料的收集与整理,于"补充材料分享单元"中以口头方式分享给其他人员。

(3) 思考问题分享人:主持人可自每篇文章末所列的"思考问题"挑选1~3题,也可以由主持人事先提出1~2个由自己设计的"思考问题",或是两种型式混合选用,于会议前指定参加人进行讨论并分享心得。原则上,此单元建议讨论的"思考问题"数目,限制为每一篇文章1~2个,每个"思考问题"指定2位成员负责,于"思考问题讨论单元"时分享他们的讨论心得(共同讨论并由一位发表)。

（4）其他参与人员：由于每篇文章的字数均为 5 000～9 000 字的范围内，因此，每位与会人员应有能力于读书会前完成指定文章的阅读。每位成员在完成阅读后，需自行列出心中的疑问或心得，于"问题交流单元"中提出，向其他成员请教或分享个人的观点，并欢迎相互交流。

3. 议程单元

（1）主持人开场：说明本次读书会的文章主题、会议时间长度、将要实施的单元/议程。

（2）补充材料分享单元：由事先指定的"补充材料分享人"进行分享，分享时，可以辅以事先准备好的书面或 PPT（视需求）。每一位的分享时间以 5 分钟为限，本单元的总体时间请控制在 15 分钟内。

（3）问题交流单元：主持人可以事先指定或现场自由发言的方式，请各与会人员以口头提出其阅读时所产生出来的疑问，由主持人询问是否有其他人员可以回答？除问题外，也可以交流阅读心得。此单元的时间请主持人控制在 10～20 分钟。

（4）思考问题讨论单元：针对事先所指定列于每篇文章后的"思考问题"或是由主持人自行设计的"思考问题"，由被指定的负责人（每个问题应该有 2 人负责，自行指派一位代表发言）分享讨论后的心得。分享后，主持人可邀请其他与会者提问或进行短暂的讨论。每一个"思考问题"的分享及分享后的讨论请控制在 5～7 分钟以内。建议本单元限制在 2 个题目内（如果会议的范围为 2 篇文章，则请限制在 3 个题目内），本单元的总体时间请控制在 15 分钟内。

（5）下次会议任务指定：主持人进行总结（或 Lesson Learnt），并且说明下次会议要讨论的文章、人员任务指派、会议时间。

4. 群体公约

为让会议的讨论有效，建议主持人可以事先列出会议公约以规范大家的行为，可以参考以下的会议守则：

（1）对事不对人（Focus on the situation, issue, or behavior, not on the person）。

（2）维护他人自信与自尊（Maintain the self-confidence and self-esteem of others）。

（3）在上下级和同级之间建立积极的关系（Maintain constructive relationships with your employees, peers, and managers）。

(4) 做事勤动脑,把事做更好(Take initiative to make things better)。

(5) 以身作则(Lead by example)。

5. 其他说明

(1) 每次会议长度建议控制在 1 个小时以内,以 40 分钟为最佳。此处所议的操作程序,亦适用于视频会议(Video conference)的形式。

(2) 所建议的 5 个单元,可依需求与会议总体时间进行取舍与调整。例如:每次只讨论 1 篇文章、思考问题单元的数量也可以控制在 1 个或是于该次会议时跳过此单元等等。以效果与学习目的为考虑点。

(3) 主持人于会议前请提醒所有与会者,必须在会议前完成文章的阅读。

(4) 前述的议程与分工仅供参考,每一个读书会团体可依成员的特性与目的,自行设计合适的读书会议程与频率。

(5) 再次提醒,本书的 31 篇文章,可依团体的需要而选定,不一定要依书中的文章顺序进行挑选,同时,也不需要每篇文章均以读书会的方式进行分享与讨论,某些文章亦可以通过网络群组进行交流,与读书会交互实施。